中/国/经/济/与/管/理/研/究/系/列

外商直接投资与中国经济增长
——基于技术外溢效应的研究
（第二版）

孙雅娜 著

Foreign Direct Investment and China Economy Growth: A Study Based on Technology Spillover Effects

经济管理出版社
ECONOMY & MANAGEMENT PUBLISHING HOUSE

图书在版编目（CIP）数据

外商直接投资与中国经济增长/孙雅娜著. —2版. —北京：经济管理出版社，2013.10

ISBN 978-7-5096-2701-3

Ⅰ.①外… Ⅱ.①孙… Ⅲ.①外商直接投资－影响－中国经济－经济增长－研究 Ⅳ.①F124

中国版本图书馆CIP数据核字（2013）第247668号

责任编辑：张永美
责任印制：黄　铄
责任校对：超　凡

出版发行：经济管理出版社
　　　　　（北京市海淀区北蜂窝8号中雅大厦A座11层 100038）
网　　址：www.E-mp.com.cn
电　　话：(010)51915602
印　　刷：三河市延风印装厂
经　　销：新华书店
开　　本：720mm×1000mm/16
印　　张：19
字　　数：310千字
版　　次：2013年11月第2版　2013年11月第1次印刷
书　　号：ISBN 978-7-5096-2701-3
定　　价：45.00元

·版权所有　翻印必究·

凡购本社图书，如有印装错误，由本社读者服务部负责调换。

联系地址：北京阜外月坛北小街2号

电话：(010)68022974　邮编：100836

目 录

第一章 导论 ·· 1
 第一节 选题背景与问题的提出 ·································· 1
 第二节 国内外相关研究述评 ······································ 3
 第三节 本书的研究内容与创新点 ······························ 13

第二章 FDI、技术外溢与经济增长的理论分析 ·············· 19
 第一节 FDI 理论溯源 ·· 19
 第二节 发展中国家吸引 FDI 的理论 ·························· 26
 第三节 外部性条件下的新增长理论 ·························· 44

第三章 我国吸引 FDI 的国际地位和区位优势 ················ 49
 第一节 全球 FDI 的发展趋势及特点 ·························· 49
 第二节 我国 FDI 的国际地位 ···································· 71
 第三节 我国吸引 FDI 的区位优势 ····························· 75

第四章 外商对华直接投资的阶段、方式及特征 ············ 95
 第一节 外商对华直接投资的发展阶段 ······················ 95
 第二节 外商对华直接投资的方式选择 ···················· 109
 第三节 外商对华直接投资的结构特征 ···················· 129

第五章 外商对华直接投资的技术外溢效应分析 ·········· 137
 第一节 外商对华直接投资的技术战略 ···················· 137
 第二节 技术外溢效应的经验分析 ··························· 143

第三节　技术外溢效应的计量检验 …………………………… 149
　　第四节　技术外溢传导机制的实证分析 ………………………… 158
　　第五节　技术外溢效应的案例分析 ……………………………… 162

第六章　FDI、技术外溢与中国经济增长的实证分析 ……………… 189
　　第一节　计量分析 ………………………………………………… 189
　　第二节　FDI 与 GDP 协整分析 ………………………………… 204
　　第三节　FDI 和 GDP 因果关系检验 …………………………… 210

第七章　提高技术外溢效应促进经济增长的政策启示 …………… 213
　　第一节　FDI 对我国经济增长的影响 …………………………… 213
　　第二节　我国利用 FDI 存在的问题 ……………………………… 227
　　第三节　提高技术外溢效应促进经济增长的对策建议 ………… 237

第八章　"走出去"战略与我国企业海外投资的政策选择 ………… 259
　　第一节　我国企业海外投资的发展和战略意义 ………………… 259
　　第二节　我国企业发展海外投资的优劣势分析 ………………… 267
　　第三节　我国发展海外投资的政策建议 ………………………… 275

参考文献 ………………………………………………………………… 287

后记 ……………………………………………………………………… 298

第一章 导 论

第一节 选题背景与问题的提出

一、选题背景

国际贸易、国际直接投资以及技术转让的发展是第二次世界大战后世界经济增长的主要原因之一。20世纪的最后10年，国际直接投资高速增长，已成为促进世界经济发展的"发动机"。1991~1995年，世界国际直接投资年均增长率为20%，1996~2000年年均增长率为40.1%，2000年达到1.49万亿美元。2001年，受美国"9·11"恐怖袭击事件的影响，世界经济陷入衰退，国际直接投资锐减，从2000年的1.49万亿美元猛降至8259亿美元。但2003年以后，随着世界经济的持续快速增长，跨国投资重新进入上升期。2003~2006年，国际直接投资从5579亿美元增加到1.2万亿美元，年均增长达30.2%。2007年国际直接投资达到15.4万亿美元，再创历史新高。

跨国公司在国际直接投资中居于主导地位，跨国公司的全球经营战略从更广泛的层面上安排生产和经营，配置世界资源和市场，重塑国际生产体系。这些跨国公司掌握着国际直接投资的绝大部分，许多发达国家中50家最大的跨国公司国际直接投资占该国国际直接投资流出量的50%以上。目前，遍及全球的6.5万家跨国公司支配着85万家国外分支机构，控制着全球1/3的生产和2/3的世界贸易，掌握着70%的先进技术。跨国公司国外分支机构销售额从1980年的3万亿美元增加到2001年的19万亿美元，是全世界出口额的两倍多。①

在新中国成立后相当长的一段时间内实行的是计划经济体制。受主观认识水平和外部客观环境的限制，我们片面强调独立自主、自力更生，引进外资时断时续，规模极为有限，国民经济基本在封闭状态下运行。1979年之后，经过长期的探索，我国最终确立了社会主义市场经济体制，坚持对外开放的基本国策。艰苦的理论探索和改革开放的巨大成就使人们认识到，社会主义市场经济是开放经济，是一个开放系统。作为开放经济系统，我国与世界各国交流的范围极其广泛，包括政治、经济、科技、文化等各个领域，吸引FDI即是与世界各国交流的一种重要形式。20多年来，我国引进FDI取得了举世瞩目的成就，已连续多年成为吸引FDI最多的发展中国家，在国民经济的发展中起到了不可替代的重要作用。目前，全世界最大的500家跨国公司已有490家在华投资，中国正在成为全球跨国公司重要的生产基地、采购基地和研发基地。综观今日之世界，吸引FDI的规模、程度、范围和方式已成为衡量一国经济发展水平、对外开放程度和国际竞争力的主要标志。因此，扩大FDI规模、提高FDI水平是我国经济在21世纪实现可持续发展的必然选择。

二、问题的提出

作为国际资本流动的主要方式，FDI对东道国经济的影响作用已日益为国内外研究者所关注。早期研究FDI对发展中国家经济的作用机制主要以发展经济学为理论基础，强调吸引FDI对东道国经济的资本积累作用。罗斯托首先提出发展中国家通过利用外资可以改善在经济"起飞"阶段所面临的资本短缺约束。② 依据哈罗德—多马模型，美国学者钱纳里和斯特劳特进一步提出了"双缺口"模型，指出外资可以弥补国内投资与储蓄之间的资金缺口、进口与出口之间的外汇缺口。③

自从改革开放以来，中国利用外资问题一直是理论界学者和实际工作者关心和研究的问题。从1992年以来，中国国内经济格局发生了重大变

---

① 联合国跨国公司与投资司：《2002年世界投资报告》，中国财政经济出版社2003年版，第30页。
② W.W.罗斯托著，郭熙保等译：《经济增长的阶段》，中国社会科学出版社2001年版，第53页。
③ H.B.钱纳里、A.M.斯特劳特：《外援与经济发展》，郭熙保主编：《发展经济学经典论著选》，中国经济出版社1998年版，第106页。

化，出现了"双顺差"。截至 2008 年底，金融机构本外币各项存款余额为 47.84 万亿元，人民币各项存款余额 46.62 万亿元，人民币各项贷款余额 30.35 万亿元，存贷差高达 16.27 万亿元，国家外汇储备余额为 1.95 万亿美元。与此同时，中国吸引 FDI 却不断增长，截至 2008 年底，中国累计批准外商投资项目 659800 个，实际利用外资金额 8554.72 亿美元，已连续多年成为吸引 FDI 最多的发展中国家。[①] 这就意味着一直制约中国经济发展的"双缺口"已经消失，产生了要不要继续吸收 FDI 的问题。如果仅从弥补建设资金不足、扩大就业、增加出口和增加国家税收等方面考虑 FDI 的作用，要不要继续扩大吸引 FDI 的确值得商榷，尤其是考虑到 FDI 有可能产生的一系列负作用：外部冲击、利益外流、影响政府控制力等。对这个问题的正确认识，实际上就是回答像中国这种储蓄缺口并不存在的发展中国家，该如何解释流入这些国家的 FDI 仍然不断增加的现象呢？在技术进步内生化的新增长理论的影响下，国外越来越多的研究工作开始集中于探讨被传统的"双缺口"模型所忽视的 FDI 技术外溢效应。国外学者研究发现流入发达国家的 FDI 对东道国企业存在着技术外溢效应，然而 FDI 在发展中国家的技术外溢效应却不一致，有的国家存在有的国家不存在。本书正是从新增长理论出发，从技术外溢的角度来分析 FDI 对中国经济增长的作用，以解释在目前"双顺差"存在的情况下，为何我国还要继续吸引 FDI。因此，本书的研究无疑具有重大的理论和现实意义。

第二节　国内外相关研究述评

作为经济全球化的重要推动力之一，外商直接投资受到了普遍重视，因而，关于外商直接投资对东道国的影响的研究也成为学术界关注的焦点。其中，外商直接投资对东道国的溢出效应问题是这一研究领域中的重要分支。

---

① 国家统计局：《中国外资统计》（2008），中国统计出版社 2009 年版，第 270 页；http://www.fdi.gov.cn。

外商直接投资与中国经济增长

一、国际研究述评

(一) 外商直接投资对东道国的影响和作用

外商直接投资对东道国溢出效应的研究，是随着历史上外商直接投资作用的不断变化以及人们对外商直接投资认识的提高而不断深入的。

根据 Magnus Blomstrom 和 Ari Kokko 教授（1996）对外商直接投资对东道国的影响的研究综述，早期对外商直接投资及其影响的研究可以追溯到 20 世纪 50 年代后期。当时的研究是基于国际贸易理论的基础模型，把外商直接投资简单地看成国家间的资本流动，并且主要探讨国际资本流动的增加对贸易以及社会福利等方面的影响。例如，Macdougall（1960）的研究采用了一个静态的模型，考量了海外投资的边际影响，其结果表明，国际资本［也包括组合性投资（Portfolio）］的增加，会增加东道国劳动力的边际产出，而同时会减少在东道国资本的边际产出。

到了 20 世纪 60 年代后期，国际上对外商直接投资对东道国影响的研究出现了比较大的转向（Magnus Blomstrom 和 Ari Kokko，2001）。以 Stephen Hymer（1960）为代表，研究的重点开始强调外商直接投资对东道国的市场结构的影响。Stephen Hymer（1960）的研究认为，外商直接投资是由其输出国本国市场的寡头垄断特征引起的，他们担心外商直接投资会将这种本国市场的不完善性扩散到其他国家。此时，研究的重点在于对跨国企业的转移价格问题、对外商直接投资的不均衡发展等问题的探讨。在这一阶段，对外商直接投资的抵触情绪、对外商直接投资对东道国本土市场的影响以及统治地位的批评较多。

从 20 世纪 70 年代起，亚洲新兴国家外向型经济的蓬勃发展，以及随后 80 年代拉美以墨西哥为代表的一些国家采用进口替代政策的失败促使各国对外商直接投资的重新思考。拉美国家 80 年代初期的债务危机，使得资本充足的国家与企业对拉美国家的还款能力产生了质疑，随之减少了相应的贷款，造成了这些国家资本供给的稀缺。于是，从吸收国际资本的角度来讲，吸引外商直接投资对本国的投入就变得特别的重要。与此同时，研究领域对外商直接投资对东道国的其他方面的影响也开始给予了充分的重视。多项研究的结果表明，外商直接投资对东道国有多方面的溢出效应，由此，外商直接投资被普遍认为是影响东道国经济发展的重要因素,在其中,外商直接投资在国际技术转让方面的作用受到了特别的关注。

随着人们对外商直接投资对东道国经济发展作用的认识的转变,外商直接投资对东道国的溢出效应的问题就日益地受到了包括学者、政府官员等各界人士的重视,关于这方面的研究也就日益丰富起来了。

(二) 外商直接投资溢出效应的研究范围

关于对外商直接投资对东道国的溢出效应 (Spillover) 的研究有广义与狭义之分。从国际与国内这方面的文献来看,有相当一些研究把外商直接投资溢出效应一词应用于相对广泛的研究范畴,如把外商直接投资对东道国宏观经济的影响也作为外商直接投资溢出效应的主要表现。这一部分的研究成果也是比较丰富的,它主要涉及外商直接投资对东道国经济发展水平,如对 GDP 的影响,对东道国的资本形成、就业状况、税收效应以及对东道国进出口和国际收支等方面的影响。

区别于广义的外商直接投资溢出效应研究,在狭义的外商直接投资溢出效应研究领域的学者们主要着重于外商直接投资对东道国在行业和企业层面的影响。根据 Magnus Blomstrom 和 Ari Kokko 教授 (2001) 对外商直接投资溢出效应研究领域的综述,他们把外商直接投资对东道国宏观经济的影响又称为"外商直接投资对东道国的直接影响",而把外商直接投资对东道国本土企业的溢出效应称为"外商直接投资对东道国的间接影响"。由于本书在研究外商直接投资对东道国投资溢出效应时采用的是狭义定义,因此,在下面的文献述评中,主要涉及对外商直接投资在行业和企业层面的溢出效应的研究成果。

(三) 狭义外商直接投资溢出效应研究的起源

学者们对外商直接投资对东道国市场结构以及对东道国本土企业的影响的研究,起源于对跨国企业在跨国投资过程中是否对东道国进行了有效的技术转移或是否发生了明显的技术扩散效果的质疑。

首先,人们普遍认为,跨国企业是先进的科学技术的最为重要的来源。因为全球每年私人部门的研发 (R&D) 投入都是由跨国企业完成的,跨国企业生产、拥有和控制世界上的绝大多数的先进技术已成为一个无可辩驳的事实,其中先进技术不仅包括先进的产品技术、生产过程的工艺技术,也包括科学的企业组织与管理技术。

其次，人们认为，外商直接投资是跨国企业向东道国转移先进技术的重要渠道。虽然先进技术的传播渠道不仅仅是通过外商直接投资，还应包括技术的许可使用、反映先进技术的产品的交换和设备的购置等，然而，人们仍然认为外商直接投资作为先进技术的重要传播渠道有其不可替代的地位和作用。其主要原因在于，由于技术本质上是一种无形资产，其实质内容的不可见性使得技术交易的市场是非常不透明和不完善的，从而使技术的市场交易价格极高，因此，跨国企业常常会选择在东道国通过直接投资的方式采用先进技术，而不是通过许可的方式在市场上转让技术的使用权。此外，对于最新和最具获利性的技术，跨国企业也往往不希望被竞争对手所把握，采用外商直接投资的形式进行使用也会把这类技术法律上的控制权留在跨国企业内部。以上市场的特点和外资的行为决定了东道国的企业所需要的先进技术并不一定总能从市场上购买到（Conklin and Lecraw, 1997）。在这种状况下，外商直接投资对于东道国本土企业的特殊意义在于，当跨国企业在本地投资并采用先进技术进行生产活动的时候，本土企业可以就近通过观察、模仿、反向工程以及雇用曾经被跨国企业雇用的人员等渠道取得相应的技术与管理的有益信息。与此同时，由于跨国企业的产品销向了本地客户，其产品中所包含的先进的信息就会通过跨国企业对其客户的培训、辅助以及各种服务体现出来，从而也可以造成其技术信息的外溢。

最后，虽然人们寄希望于外商直接投资可以为东道国转移和扩散先进的科学技术，然而，由于相对于技术转让、技术许可以及含有技术信息的产品贸易，外商直接投资所带来的技术特征是跨国企业仍然把握着技术的所有权。因此从东道国的角度来讲，究竟外商直接投资是否造成了技术外溢的效果一直是一个东道国特别关注但始终没有一个明确答案的问题。这也正是对于外商直接投资溢出效应的研究自开始兴起就一直不断地被热烈探讨的原因所在。

当然，随着人们对外商直接投资溢出效应研究的不断深入，追求跨国企业在技术方面的外溢效果已经不再是唯一的方面，对外商直接投资所造成的竞争压力等方面的积极效果也成为这一研究领域的重要研究范围。

（四）狭义外商直接投资溢出效应研究的定义与分类

随着对外商直接投资溢出效应研究的不断深入，学者们对外商直接投资溢出效应的发生方式与渠道有了进一步的认识。于是，对外商直接投资溢出效应的研究出现了进一步的细化。国际上该领域最著名的研究者瑞典斯德哥尔摩大学的 Magnus Blomstrom 教授和他的同事 Ari Kokko 教授在 1996 年的综述中给出了外商直接投资溢出效应的定义，并且在 1996 年和 2001 年对外商直接投资溢出效应研究领域的两次综述中，对外商直接投资溢出效应的研究进行了分类。

1. 外商直接投资溢出效应的定义

根据 Magnus Blomstrom 教授和 Ari Kokko 教授（1996）的论述，溢出效应是指由于跨国企业的进入或参与东道国本土企业所获得的在其劳动生产率方面的进步。溢出效应的发生，是跨国企业在东道国投资时，由于不能全面获取由其劳动生产率和运作效率方面的优势所带来的全部好处，从而使东道国的本土企业从中受益。

2. 外商直接投资溢出效应的分类

根据 Magnus Blomstrom 和他的同事 Ari Kokko 教授在 1996 年和 2001 年对外商直接投资溢出效应研究的两次综述（Magnus Blomstrom，Ari Kokko，1996；2001），外商直接投资溢出效应的研究被划分为三类：行业内的溢出效应（Intra-industry Effect）、行业间的溢出效应（Inter-industry Effect）以及由于人员流动而产生的溢出效应（Spillover with people movement）。

行业内的溢出效应也被称为竞争与示范效应（Demonstration and Competition Effects）。Blomstrom 认为，跨国企业对当地公司最重要的影响是竞争效应（Blomstrom，1991a）。跨国企业的进入会改变当地的市场结构和竞争格局，从而促使当地公司进行学习和自身改进以提高效率。竞争效应最重要的表现是学习效应。当外资企业与内资公司相互竞争时，如果它们生产相似的产品，规模也相似，并且争夺同一个市场，内资企业通常倾向于采用与跨国企业相似的生产技术（Jenkins，1990）。

行业间的溢出效应又被称为"上下游关联效应"。一般而言，上下游关联效应是通过跨国企业的分支机构与当地供应商和客户之间的联系产生的。Lall（1980）总结了可能导致"上游"溢出效应的互补行为，认为跨国企业可能通过下述方式提高当地供应商的生产效率：第一，帮助有潜力的供应商建立生产设施；第二，为提高供应商的产品质量和创新能力提供技术协助或相关信息；第三，提供或帮助供应商购买原材料和中间产品；第四，为供应商的管理和组织提供培训和帮助；第五，帮助供应商寻找更多的客户。Blomstrom（1991b）讨论了外商直接投资的"下游"效应，他论断，由于许多行业技术复杂程度的不断提高，下游企业对上游企业技术进步的采用需要上游企业的技术专家的指导。

由于人员流动引起的外商直接投资溢出效应有时也被称为"劳动力溢出效应"，主要表现为跨国企业对其当地雇员一般都会给予多方面、多层次的培训，比如，对操作人员进行现场工作方面的培训；对高层经理进行管理方面的培训，这些培训可能会在总公司进行，也可能会把他们选送到国际知名商学院进行培训。在这种状况下，一旦这些员工离开跨国企业去其他企业就职或开设自己的企业，他们在跨国企业学习的技术就会使得本土企业受益。学者们认为，这种溢出效应在发展中国家尤为重要，因为这些国家的教育体系相对薄弱。

（五）狭义外商直接投资溢出效应的研究方法与研究概况

1. 外商直接投资溢出效应的研究方法

就外商直接投资溢出效应的研究方法而言，主要包括"案例研究"和"实证研究"两种。但在外商直接投资溢出效应的不同方面，案例研究和实证研究的应用力度有所不同。在"行业内溢出效应"的研究方面，实证研究方法在国际上是主流研究方法。其原因主要在于，相对于其他方面的研究，与行业内溢出效应相关的数据在可得性方面相对广泛和容易获得；对于"行业间溢出效应的研究"，到目前为止，大量的研究还主要是以案例研究的形式存在，在实证研究方面：一方面总体上数量很少；另一方面在研究的题目上比较分散。对于人员流动带来的溢出效应，案例研究和实证研究都有，但与行业内溢出效应方面的研究相比较，其研究的文献数量还有较大的差距。

2. 外商直接投资溢出效应的研究概况

在狭义外商直接投资溢出效应的研究领域，关于外商直接投资行业内溢出效应的研究成果比行业间溢出效应以及人员流动引起的溢出效应要丰富得多。1974年，由哈佛大学的Caves教授开创了该领域的经验研究的先河后，引起了各国学者的兴趣。1983年瑞典斯德哥尔摩大学的Blomstrom教授加入了这一领域的研究后，该大学又不断有一些学者如Kokko等人加入了这一领域的研究阵营，从而形成了这一研究领域的主力。虽然相比而言，国际上其他机构没有形成如此显赫的研究阵容，但加入这一领域研究的人员却是不计其数。这些研究人员既包括联合国、世界银行等国际组织的人员，也包括各大洲和各国家中的主要研究机构以及著名学府的研究人员。从研究的国家范围来看，这一领域开始的案例主要是针对像加拿大、澳大利亚等发达国家，而后很快发展中国家和地区也受到重视。先后涉及的发展中国家和地区的案例包括拉美国家中的墨西哥、摩洛哥、委内瑞拉；后来又涉及欧洲的西班牙、葡萄牙以及东欧的波兰、罗马尼亚；亚洲的印度、印度尼西亚、中国以及中国台湾等也纷纷成为研究案例。在发达国家的案例中，以英国的案例最为丰富，美国也是重要的研究对象。从研究的内容看，学者们采用各国的数据和多种方法对不同国家在特定的历史时期是否产生了外商直接投资的行业内溢出效应进行检验，并且着力分析影响这种溢出效应产生的各种因素，这些因素既包括行业层面的要素也包括企业层面的要素，也包括相应的政策因素。除此之外，20世纪90年代以来，学者们还努力对产生这种溢出效应的机制进行了进一步的探讨。

关于外商直接投资行业间溢出效应的研究开始较早，但由于受到数据可得性的限制，案例研究成为重要方法。虽然我们看到的典型的案例研究成果比较有限，但其研究的主要内容和方法还是十分清晰的。Lall（1980）对印度两家卡车制造企业的案例研究一直被视为这一领域的一个经典。Lall选取了两家大型的卡车制造商 AL 和 TELCO，前者为外资占主要股份的企业，而后者为合资企业。Lall 主要研究 AL 作为外资企业在印度与内资企业建立的联系，而对 TELCO 的研究则作为对比，验证跨国企业是否在行为模式上与本地的竞争对手存在差别。Lall 考察了两家企业以及它们的 36 家供应商在建立、信息技术、财务、原材料采购以及管理和分销渠道等方面的情况，发现两者有很多相似之处。两者都在印度建立了自己的供应商（36 家中的 16 家）以便能够以更低的价格获得稳定的产品。通过以上研究，Lall 得出结论，AL 和 TELCO 与供应商之间都有很强的后向联系，通过后向联系产生溢出效应，两者的建立机制非常相似。溢出效应的产生主要体现在：第一，帮助供应商建立生产设施；第二，帮助供应商提高产品质量，提供信息和技术支持；第三，帮助供应商购买原材料和中间产品；第四，为供应商提供管理和组织培训；第五，帮助供应商多样化发展，以寻找更多的顾客。

继 Lall 之后，Lim 和 Pang（1982）选取新加坡的三家出口导向型电子企业进行案例研究，意在分析跨国企业在发展中东道国的溢出效应。Lim

和 Pang 选取的三家电子企业都是世界领先的电子企业在新加坡的子公司或分支机构，并且三家公司在新加坡都已经经营了 8~13 年，它们的产品中 90%以上出口海外。Lim 和 Pang 分别在 1976 年、1979 年和 1980 年对这三家公司的管理层进行了访问，了解相关的信息。通过对这三家电子企业本身以及它们与自己的供应商之间的关系的分析，他们发现，这三家企业都很愿意与当地的供应商建立联系，并且从财务、技术、管理等方面为供应商提供帮助。这说明，在某些情况下，跨国企业能够在东道国与供应商建立后向联系，产生溢出效应。这种溢出效应在东道国政府干预程度较低且行业技术比较领先的时候发挥得更加充分。在此基础上，Lim 和 Pang 认为，跨国企业在全球市场销售产品，市场力量使它们在全球范围内寻求长期的高效率，而本土企业（供应商）的有利条件能够减少风险和不确定性。这样，在市场的作用下，内资企业和外资企业之间的联系便建立起来。因此，他们提出，东道国政府通过严格的政策限制来增加对于本地产品的购买是没有必要的，政府只需要加强本土企业和那些出口导向型跨国企业的关联，它们对国际市场的反应，通过后向联系产生溢出效应来影响本土企业。因此，他们建议政府减少对市场的干预，鼓励竞争以促进溢出效应的产生。由这两个典型案例可以看出，国际上针对外商直接投资行业间溢出效应的研究主要是通过选择典型跨国企业，着力研究这些跨国企业与当地企业建立联系的动机、方式、涉及的环节以及结果，探讨行业间溢出效应产生的机制。对于这种机制的探讨显然有利于为政府提供相关的建议，从而创造有利的环境以帮助本土企业获取相应的溢出效应。

与针对外商直接投资行业间溢出效应的研究相类似，针对人员流动带来的溢出效应的数据更加难以得到，与此同时，案例研究也更加困难。Irving Gershenberg（1987）在这方面进行了有益的尝试。Irving Gershenberg 选取 1982~1983 年肯尼亚 41 家制造业企业的 72 名中高层管理人员作为研究对象。通过对比研究跨国企业和非跨国企业对管理人员培训的方式、时间等情况以及各种不同类型企业管理人员的流动情况，Irving Gershenberg 得出的结论是，跨国企业对东道国管理技术的提高是有贡献的。外资企业对管理人员进行培训，这些管理人员中的一部分被提升到更高的职位，这样，培训的正面作用被限定在跨国企业内部；另一部分管理人员一段时间后可能离开跨国企业，进入本土企业工作，这样，他们在跨国企业掌握的管理技能会传递到本土企业，即产生溢出效应。因此，这种贡献主要表现在：①跨国企业十分擅长培养和发展管理人员的管理技能；②部分经过培训的管理人员加入其他类型的企业工作将使这种效应得到扩散，产生溢出效应。此外，Irving Gershenberg 还发现，合资企业对于技术溢出的贡献最大。这是因为，合资企业中政府拥有一定股份，在董事会中的代表会选取一定比例的本地人员进入管理层，同时安排对他们的培训。没有政府参股的外资企业，对于本地管理人员的选取和培训的积极性很低。总体而言，外资企业的技术溢出效应低于有政府参股的企业（合资企业，国有企业）。Irving Gershenberg 所做的案例研究为从事外商直接投资溢出效应研究的学者们提供了新的思路，为后来溢出效应领域研究的进一步发展做出了贡献。

二、国内研究述评

随着我国吸引 FDI 规模的不断扩大，我国学者围绕"利用外资"这一热门话题，从各个方面展开了一系列卓有成效的研究。关于外商投资问题的研究，大体上可以分为以下几个方面：①外商投资的决定因素与投资环境问题；②利用外资的适度规模问题；③利用外资与经济安全、产业控制力问题；④利用外资的战略和政策问题；⑤外资对经济增长的影响；⑥对我国利用外资效果的总体评价等。但很少有学者从技术外溢角度研究 FDI 对经济增长的贡献。

国内对于 FDI 对经济增长的贡献分析比较有代表性的有：李朝晖、靳向兰（1999）运用 1979~1997 年的数据，在总量基础上用回归分析方法计算 FDI 对中国经济增长、出口、外汇储备和就业的影响，得出的结论基本上是积极的，FDI 对我国经济的上述各个方面都有正向影响。① 赵晋平等（2001）利用宏观经济计量模型测算了 FDI 对中国经济增长的贡献率，结果表明，从 1980~1999 年的 20 年，在中国 GDP 年均 9.7%的增长速度中，大约有 2.7 个百分点来自于利用 FDI 的直接和间接贡献。② 萧政和沈艳（2002）利用中国和其他 23 个发展中国家总量时间序列资料进行分析，认为国内

---

① 李朝晖、靳向兰：《外商投资对中国经济建设的影响》，《数量经济技术经济研究》1998 年第 5 期，第 23 页。
② 赵晋平等：《从制度着手：新时期我国利用外资的战略调整》，《国际贸易》2001 年第 2 期，第 37 页。

生产总值与FDI之间存在着相互影响、相互促进的互动关系，并认为稳定可靠的组织机构和城市化的发展在吸引FDI方面也有重要作用，它们都是促进经济增长的重要因素。①魏后凯（2002）利用1985~1999年时间序列和横截面数据，对FDI对我国区域经济的影响进行了实证分析，认为在这期间，东部发达地区与西部落后地区之间GDP增长率的差异大约有90%是由FDI引起的。②但也有学者持相反的观点。武剑（2002）以经济增长理论为背景，运用多维方差分析模型对我国地区间GDP差距、国内投资数量差距、国内投资效率差距、FDI数据差距、FDI效率差距等关键变量进行了研究。③结果表明，FDI的区域分布不能有效解释各地区经济的不平衡状态，相反，国内投资的区域差距，特别是在投资效率上的显著差别，是造成区域经济差距长期存在的主要因素。

国内对FDI技术外溢效应的研究是近几年才开始的，相关研究为数不多。沈坤荣（1999）指出，由于国际资本流入，尤其是FDI通过"外溢效应"与"学习效应"使中国经济的技术水平、组织效率不断提高，从而提高了国民经济的综合要素生产率。④何洁（2000）利用生产函数建立回归方程，发现FDI对中国国内工业企业存在显著的技术外溢作用。⑤沈坤荣、耿强（2001）通过构建内生增长模型，计量分析了FDI在中国的技术外溢效应，并检验了中国FDI与经济增长率之间的因果关系，发现FDI的增长导致了中国的经济增长率的增加，而中国产出的增长对FDI的增加并不存在必然的因果关系。⑥潘文卿（2003）采用面板数据，对1995~2000年外商投资对中国工业部门外溢效应进行了初步分析，指出20世纪90年代后半期，中国工业部门引进外商直接投资在总体上对内资部门产出增长起到了积极的促进作用，外商直接投资的外溢效应为正，但这一外溢效应的作用并不是很大。

---

① 萧政、沈艳：《外国直接投资与经济增长的关系及影响》，《经济理论与经济管理》2002年第1期，第25页。
② 魏后凯：《FDI对中国区域经济增长的影响》，《经济研究》2002年第4期，第15页。
③ 武剑：《外国直接投资的区域分布及其经济增长效应》，《经济研究》2002年第4期，第48页。
④ 沈坤荣：《外国直接投资与中国经济增长》，《管理世界》1999年第1期，第12页。
⑤ 何洁：《外国直接投资对中国工业部门外溢效应的进一步精确量化》，《世界经济》2000年第12期，第29页。
⑥ 沈坤荣、耿强：《外国直接投资、技术外溢与内生经济增长——中国数据的计量检验与实证分析》，《中国社会科学》2001年第5期，第82页。

第三节 本书的研究内容与创新点

一、研究的思路和方法

以索洛（R.Solow，1956）为代表的新古典增长理论和以罗默（P. Romer，1986）为代表的新增长理论均认为，相对于资本和劳动而言，技术进步是决定长期经济增长的主要因素，两者的主要区别在于新增长理论把技术进步内生化，即作为其增长模型的一个解释变量。[①] 如果技术进步是内生的，FDI 可以导致技术进步，FDI 就会对经济增长产生长期影响，而不需要有不断的外部冲击。发展中国家与发达国家存在巨大的技术差距，作为主要投资者的跨国公司是先进技术的主要拥有者。跨国公司在发展中国家的低成本生产通过技术外溢，提高了当地企业的技术水平，促进了技术进步，从而使该国经济得以增长。本书正是以此为切入点，论述 FDI 与中国经济增长的关系。在论证 FDI 的确存在技术外溢的基础上，探讨技术外溢的传导途径，进而通过改进和建立适合中国实际的、包括 FDI 技术外溢因素的内生经济增长模型，运用比较先进的分析方法和技术，对 FDI 与中国经济增长的相互关系进行计量分析，进而提出提高 FDI 技术外溢效应、促进经济增长的具体建议。

本书将运用国际经济学、经济增长理论、国际投资学、计量经济学和统计学等理论对 FDI 与中国经济增长进行分析和论证。研究方法将采用规范分析和实证分析相结合并侧重实证分析；定性分析与定量分析相结合并侧重定量分析；强调西方经济理论与中国经济管理实践相结合，从技术外溢的角度对 FDI 与中国经济增长的关系进行翔实的分析和论证。

[①] Solow, Robert M., A Contribution to the Theory of Economic Growth, *Quarterly Journal of Economics*, 1956, 70, 86; Romer, Paul M., Increasing Returns and Long-Run Growth, *Journal of Political Economy*, 1986, 94, 1002.

二、基本结构和主要内容

本书共包括八章，主要内容如下：

第一章是导论，主要论述选题背景并进而提出本书要分析的问题，对国内外相关研究进行述评，并阐明本书的主要研究内容与创新点。近年来，我国学者围绕利用外资这一话题，展开了一系列卓有成效的研究，然而从技术外溢角度研究 FDI 与经济增长的关系却为数不多，这正是本书要深入研究的问题。

第二章是对 FDI、技术外溢与经济增长的相关理论进行介绍和分析，这一章不仅对相关研究进行述评，更重要的是为本书的实证分析打下理论基础。该章共分三节，第一节主要介绍分析跨国公司进行对外直接投资动机的国际直接投资理论，包括垄断优势论、内部化理论、区位论、产品生命周期理论、比较优势论和国际生产折中理论。第二节论述发展中国家吸引 FDI 的理论。发展中国家在经济发展过程中往往会经历储蓄约束、外汇约束和技术约束，国际直接投资的存在为弥补这两个缺口提供了机遇。然而，出于其自身利润最大化的动机，FDI 并不会把先进技术转让给发展中国家，因此发展中国家提高技术水平更多的是依靠技术外溢。技术外溢正是发展中东道国在不缺少资本的情况下吸引 FDI 的主要原因。第三节主要论述外部性条件下的新增长理论。新增长理论认为，技术、知识和人力资本具有溢出效应，这种溢出效应的存在是经济实现持续增长的条件。FDI 在发展中东道国的投资，其先进的技术就会通过各种途径向东道国企业溢出，从而促进东道国的技术进步，促进经济增长。

第三章主要分析我国吸引 FDI 的国际地位和区位优势，共分三节。第一节主要论述全球 FDI 的发展趋势及特点。伴随着国际经济格局的新变化，国际直接投资已成为当今促进世界经济发展的最重要、最活跃的因素。国际直接投资自产生以来，经历了起步、缓慢发展、高速稳定发展三个阶段。20 世纪 80 年代以来，国际直接投资在高速增长的同时，其发展呈现出一些新的特点。第二节是阐述我国 FDI 的国际地位。作为最大的发展中国家，改革开放以来，我国引进外资取得了举世瞩目的成就，已连续多年成为吸引外资最多的发展中国家。外商之所以选择到中国进行投资，是与中国拥有的区位优势密切相关的，这正是第三节要论述的内容。目前，我国吸收 FDI 的区位优势主要体现在以下几方面：中国在自然资源、市场容量、劳动力数量与成本方面具有较大优势；中国经济体制环境发生了深刻变化，经济高速增长且发展前景良好；中国基础设施有了显著改善，外商反映普遍良好；中国政治经济形势稳定，是吸收 FDI 的有利外部条件。

第四章主要分析外商对华直接投资的阶段、方式和特征，共分三节。第一节是分析外商对华直接投资的发展阶段。依据合同金额和实际金额的变化，结合中国相关法律法规和政策的出台，可以将外商对华直接投资划分为起步、稳步发展、高速发展和调整与提高四个阶段。第二节是分析外商对华直接投资的方式选择，我国利用 FDI 的方式有合资经营、合作经营、外商独资、外商投资股份制、合作开发等方式，总体来看，FDI 方式由合资经营为主向外商独资经营为主转变。第三节对外商对华直接投资的结构特征进行分析。从投资来源看，港澳台地区仍是我国投资的主要来源，来自自由港和欧美等发达国家的投资比重有所增加；外商主要投资于我国的第二产业尤其是制造业，第一产业吸收的外资比重偏低；就实际利用的 FDI 而言，20 世纪 80 年代，将近 90% 的 FDI 都被东部沿海地区所吸纳，近年来，这一比重虽略有下降，但总的趋势没有明显改变。

第五章对外商对华直接投资的技术外溢效应进行实证分析，这章是本书的重点章节之一。技术作为 FDI 技术外溢的主体，对溢出效应的大小起着举足轻重的作用，因此本章第一节着重分析外商的技术战略。外商对华直接投资的技术战略，与其进入中国市场一样，采取的是循序渐进、逐步推进的谨慎策略。第二节是对技术外溢效应进行经验分析。外商对华直接投资所产生的技术外溢效应，表现在外资企业和内资企业的联系效应、外资企业对内资企业所产生的示范和竞争效应、外资企业的人力资源开发与流动效应三个方面。第三节是技术外溢效应的计量检验。在近 10 年的时间里，外商投资企业的技术水平都高于内资企业的技术水平。为计量检验技术外溢效应在我国是否显著，本书选取了 1996~2007 年面板数据进行回归分析，结果表明 FDI 在我国存在着比较明显的技术外溢效应。第四节是对技术外溢的传导机制进行实证分析。结果表明，外资企业和内资企业间的前向联系和人员流动所产生的技术外溢效应并不显著，外资企业对内资企业所产生的竞争和示范、内资企业和外资企业间的后向联系是我国技术外溢的主要传导途径。第五节是技术外溢效应的案例分析。在上述实证分析的基础上，选取我国移动电话行业进行相应的案例研究，以考察在现实中上述结论的真实性与正确性。

第六章是对 FDI、技术外溢与中国经济增长进行实证分析,这章也是本书的研究重点之一。第一节是计量分析 FDI 对中国经济增长的贡献。新增长理论的产品品种增加模型表明,FDI 可以通过技术外溢促进技术进步,从而提高东道国的经济增长率。依据产品品种增加模型构建分析 FDI 技术外溢效应对我国经济增长贡献的计量模型,FDI 的技术外溢效应对我国的经济增长具有较为显著的正向推动作用,并且 FDI 的确是与人力资本相结合来共同推动经济增长的。在我国目前情况下,技术外溢所需要的人力资本层次已经发生了变化,由原来需要具有中等教育程度的人力资本向具有高等教育程度的人力资本转变,这也反映了我国吸引 FDI 的客观情况,即由劳动密集型的加工贸易行业向技术比较先进的制造业转变。第二节是对 FDI 与 GDP 进行协整分析,以验证 FDI 对中国经济增长的贡献是否为长期的、持久的。通过验证,LnFDI 与 LnGDP 之间存在着协整关系,并且协整方程表明,LnFDI 每增长 1%,LnGDP 将增长 15%。第三节是对 FDI 和 GDP 进行因果关系检验。结果表明,在 1% 的显著性水平下,ΔLnFDI 和 ΔLnGDP 互为因果关系,即我国 GDP 的增长吸引了 FDI,吸引来的 FDI 是我国 GDP 增长的原因。

第七章是在前几章实证分析的基础上,提出提高技术外溢效应促进经济增长的政策启示,共分三节。第一节是分析 FDI 对我国经济增长产生的影响,包括积极影响和消极影响两方面。积极影响主要表现在促进了我国的资本形成、技术进步,提升了我国的产业结构,增加了出口、就业和财政收入等方面;消极影响主要表现在侵蚀国有资产、造成环境污染、冲击民族工业发展、使中国名牌大量丧失等方面。第二节主要分析我国利用 FDI 存在的主要问题。从我国对外商在华投资管理方面来分析,主要问题表现在政策透明度低、追求政绩盲目引进外资、对外商的公平待遇等方面;从外商角度来分析,问题主要表现在投资结构不合理、实际利用资金到位率低、技术滞后等方面。第三节在上述各章分析的基础上,提出提高 FDI 的技术外溢效应促进经济增长的对策建议。第一,进一步改善投资环境,加大我国对 FDI 特别是大型跨国公司的吸引力度;第二,培育产业群落带,形成产业链;第三,加强竞争;第四,提高内资企业的技术水平;第五,加大人力资本投资,提高人力资本水平;第六,建立通过促进人员流动获取技术外溢的机制;第七,维护国家经济安全;第八,完善利用外商直接投资的政策和法律。

第八章是将"引进来"与"走出去"战略相结合，着重论述我国企业海外投资的政策选择。本章包括三节，第一节是分析我国企业海外投资的发展和战略意义。面对 21 世纪，能否在充分利用国外资源和国际市场发展中国经济方面取得新突破，是关系到中国今后发展全局和前景的重大战略问题。因此，在积极引进外资的同时，我国企业应该实施"走出去"战略，主动参与国际经济竞争与合作，从而不断增强我国经济发展的后劲。第二节是对我国企业发展海外投资的优劣势进行分析。我国在实施"走出去"战略方面已取得了一定的成效，拥有一定的基础和优势，表现在发展速度迅速，初步形成规模；多元化的投资格局正在形成；大项目不断增加，技术含量日益提高；经营主体进一步优化，经营实力不断增强等方面。但同时，我国也存在着一定的困难和障碍。因此，第三节有针对性地提出我国企业海外投资的政策建议。

三、主要创新点和有待深入探讨的问题

本书的创新点概括来说主要包括三个方面：

（1）从新的角度即技术外溢的角度来论证 FDI 对中国经济增长的促进作用，并且提出技术外溢是我国在"双顺差"存在的情况下，继续吸引 FDI 的主要原因。这无疑丰富和发展了"四缺口"理论和新增长理论。

（2）在研究内容上，计量检验 FDI 在我国的技术外溢效应是否显著，并且对技术外溢的传导机制进行了实证分析。在新增长理论模型基础上改进并建立一个包含 FDI 技术外溢因素的中国内生经济增长模型，对中国的横截面数据（2007）、时间序列数据（1983~2007）和面板数据（1993~2007）都进行了较为全面系统的计量分析，验证 FDI 与中国 GDP 之间是否存在正相关关系和 FDI 通过技术外溢促进经济增长的假说。

（3）采用先进的计量方法，如格兰杰因果关系检验和协整理论，验证 FDI 与中国经济增长之间是否存在因果关系和长期稳定关系。

尽管笔者对外商直接投资、技术外溢与中国经济增长这一具有重要的理论与实践意义的重大问题进行了较为深入的研究，但由于笔者的学术造诣兼之时间的局限，有一些问题还有待进行更加深入的探讨和研究：

（1）笔者虽然选择了 FDI/GDP 来近似衡量 FDI 技术外溢对经济增长的贡献，但 FDI 毕竟是一种资本，如何从 FDI 中把纯资本剥离出来，只计量

其技术外溢的贡献，这一点是笔者乃至当今国际投资学界都没有解决的难题。

（2）在产品品种增加模型中有一个变量考察的是东道国和投资国的技术差距，并且从这一模型中可以推出技术差距越大，FDI对东道国经济增长的贡献越大。这一假设在本书的计量模型中并未进行验证，还需要笔者进行深入研究。

上述这些本书没有解决的难题和没有进行深入研究的问题，将是笔者今后的努力方向，也恳请各位老师和同仁们给予指导和帮助。

第二章 FDI、技术外溢与经济增长的理论分析

第一节 FDI 理论溯源

自 20 世纪 60 年代以来,随着国际直接投资实践的不断丰富,一些西方学者试图从不同角度、不同层次来解释国际直接投资行为。经过 40 多年的努力,已经基本形成了一套比较完善的国际直接投资理论体系。

一、垄断优势论

该理论是美国学者 S.H. 海默(S.H.Hymer,1960)在其博士论文——《国内企业的国际化经营:一项对外直接投资的研究》中首次提出的。[①] 海默摒弃了长期以来流行的国际资本流动理论所惯用的完全竞争假定,根据厂商垄断优势和寡占市场结构来解释对外直接投资。这被经济学界认为是直接投资理论的突破性进展,海默也因此被誉为国际直接投资理论的先驱。

要解释对外直接投资,海默认为,必须放弃传统的国际资本流动理论中关于市场完全竞争的假设,在不完全竞争的基础上来进行研究。在不完全竞争的条件下,面对同一市场的各国企业之间存在的竞争,若某一家企业实行集中经营,则可使其他企业难以进入该市场,从而形成一定的垄断,这样既可以获得垄断利润又可以减少因竞争而造成的损失。海默列举了四种类型的市场不完全:产品和生产要素市场不完全,由规模经济导致

---

① Hymer, S.H., The International Operations of National Firms: A Study of Direct Foreign Investment, The MIT Press, 1960, 137.

的市场不完全,由政府干预经济导致的市场不完全,由税赋和关税导致的市场不完全。前三种市场不完全使企业拥有垄断优势,第四种市场不完全则导致企业利用其垄断优势进行对外直接投资。海默将跨国公司对外直接投资的决定因素归结为企业所拥有的垄断优势,这些垄断优势包括:①先进技术。拥有先进技术是跨国公司最重要的垄断优势。大型跨国公司拥有极强的研究与开发能力,并投入巨额资金开发新技术,拥有一流的先进技术。与单纯的技术转让相比,跨国公司更倾向于将拥有的先进技术在本公司内部使用,以保持垄断地位,获得最大的利润。②先进管理经验。与拥有的先进技术相对应,跨国公司在长期的生产经营过程中总结出一整套适应现代化大生产的先进管理经验,对生产经营活动实行高效率的管理和控制。③雄厚的资金实力。大型跨国公司具有雄厚的资金实力,公司总部可以在公司内部的各分支机构之间灵活调度数额庞大的资金,这是一般东道国企业无法比拟的优势。④信息。大型跨国公司拥有先进的通讯设备,分支机构遍布世界各地,信息灵通。⑤国际声望。大型跨国公司大都历史悠久、声名显赫、影响面广,无论是项目竞标还是其产品,都更容易在竞争中取胜。⑥销售优势。大型跨国公司有自己独立的销售系统,且与国际包销商有长期而稳定的业务联系,在销售成本和便捷程度方面占有优势。⑦规模经济。在科学技术不断进步的条件下,现代企业生产向大规模方向发展,以取得规模收益。跨国公司可以利用国际专业化生产,避免投资国与东道国对生产规模的限制。

以后不少西方学者对该理论作了进一步补充、完善和发展,其中有代表性的理论有:

(1)核心资产论。核心资产是指资产的核心部分为技术和知识等无形资产,H.G.约翰逊(H.G.Johnson,1970)认为企业通过对核心资产占有形成垄断优势,借助垄断优势发展对外直接投资,能获取高额利润。①

(2)风险分散论。加拿大学者拉格曼(A.M.Rugman,1973)认为,从事国际经营的跨国公司可以借鉴国际证券投资中用多元化投资选择方式来降低投资风险的理论,使投资布局多样化,从而取得较为稳定的利润。②

---

① Johnson, H.G., The Efficiency and Welfare Implications of the International Corporation, in C.P. Kindleberger, ed., The International Corporation, The MIT Press, 1970, 203.
② Rugman, A.M., Inside the Multinationals: The Economics of Internal Markets, Croom Helm, 1973, 57.

(3) 寡占反应论。美国学者尼克博克 (F.T.Knickerbocker, 1973) 在运用垄断优势论研究美国企业对外直接投资时发现，美国这类对外投资主要是由垄断程度较高的少数寡头公司进行的，这些寡头公司具有成批地在同一时期对外直接投资现象，尼克博克称这种成批对外直接投资现象为"寡占反应"。① 这类投资也可称为防御性对外直接投资。

二、内部化理论

内部化理论的思想渊源可追溯到"科斯定理"。科斯认为，企业与市场是两种不同但又可以相互替代的交易制度。企业之所以存在，或者说企业之所以代替市场来组织生产，关键在于"内部化"能节省交易成本。英国里丁大学的学者巴克莱和卡森 (P.J.Buckley and M.Casson, 1976) 等人将内部化理论应用于国际直接投资领域，来解释跨国公司的对外直接投资行为。② 他们从中间产品特别是知识产品的性质和市场机制失效来论述内部化的必要性，内部化的目标是消除外部市场的不完全。

内部化理论认为，基于市场的不完全，企业往往倾向于实行市场内部化。企业实行市场内部化的动机与其产品的性质及其相应的市场结构密切相关。知识产品具有特殊的性质，知识产品的市场结构和其在企业中的重要地位决定了其市场内部化的动机最强。知识产品及其交易具有如下特点：①知识产品的形成耗时长、费用大；②知识产品可以给拥有者提供垄断优势；③知识产品的价格不易确定；④知识产品的市场外部化可能导致增加额外的交易成本。知识产品的上述特点决定了知识产品的市场机制失效，知识产品的模仿者可以比知识产品的创造者以更低的成本获得和运用该知识。在这种情况下，跨国公司为了更好地利用知识产品，并保持其特有的知识优势，就必须利用内部化市场进行对外直接投资。内部化市场是相对于外部化市场而言的。跨国公司为了规避在外部市场销售知识产品所引起的优势散失风险，便组成自己的内部化市场，使企业内跨国界的生产组织、资源调配和内部定价相互依赖，结成一体。正是这种内部化组织方

---

① Knickerbocker, F.T., Oligopolistic Reaction and the Multinational Enterprise, Harvard Graduate School of Business Administration, 1973, 83.

② Buckley, P.J. and Casson, M., The Future of the Multinational Enterprise, Macmillan, 1976, 139.

式,使跨国公司能够有效地使用知识产品,获取更高的收益。国外子公司把跨国公司在国内市场开发发展起来的产品扩展到国际市场上,在国际经营中保持优势。跨国公司在所有可能的市场上开发利用知识优势,并使利用知识的收益保持在企业内部,以便补偿创造知识所花费的成本。

内部化理论被认为是西方学者研究对外直接投资理论的另一个重要转折。它开创了与垄断优势理论所不同的研究思路,因而提供了另外一个理论框架,较好地解释了第二次世界大战以来跨国公司的迅速增长与扩展,同时也较好地解释了为什么对外直接投资能比出口和许可证贸易更好地开发国外资源和市场。

三、区位论

公司拥有优势并不能解释对外直接投资优于出口,同样也不能解释为什么对外直接投资发生在一国而不发生在另一国。因此,引出了有关东道国区位因素的分析。区位论起源于19世纪20~30年代,是由多位国际经济学家共同提出、不断修正的,其中著名论著有T.G.帕里在1976年完成的博士论文《国际生产区位:制造业跨国公司参与国际市场的贸易与非贸易方式的研究》、T.霍斯特《美国对加拿大市场的出口和子公司销售的行业构成》。[①] 生产成本极小化的思路无疑对国际直接投资区位选择产生了深远的影响,这种影响表现在两个层次上:一是跨国公司在全球范围内的区位选择。各国间劳动力成本和技能的差异,运输和通信成本的差异,以及相关或辅助性产业发展水平的差距对跨国公司区位分布和选择有重要影响。二是跨国公司在某一国家内的选址。接近市场、满足消费者需求的思路和追逐市场型的跨国公司行为相吻合。

四、产品生命周期理论

美国学者维农(R.Vernon,1966)在实证研究美国跨国公司对外直接投资行为的基础上,创立了产品生命周期理论。[②] 维农认为,垄断优势论未能彻底说明跨国公司需要通过建立国外分支机构去占领市场,而不是通过

---

① 转引自商德文主编:《海外国际性投资模式比较》,经济日报出版社1994年版,第72页。
② Vernon, R., International Investment and International Trade in the Product Cycle, *Quarterly Journal of Economics*, 1966, 36.

产品出口和转让技术获利的根本原因。事实上，拥有新产品、新技术的企业，总是待这些产品和技术在国内经历一定的发展阶段后，才会逐步通过对外直接投资的方式建立国外分支机构，从事相同的生产和销售。维农认为，产品生命周期理论能科学解释跨国公司的对外直接投资、对外贸易和对外技术转让行为。

该理论将产品的生命周期划分为三个阶段：新产品创新阶段、产品成熟阶段和产品标准化阶段。跨国公司的对外直接投资是公司在产品生命周期运动过程中因生产条件、竞争条件等区位因素发生变动后所作出的理性选择。这表明，在国际生产中，任何产品的生产地点将在一定程度上取决于该产品处在生命周期中的哪一个阶段。在新产品创新阶段，一般集中在国内生产，其原因在于降低成本和垄断技术，对于其他国家对该种产品的需求则通过对外贸易的方式满足。在产品成熟阶段，国内生产的边际成本加边际运输成本超过国外生产的成本，加之国内外劳动力成本的差异，使得生产基地由国内转移到国外更为有利。由于该产品的出口量急剧增加，生产厂家拥有的垄断技术也因此而逐渐扩散到国外的竞争者手中，仿制品开始出现，由垄断技术带来的优势开始出现丧失的危险。为了避免贸易壁垒、接近消费市场和减少运输费用，生产厂家通过对外直接投资的方式，在国外建立分支机构，转让成熟技术。一般来讲，生产厂家总是先到人均收入水平较高、技术水平先进、劳动力素质较好、与本国需求相近的国家或地区建立分支机构，就地生产，就地销售，或向其他国家出口，以维护现有的市场份额，防止潜在的竞争者。在产品标准化阶段，产品和技术均已标准化，生产厂家所拥有的垄断技术优势已消失，竞争主要集中在价格上。生产的相对优势已转移到技术水平低、工资低和劳动密集型经济模式的国家和地区。在本国市场已经趋于饱和、其他发达国家同类产品出口量急剧增长的情况下，生产厂家开始在发展中国家进行直接投资，转让其标准化技术。

产品生命周期理论的引入使跨国公司的对外直接投资具备了动态的特性。它较好地解释了某一产品的境外生产最终是怎样替代该产品出口的。该理论与区位理论相结合，较好地解释了公司最初进入国外市场时的考虑因素，以及随后在国外市场进一步扩张时的考虑因素。

五、比较优势论

比较优势论又称"小岛模型",是日本经济学家小岛清(K. Kojima,1978)运用比较优势原理提出的。[①] 小岛清认为,垄断优势论是从微观经济理论出发,强调厂商内部垄断优势对海外投资行为的影响,重视对外投资企业微观经济分析和公司管理研究,而忽略了宏观经济因素的分析,尤其是忽略了国际分工理论中比较成本原理的作用。这个理论仅适用于解释美国大寡头垄断公司的对外直接投资,但不能解释日本企业的对外直接投资现象。因此,小岛清试图在多产品、多行业及多国比较成本的基础上建立投资与贸易相统一的宏观理论。这一理论的主要观点是:

(1)对外直接投资的基本内容是投资国特定产业部门的特定企业将其"一揽子"经营资源(包括资本、技术、经营管理知识、市场营销技能等)转移到东道国同一产业部门的特定企业,其实质是先进生产函数的跨国转移。

(2)一国对外直接投资应当按照比较成本劣势强弱的顺序依次进行,即首先输出该国逐渐丧失比较优势或即将限于比较劣势的边际产业,投向东道国在提高生产率方面具有潜在比较优势的同类产业。

(3)在各类产业中,发达国家的劳动密集型产业同发展中国家相比趋于比较劣势,故劳动密集型产业可作为率先对外投资的边际产业。

(4)对外直接投资通过边际产业的国际移植,具有增强东道国的潜在比较优势的作用。为此,投资国应选择与东道国技术差距最接近的产业依次移植,并由技术差距最小的中小企业充当这种移植的主体,因为中小企业转移到东道国的技术更适合当地的生产要素结构,且能进行小批量生产,经营灵活,适应性强。

(5)从趋于比较劣势的边际产业部门开始对外进行投资,将有助于东道国弥补其资本、技术和管理经验之类的经营资源不足,加速移植较先进的生产函数,不断增强正在形成或尚未充分展现的潜在比较优势。由于东道国和投资国都集中发展其比较优势的产业,两国的产业结构将更趋合理。

---

① Kojima, K., Direct Foreign Investment: A Japanese Model of Multinational Business Operations, Croom Helm, 1978, 241.

六、国际生产折中理论

巴克莱和卡森的同事、英国经济学家 J.H.邓宁（J.H.Dunning，1977）教授借鉴了海默的垄断优势论，将俄林的要素禀赋论、巴克莱和卡森等人的内部化理论结合起来，并引入了区位理论，采用折中的方法和体系加以综合，形成了独特的国际直接投资理论——国际生产折中理论。① 西方经济学界将其视为迄今为止国际直接投资理论的大综合，被冠以"通论"之美称。就解释力而言，该理论也是迄今为止解释能力最强的一种国际直接投资理论。国际生产折中理论的主要内容是：

（1）一国企业对外直接投资，必须具备三种优势，即所有权优势、内部化优势和区位优势。其中，所有权优势是企业独有的或在相同成本下别国企业无法取得的优势，是公司由于规模、多样化经营、对产品市场或原料供给的垄断等有形资产以及由于拥有技术、管理技能和商标等无形资产形成的优势；内部化优势是跨国公司将其所拥有的资产加以内部使用而带来的优势；区位优势是跨国公司在投资区位选择上具有的优势。这三种优势是相互关联、紧密联系的，与外国企业相比，本国企业拥有的所有权优势越大，将资产内部化使用的可能性也越大，从而在国外利用其资产比在国内可能更为有利，越有可能发展对外直接投资。

（2）国际生产折中理论不仅可以解释一国企业的对外直接投资，还可以解释一国企业参与国际经济方式的选择，亦即可以将对外直接投资、对外贸易和对外技术转让三者有机地结合起来。如果企业仅拥有一定的所有权优势，则只能选择对外技术转让的形式参与国际经济竞争；如果企业同时拥有所有权优势和内部化优势，则对外贸易是参与国际经济竞争的一种较好形式；如果企业同时拥有所有权优势、内部化优势和区位优势，则发展对外直接投资是参与国际经济活动的最佳形式。

（3）从动态观点看，一国经济发展水平及宏观经济结构的变动将会改变该国企业的所有权优势、内部化优势及区位优势，而这些优势的动态组合必将引起该国在国际直接投资格局中的战略地位发生变化。由此，邓宁

---

① J.H. Dunning, Trade, Location of Economic Activity and the MNE: a Search for an Eclectic Approach, in B.Ohlin, ed., The International Allocation of Economic Activity, Holmes and Meier, 1977, 178.

提出了"投资发展周期模型"。这个模型认为,不同发展程度的国家拥有不同的所有权优势、内部化优势和区位优势。一国利用外资或对外投资战略地位的变动与该国以人均国民生产总值衡量的经济发展水平之间存在着正相关关系。第一阶段,人均 GNP 不超过 400 美元,较少接受直接投资,也没有对外投资,净对外投资为零或负数。企业没有所有权和内部化优势,该国也不具备区位优势。第二阶段,人均 GNP 在 400~2000 美元,吸收外资增加,但对外直接投资仍然为零或很少,净对外投资额为负数,并且随着 GNP 的提高日益扩大。这类国家的企业还未建立起可靠的所有权优势和内部化优势,但区位优势有所增加。第三阶段,人均 GNP 在 2000~5000 美元,资本流出逐渐快于资本流入,对外直接投资额仍为负数,但数额日渐缩小。本国企业的所有权优势和内部化优势日益上升,竞争力大为增强,而外国子公司的所有权优势下降。第四阶段,人均 GNP 在 5000 美元以上,该国已成为净对外投资国。这反映了本国企业强大的所有权和内部化优势以及迅速下降的区位优势。

第二节 发展中国家吸引 FDI 的理论

一、资本缺口与引进 FDI

在开放经济条件下,资本形成的来源主要由国内储蓄与国外储蓄两部分组成,其中国内储蓄又包括居民储蓄、企业储蓄和政府储蓄,国外储蓄主要由援助、贷款、举债和外国直接投资组成。在经济发展过程中,发展中国家更多地受到国内资源(包括储蓄资源)不足的制约,利用国外资源来促进本国资本的形成、加快经济发展就成为当今大多数发展中国家的一项重要国策。在 20 世纪 80 年代中期以前,对外举债一直是发展中国家利用外资的主要渠道,但自拉美国家发生债务危机后,引进外国直接投资已经逐渐成为发展中国家引进外资的主要方式。正如联合国跨国公司与投资司在《1992 年世界投资报告》中所指出的那样:"发展中国家将国外储蓄视为资本形成的重要来源,长期以来都没有放弃寻求国外借款。但自从被债务危机沉重打击后,它们已把扩大国内储蓄的重点放在了吸引外国直接投资上，这是为了减少那些有可能导致负债的资金来源的缘故。"①

关于发展中国家引进外资的必要性与理论动因，一些发展经济学家曾提出过许多很有见地的观点，影响最大的当属美国学者 H.B.钱纳里和 A.M.斯特劳特（H.B.Chenery and A.M.Strout，1966）提出的"双缺口"模型。②"双缺口"模型的基本思想是，当发展中国家为实现其经济发展目标而需要的资源数量（主要是储蓄和外汇）与国内最大有效供给之间存在着缺口时，引进外资对于弥补这些缺口是必要的，发展中国家引进外资的规模应以其最大缺口为限。"双缺口"模型对于解释发展中国家引进外资的现实必要性与理论动因是非常有说服力的，至今仍对许多发展中国家的引进外资实践发挥着重要的理论指导作用。

在"双缺口"模型提出之前，P.N. 罗森斯坦—罗丹（P.N.Rosenstein-Rodan，1961）已提出了"储蓄缺口"的观点，R.I.麦金农（R.I.Mckinnon，1964）已提出了"外汇缺口"的观点。③钱纳里和斯特劳特在吸收已有研究成果的基础上，将引进外资与投资、储蓄和进出口联系起来，全面地论述了发展中国家引进外资与经济发展的关系，并且在假定资本产出比不变以及哈罗德—多马经济增长模型的基础上建立了"双缺口"模型。

"双缺口"模型认为，在经济发展过程中，发展中国家几乎都面临着各种"瓶颈"资源的约束，通过引进外资可以在一定程度上缓解这些"瓶颈"约束，并且可以调动与重置所有生产资料，使国内经济资源得以充分利用，从而加速经济发展。该理论首先界定了三种不同的经济资源：第一，技能与组织能力；第二，国内储蓄；第三，进口商品与服务。在任何时候，这些经济资源的供给对经济增长的限制都是不同的，这三种资源中的任何一种在经济运行中都可能单独构成对经济发展的制约，这种制约并非在短期内可以解决。与三种经济资源的界定相对应，钱纳里和斯特劳特提出了制约一国经济发展的三种约束：第一，储蓄约束。由于经济发展通

---

① 联合国跨国公司与投资司：《1992 年世界投资报告》，对外贸易教育出版社 1993 年版，第 108 页。

② H.B.钱纳里、A.M.斯特劳特：《外援与经济发展》，郭熙保主编：《发展经济学经典论著选》，中国经济出版社 1998 年版，第 106 页。

③ P.N. Rosenstein-Rodan, International Aid for Underdeveloped Countries, *Review of Economics and Statistics*, Vol.43, 1961, 62; Mckinnon, R.I., Foreign Exchange Constraints in Economic Development and Efficient Aid Allocation, *Economic Journal*, Vol.74, 1964, 59.

常伴随着投资规模的扩大,而发展中国家在这一过程中因经济落后、人均收入水平较低等原因而常会出现国内储蓄对发展的约束。在封闭经济的条件下,国内储蓄不足进一步构成了对投资的约束。第二,投资能力约束。在有国外资金可供利用的情况下,投资能力约束主要是由于投资所必需的技术、熟练劳动、企业家以及投资过程中的其他投入物的匮乏而导致对增加投资造成的限制,或者由于市场产出有限(即对投资的需求不足)所造成。第三,经济结构约束。即一个国家面对变化着的国内需求而不能及时对其生产结构进行调整,从而造成了对经济发展的约束。发展中国家的经济结构约束最常见的表现就是商品和服务进口的增长速度快于出口的增长速度,引起对外贸易逆差,从而没有足够的外汇来进口经济发展所需的设备、技术和服务,这就构成了外贸约束或外汇约束。

"双缺口"模型将发展中国家的这种以长期资源"瓶颈"约束为特征的经济状况概括为"有限结构弹性假说"。由于投资约束与储蓄约束是相互联系的,故可将两者概括为"储蓄约束",储蓄约束与外汇约束构成了"双缺口"模型的理论基础。钱纳里和斯特劳特指出:"外援通过解除这些约束可以更充分地利用国内资源。某些'瓶颈'如技能、储蓄与外汇等可通过增加使用不需要现在支付代价的外部资源暂时得到放松。这样就能够更有效地利用其他资源,使得总产出的增长可以大大地高于最受限制的国内要素增长率所允许的产出增长。"① "双缺口"模型为发展中国家引进外资提供了一个较为合理的经济动因,即通过引进外资来弥补国内资源的不足,填平储蓄缺口与外汇缺口,以使经济增长达到目标增长率的水平。

"双缺口"模型的主要分析来自于宏观经济学,在一个开放经济的国民收入均衡模型中,从总供给的角度来看,国内生产总值为消费、储蓄、政府税收和进口之和,即

$$Y = C + S + T + M$$

式中,Y 为国内生产总值,C 为消费,S 为储蓄,T 为政府税收,M 为进口。

从总需求的角度来看,国内生产总值为消费、投资、政府支出和出口之和,即

---

① H.B. 钱纳里、A.M. 斯特劳特:《外援与经济发展》,郭熙保主编:《发展经济学经典论著选》,中国经济出版社 1998 年版,第 110 页。

$Y = C + I + G + X$

式中,Y 为国内生产总值,C 为消费,I 为投资,G 为政府支出,X 为出口。

国民收入的均衡条件是:总供给 = 总需求,则有:

$C + S + T + M = C + I + G + X$

假设政府收支相等,将上式整理后得:

$I - S = M - X$

在上式中,(I-S) 为投资与储蓄之差,即"储蓄缺口";(M-X) 为进口与出口之差,即"外汇缺口"。这两个缺口构成了"双缺口"模型的基本内容。根据一般均衡理论,只有当这两个缺口相等时,经济才能实现均衡发展。但是,由于前面所述的三种约束,发展中国家的这两个缺口通常并不相等,不是遇到国内储蓄的短缺,就是遇到进口资本品或中间品所需的外汇短缺,因而需要来自于外部的资源来填补这两个缺口,以实现平衡。

"双缺口"模型的重要意义不仅在于论证了发展中国家存在两个缺口的现实,更在于探讨了如何平衡两个缺口。从均衡理论来看,储蓄缺口必然等于外汇缺口,亦即储蓄小于投资的不足部分,必定要由进口与出口的差额部分弥补。但是,正如国民收入恒等式是事后均衡一样,两缺口的相等也是事后均衡。这种统计上的均衡究其原因在于,在实际生活中,当国内储蓄缺口大于进出口差额时,投资会减少,储蓄会相对增加,同时进出口也会发生变化(如进口增加或出口减少),最终实现均衡;而当国内储蓄缺口小于进出口差额时,投资、储蓄以及进出口也会相应变动,以实现均衡。然而,事后统计上的均衡未必能达到 GDP 可能的发展水平,从统计指标上看,也即未必能达到 GDP 目标增长率。因此,"双缺口"模型研究两个缺口的均衡并非在统计意义上研究两个缺口为何恒等,而是研究在潜在的 GDP 或计划的 GDP 发展水平上如何实现两个缺口的均衡。对于计划的或潜在的 GDP 水平,由于储蓄、投资、进口和出口等经济活动是由各个不同的主体独立进行的,各个变量受诸多因素的影响,因此,要实现计划的或潜在的 GDP 水平,需要对储蓄或投资以及进出口进行调节。"双缺口"模型假定,在特定的时点上,储蓄缺口与外汇缺口之间不仅大小不等,而且彼此间不具有替代性和互补性,在本国经济内部进行这种调节可能会带来资源损失,引进外资是填平不均衡缺口的最佳选择。一般来讲,引进外资对发展中国家填平"双缺口"会产生双重有利影响:一方面,可以增强国内的商品出口能力和创汇能力；另一方面，可以提高国内储蓄水平，改善国内资金供求状况。如果储蓄缺口大于外汇缺口，则引进外资既可以通过弥补国内储蓄不足部分，又可以通过增加进口来实现两个缺口的均衡；如果外汇缺口大于储蓄缺口，引进外资则既可以通过增加投资，又可以通过进口替代减少进口来实现两个缺口的均衡。两个缺口对经济发展的制约被消除后，一国经济就可以逐步减少对外资的过分依赖，而主要依靠经济内部所具有的动力以及与世界其他国家相互依存和交换来推动经济的持续发展。

由"双缺口"模型所引申出的最重要的政策含义在于，发展中国家应该实行对外开放，积极引进和利用外资来为本国经济发展服务。这一点已被包括中国在内的广大发展中国家的实践所证明。

二、技术缺口与引进 FDI

20世纪70年代之前，资本短缺是制约发展中国家经济发展的主要因素，以"双缺口"模型为代表的西方经济发展理论主要强调外国直接投资弥补国内资本不足的重要性，而对技术和其他要素对经济发展的贡献则考虑得较少。70年代以后，一些西方学者在索洛、丹尼森等人的研究成果基础上所进行的进一步研究表明，技术进步在发展中国家经济发展中发挥着极为重要的作用，甚至在某种程度上超过资本。现代经济增长理论也强调指出，影响一个国家经济发展的要素不仅仅是劳动和资本等生产要素的积聚，更重要的是技术要素。跨国公司是技术创造和传播的重要主体，外国直接投资流入作为东道国技术进步途径的重要性更加明显。对于发展中东道国来讲，引进外国直接投资的主要目标不仅限于弥补国内资本的不足，技术的引进更为重要。

钱纳里与斯特劳特在提出"双缺口"模型时曾提出，发展中国家在经济发展过程中，要依次经历技术约束、储蓄约束和外汇约束三个发展阶段，但他们研究的重点仅限于后两个阶段，而未涉及技术约束。在他们的"双缺口"模型中，储蓄缺口和外汇缺口的存在是构成发展中国家经济发展的两个重要约束因素，引进外国直接投资的根本目的就在于弥补这两个缺口。"双缺口"模型对发展中东道国引进外国直接投资的动因给出了比较合理的解释。但是，该模型又过于强调资本形成对经济发展的作用，在很大程度上忽略了技术进步的贡献。一国经济的发展是包括资本、技术、自然资源、人力资源以及组织和制度等因素综合作用的结果。发展中国家技术水平较低，这在很大程度上制约了其参与国际分工的广度与深度。在当代国际分工不断深化和经济一体化程度日益提高的大背景下，技术进步对发展中国家具有更为重要的现实意义。

20世纪60年代末至70年代初，一些西方学者对"双缺口"模型做了修正，在储蓄与外汇缺口的基础上增加了技术、管理和企业家方面的缺口（即技术缺口），以及政府税收缺口（即税收缺口），从而将该模型进一步扩展为"三缺口"模型以及"四缺口"模型。①

"三缺口"模型是由赫尔希曼提出的，他认为，在经济发展过程中，技术、管理和企业家的匮乏是发展中国家所面临的最重要约束，是一个缺口，资本吸收因此而受到限制。从发展中国家的实践来看，技术、管理和企业家的缺口，仅靠国内资源几乎无法弥补，大多需要从国外引进，以满足本国经济发展的需要。发展中国家在这些方面对外部资源的需要和依靠程度正在日益提高。技术、管理和企业家缺口已经成为制约发展中国家经济发展的关键因素。"四缺口"模型除了涉及储蓄、外汇、技术三个缺口之外还探讨了政府税收的计划目标与实际税收之间的缺口。大部分发展中国家的经济发展计划和目标，要靠政府投资来促进，人民生活水平的提高也与政府支出有着密切的关系。但发展中国家比较贫穷的现实，往往会使由政府开支决定的政府税收计划目标与实际税收收入之间存在着缺口。为弥补这个缺口，政府必须向外商投资企业的利润征税，通过征税、入股经营和财政参与的方式，为政府筹措公共资金。

可见，无论是"三缺口"模型还是"四缺口"模型，都将"技术缺口"的存在列为制约发展中国家经济发展的重要因素，并且也都进一步指出通过引进外国直接投资来弥补这一缺口的必要性。"技术缺口"的提出，既揭示了发展中国家技术水平落后的客观现实，也阐明了技术进步在经济发展过程中的重要作用，为广大发展中国家从发达国家引进先进技术提供了一个合理的解释。

---

① 转引自李东阳：《国际直接投资与经济发展》，经济科学出版社2002年版，第154页。

三、技术外溢与引进 FDI

(一) 技术外溢的概念界定

在本书的第一章研究述评中对技术外溢概念进行了简单的说明,在这里本书对技术外溢的概念进行全面的定义和分析。

与单纯的技术转让相比,外国直接投资不仅为东道国带来先进技术,更为重要的是还具有技术外溢效应。技术资产具有共用品的外部经济特征,其追加服务并不因此增加成本,这类资产的市场相当不完全。这种不完全既是垄断性市场结构所致,更是由于市场不可能像处理以自然资源为基础的产品的生产和交易那样,有效处理具有不确定性、规模经济和外部经济特征的技术、知识和组织技能等资产的生产和交易。而对外直接投资通过内部市场机制则可以绕过外部市场的不完全,从而成为国际技术转让众多途径中最重要的一条途径。已有的一些实证研究也表明,先进的现代技术传播的重要途径往往都不是传统的技术转让协议,而是国际直接投资带来的溢出效应。[①] 外溢效应的产生与存在来源于这样一个事实,即跨国公司不可能获得其在东道国生产经营所形成的全部利益,其中一部分扩散到东道国相关企业的利益就构成了技术的溢出效应。

本书认为 FDI 的技术外溢效应是指:发达国家和地区在其他国家,特别是在发展中东道国进行直接投资,其先进的生产技术、经营理念、管理经验等通过某些非自愿的扩散途径渗透到当地的其他企业,促进东道国企业技术水平的提高,从而刺激该国经济增长的效应,是一种经济外部性的表现。

为了更深入地理解 FDI 在东道国产生的技术外溢效应,有必要对技术外溢的特点进行分析。

(1) 外部性。技术外溢最为重要的特点就是外部性,它是指某一经济主体或活动对于其他经济主体产生的一种未能由市场交易或是价格体系反映出来的影响。外部性可以分成外部经济和外部不经济两种。技术外溢是具有较为典型外部经济特性的活动。技术外溢之所以具有正外部性是由技

[①] 杨先明、赵果庆、张锦、潘小春著:《国际直接投资、技术转移与中国技术发展》,科学出版社 2004 年版,第 95 页。

术所具有的特殊性质决定的。① 首先，技术具有非竞争性。当某一个经济行为人使用某种技术生产商品和服务时，并不妨碍其他的经济行为人也使用同一种技术。其次，在很多情况下，技术具有部分的非排他性。技术信息的创造者或所有者难以制止其他人在不经授权的情况下也使用此种技术。技术的非竞争性和部分非排他性意味着技术能够产生外溢。东道国企业可以通过与外资企业的联系、竞争及人员流动等各种途径来促使技术外溢的产生，从而提高东道国企业的技术水平。

（2）互动性。所谓互动性是指在技术外溢的过程中，任何一方都不能单独决定技术外溢的成效，它的程度如何是由外溢技术的拥有者——外商投资企业、外溢技术的接受者——东道国本地企业以及由他们所组成的东道国市场环境共同作用决定的。从微观的角度看，技术外溢是发生在外商投资企业和本地企业之间的互动行为。虽然外商投资企业可以单方面决定在东道国使用技术的水平，但是东道国企业的素质是决定是否能够吸收外商投资企业技术的重要因素。这也是技术外溢在不同国家会产生不同结果的原因所在。从宏观角度看，本地市场结构对技术外溢也有重要影响。本地市场结构决定本地市场竞争的激烈程度。一般认为技术外溢在竞争性较强的市场中会有比较好的表现。市场竞争是促使企业从事技术创新的重要动力，外国投资企业即使不在东道国从事技术创新也会在市场竞争和利润的压力下动态地引进新技术，拉动技术外溢的持续进行。

（3）隐含性。技术外溢和所有外部性活动一样，因为它不是借助市场交易达成的，所以没有留下容易查出的"留在纸上的痕迹"。因此，在现实经济生活中如何测度技术外溢是一项难题。在国内外技术外溢的实证研究中，一般是对技术外溢发生后可以影响的某一因素进行统计回归分析以确定是否存在技术外溢，如果统计结果显著就认为存在技术外溢。但是实际经济生活中有成千上万的因素会对被检验的因素起作用，不只技术外溢一个因素。因此，由于技术外溢隐含性所造成的实际中技术外溢难以测度一直是这一领域研究中的一个重大课题。

---

① Romer, Paul M., Endogenous Technological Change, *Journal of Political Economy*, Vol. 98, 1990, 79; Arrow Kenneth J., Economic Welfare and the Allocation of Resources for Inventions, in R.R.Nelson, ed., The Rate and Direction of Inventive Activity, Princeton: Princeton University Press for the NBER, 1962, 158.

(4)不确定性。不确定性是指技术外溢的效果具有不确定性。技术外溢的不确定性来自两个方面:第一个方面是外商投资企业自身的因素。FDI 的技术使用方式是典型的"内部化"使用方式,技术使用范围是相对封闭的,它相对于出售技术、授权等外部化技术使用方式而言是不利于技术向企业外溢出的,并且,外商投资企业为减少由于技术外溢所造成的经济损失,还可以将潜在的技术外溢受益方通过兼并的方式"内部化",使技术始终在外商投资企业内部使用。这就为技术外溢设置了种种障碍。第二个方面是东道国企业因素。从上述的分析中我们了解到,技术外溢是一个互动性的过程。本地企业的技术水平高低对技术外溢有着重要的影响。在其他条件相同的情况下,本地企业的学习能力越强,技术外溢越有可能发生并且成效越显著;相反,如果东道国企业不能够在外商投资企业的竞争压力下尽快地吸收、创新技术,就极有可能被外商投资企业挤出市场,成为竞争中的失败者,也就根本谈不上什么技术外溢。本地企业的技术素质是千差万别、各不相同的。因此,技术外溢在效果上呈现出不确定性的特点。

技术外溢的四大特点中具有决定性的是外部性和互动性两个特点,隐含性和不确定性的特点来源于这两个特点。

(二) 技术外溢的理论发展

对技术外溢理论的讨论最早可以追溯到 20 世纪 60 年代。麦克多加(MacDougall,1960)在分析外国直接投资的一般福利效应时,第一次把技术的外溢效应视为外国直接投资的一种重要现象。[1]

卡维斯(Caves,1971)根据技术扩散对当地厂商的不同影响,第一次比较全面地把技术扩散分为三类:第一类是本来具有强大行业壁垒的产业,由于跨国公司的进入,垄断扭曲受到遏制,资源配置得到改善;第二类来自跨国公司不断增加的竞争压力或示范效应,刺激当地厂商更加有效地使用现有资源,推动当地技术效率的提高;第三类是由于竞争、反复模仿或其他原因,跨国公司的进入加快技术转移和扩散的速度。[2]

---

[1] MacDougall, G.D.A., The Benefits and Costs of Private Investment from Abroads: A Theoretical Approach, Economic Record, 1960, 49.

[2] Caves, R.E., International Corporation: the Industrial Economics of Foreign Investment, Economics, Vol. 141, 1971, 276.

继卡维斯之后，芬德来（Findlay）、科伊朱米和科佩基（Koizumi and Kopecky）成为该领域的主要贡献者。他们以各种形式的外溢存在为前提，旨在用局部均衡的理论模型分析东道国有关的外溢决定因素和效应。芬德来（1978）构建了一个由先进的发达国家对落后的发展中国家进行直接投资和技术扩散的简单内生动态模型，检验了诸如技术差距、外资份额等静态特征对技术扩散率的影响。[1] 该模型的基本假设是：潜在的机会越多，技术的趋同程度越高，即 FDI 输出国与东道国的技术差距越大，技术扩散率就越高。在此基础上他假定，跨国公司在当地的资本份额越高，扩散的速度就越快；技术差距和外资份额对于当地厂商的决策行为是外生的。最后，他提出 FDI 输出国的经济发展速度、跨国公司的利润、东道国的教育水平和边际储蓄倾向等其他参数也都可能通过影响技术差距或外资份额这两个变量，间接地影响外溢效应。科伊朱米和科佩基（1977）构建了一个国际资本长期流动模型，用于研究 FDI 对一国经济增长的影响。[2] 他们将技术的外溢效应大胆地引入传统的国际资本流动模型，得出了与芬德来一样的结论：技术外溢水平与外资的份额正相关。

20 世纪 80 年代末 90 年代初的研究以旺和布洛姆斯特罗姆（Wang and Blomstrom）为代表，重点研究竞争性的外溢效应。旺和布洛姆斯特罗姆（1990）将外溢视为跨国公司子公司和当地企业间策略性竞争的内生现象，构建了一个关于跨国公司子公司与当地企业博弈的基本模型。[3] 一方面，他们假定跨国公司子公司能意识到技术外溢的成本；另一方面，假定当地厂商也能意识到技术外溢的存在。在互为约束的前提下，可以求取各自的动态最优解。在理论上，无论是跨国公司子公司，还是当地企业都可能通过其投资决策影响外溢水平：跨国公司对新技术的投资越多，外溢越多；当地企业对学习的投资越多，其吸收外溢的能力就越强。事实上，由于外溢促进了当地企业的技术进步，缩小了技术差距，跨国公司子公司为了维护其产品的技术比较优势，被迫引进或开发新技术以恢复其市场份额和利

---

[1] Findlay, R., Relative Backwardness, Direct Foreign Investment, and the Transfer of Technology: A Simple Dynamic Model, *Quarterly Journal of Economics*, Vol.92, 1978, 10.

[2] Koizumi, T. and K.J.Kopecky, Foreign Direct Investment, Technology Transfer and Long Growth, *Journal of International Economics*, No.2, 1977, 37.

[3] Wang, J.Y. and M.Blomstrom, Growth, Technology Transfer and Longrun Theory of International Capital Movements, *Journal of International Economics*, No.7, 1990, 76.

润,结果导致新一轮的外溢,即所谓的外溢正反馈。同理,当地厂商的学习行为也存在这种效应。

综上所述,在芬德来、科伊朱米和科佩基看来,外溢效应源于当地厂商与跨国公司子公司的技术差距,外溢效应水平的大小取决于技术差距和外资在行业中的份额。这些结论又受到各种外在变量的影响,如投资国技术进步的速度、跨国公司的利润、东道国的储蓄倾向等。但他们都没有顾及当地厂商和跨国公司子公司的行为对外溢效应的影响。而旺和布洛姆斯特罗姆则比较全面地看到了当地厂商和跨国公司子公司的行为对技术外溢的影响。他认为,除了原有的外溢效应外,还存在着一种取决于当地厂商和跨国公司子公司投资决策的外溢效应,这种影响是累积的,具有正反馈性质。

此后,科高(Kokko,1992)在《FDI、东道国特征和外溢》一书中,对上述的理论作了一个很好的归纳。① 他认为,外国直接投资技术外溢效应的发生来自两个方面:第一来源于示范、模仿和传播;第二来源于竞争。前者是技术信息差异的增函数,而后者主要决定于外商投资企业与当地厂商的市场特征及相互影响,即前者与跨国公司在当地的市场份额有正相关关系,而后者则与此无关。显然,第一种外溢效应与技术差距有关,属于示范、模仿和传播型,也就是芬德来、科伊朱米和科佩基的观点;而第二种外溢效应则取决于市场环境、当地厂商与跨国公司子公司之间相互的影响,属于竞争型,这又总结了旺和布洛姆斯特罗姆的观点。

20世纪90年代以来,有关技术外溢的理论研究突破了以跨国公司为分析核心的旧框架,不仅将旧有的以跨国公司为中心的厂商理论作了进一步的发挥,而且还将技术策略联盟这样的新现象融入了理论探讨,不仅考察了以制造业为主的生产技术外溢的方方面面,而且展开了对以服务业为主的组织技术的深入研究。

(三) 技术外溢的作用机制

要了解外商投资企业的先进技术和管理经验在多大程度上能渗透到东道国的当地企业,首先必须了解其作用机制。综合国外学者的研究,可以

---

① Kokko, A., Foreign Direct Investment, Host County Characteristics and Spillovers, The Economic Research Institute, Stockholm, 1992, 153.

将 FDI 技术外溢的作用机制分为三种。

1. 联系（Linkage）

联系表示的是纯粹的市场交易以外的企业间相互影响的直接关系。国外从 FDI 角度分析这种联系的研究表明，很多 FDI 带来的技术外溢效应是通过跨国公司在东道国的分支机构与当地供应商和客户间的前后向联系表现出来的。外资企业在产品和加工工艺以及营销等方面具有丰富的知识，当东道国公司从中获得利益而又不需支付有关的费用时，便会形成技术外溢效应。在这里，后向联系是指外资企业与东道国当地供应商，即与上游厂商之间的联系，这些厂商主要为外资企业提供成品生产制造所需的原材料、零部件和各种服务；前向联系则是指外资企业与东道国当地客户，即与下游厂商间的联系，这些厂商为外资企业提供成品市场营销服务，半成品、零部件或原材料的再加工等各种服务。

对后向联系的分析主要见诸于劳尔（S.Lall）等人的研究之中。① 劳尔（1980）在研究印度卡车制造业时发现某些"互补性行为"可以通过后向联系产生外溢效应。他的研究结果表明，在下述情况下，外资企业采购当地化将有助于提高当地公司的生产效率：第一，跨国公司帮助当地有发展前途的供应商建立生产设施，如印度生产卡车的外资企业花费大量的人力、资金帮助当地已有的和潜在的供应商建立各种设施，帮助后者提高技术和管理水平；第二，为提高产品质量或推动产品创新而向当地供应商提供技术援助或信息支持；第三，对当地供应商在原材料和中间产品采购方面提供技术和管理方面的帮助；第四，为当地供应商提供培训，并协助管理；第五，通过发掘新客户帮助供应商从事多样化经营。

对于跨国公司子公司来说，其之所以愿意与当地供应商建立非正式的、具有一定稳定性的联系，原因在于这样既可以充分利用当地廉价的投入要素、压缩生产成本、增强产品价格竞争力，又可根据市场产品需求趋势和自身生产能力及时调整生产规模，最大化地保证自身的盈利水平。此外，子公司寻找的当地供应商往往具有一定的专业化生产经验，因而既避免了子公司"内部化"所带来的规模不经济，又保证了子公司正常的生产和运作；一旦子公司希望调整自身的生产水平时，既不必担心生产要素的

---

① Lall, S., Vertical Inter–firm Linkages in LDCs: an Empirical Study, Oxford Bulletin of Economics and Statistics, 1980, 30.

缺乏，也不必担心会有大量的生产要素闲置，并且，很重要的一点是，这样可以适应东道国政府关于配套生产的本地化的规定和要求。

联合国跨国公司与投资司所进行的研究表明，我国台湾省外资企业的后向联系产生的技术外溢效应很具有代表性，值得许多发展中东道国借鉴。① 1964年，当著名的美国胜家缝纫机公司在台湾省设立分支机构时，当地有许多技术落后、无标准化管理、缺乏国际竞争力的小型缝纫机制造企业。台湾当局规定，胜家公司在当地的分支机构必须满足三个条件：第一，在一年内实现零部件当地化率达到83%，并向当地供应商提供标准蓝图、派遣技术专家、提供原材料规格说明和检验最终产品等；第二，以不高于进口零部件15%的价格向当地缝纫机生产企业提供其在当地生产的零部件；第三，迅速增加出口。美国胜家公司满足了上述要求，结果在三年内实现了零部件全部当地化，到1986年出口率达到了68%。随着当地零部件的标准化和质量的提高，当地生产企业也成为主要的出口商。其结果是产生了巨大的技术外溢效应，增强了后向联系并提高了整个产业的竞争力。

与后向联系相比，前向联系的研究要少得多。但是，笔者认为，随着跨国公司在东道国的投资不断深入，其分支机构会逐渐加强与客户的接触。比如，为下游的当地企业提供相关设备的使用和维修技术、提供相关人员的技术培训与指导、为销售商培育销售渠道等。与后向联系一样，这些活动都会导致技术外溢效应的产生，带动当地企业技术水平的提升。

2. 示范和竞争

示范与竞争指的是，由于跨国公司向其子公司转移新的产品与更为先进的技术，而且通常优于外售的技术，从而对当地企业产生了示范作用；或者通过增加竞争压力，迫使国内竞争对手谋求提高技术水平，并引起当地企业的模仿。

蒂尔顿（Tilton，1971）在一项对欧洲半导体工业进行的研究中指出，来自美国的跨国公司的进入为欧洲该行业带来了新的技术，其对该行业的崛起功不可没；② 另一位研究者莱克（Lake，1979）进一步认为，在英国半

---

① 联合国跨国公司与投资司：《1999年世界投资报告》，中国财政经济出版社2000年版，第146页。

② Tilton, J.E., The International Diffusion of Technology: The Case of Semiconductors, Brookings Institution, 1971, 204.

导体行业中,美国跨国公司在介绍新技术方面的作用远大于当地企业。[①]雷德尔(Riedel,1975)通过研究香港地区20世纪60年代出口制造业的实际情况,认为跨国公司子公司的示范效应是60年代香港制成品出口迅速增长的重要原因。[②]曼斯菲尔德和罗密欧(Mansfield and Romeo,1980)认为由于跨国公司母公司转移给子公司的技术一般要比外售的更加先进,所以子公司的技术进口引起了当地竞争对手的竞相模仿。[③]曼斯菲尔德还认为,目前新技术的认可和最终商品化之间的时间已经急剧缩短,越来越少的厂商能像"贝尔实验室"那样担负起多年的基础研究。相反地,越来越多的厂商将资金直接投入到应用研究中,特别是半导体产业,新观点被模仿的速度更是达到了惊人的地步。Langdon(1981)对肯尼亚肥皂业进行了研究,他发现,当进入肯尼亚的国际肥皂制造企业将机器制造的肥皂引入市场后,本地肥皂制造厂商也不得不去引进相应的肥皂制造技术,因为其原有的手工制造的肥皂已经没有销路了。[④]和肥皂制造相似,当外国投资者进入肯尼亚的制鞋业时,竞争加剧迫使内资企业寻求新技术来改革自身。

综上所述,国外的实证研究表明,FDI可以通过其高于东道国当地企业的先进技术(包括组织管理经验等)的示范作用,以及带来的竞争压力,迫使当地企业竞相加大研究与开发的力度,模仿跨国公司子公司的先进技术,促进当地企业技术水平的提高。

3. 人员流动

人员流动也是FDI产生技术外溢效应的重要途径。跨国公司除了向其在东道国的分支机构转移设备、无形资产、技术和管理专家外,很重要的一点是还包括对分支机构所雇用的当地员工的培训。此类的培训涉及各个层次的员工,既包括简单的生产操作员、较复杂的质量监督员,也包括高级技术专家和高级管理专家。而培训的形式又多种多样,包括现场指导、举办讲座、外派培训甚至到投资国接受系统的教育等。东道国员工在外资

---

① Lake, A.W., Technology Creation and Technology Transfer By Multinational Firms, In R.G. Hawkins ed., Research in International Business and Finance, The JPA Press, 1979, 249.

② Riedel, J., The Nature and Determinants of Export-Oriented Direct Foreign Investment in a Developing Country: A Case Study of Hongkong, Weltwirtschaftliches Archiv, Band 111, 1975, 505.

③ Mansfield, E. and A.Romeo, Technology Transfer to Overseas Subsidiaries by U.S.-based Firms, Quarterly Journal of Economics, Vol.95, 1980, 737.

④ Langdon, S., Multinational Corporations in the Political Economy of Kenya, Macmillan, 1981, 427.

企业工作期间积累了各种相关的技能,当这些员工"跳槽"到东道国当地企业或创办自己的公司时,其在跨国公司子公司所学的各种技术也随之外流,技术外溢效应便会随之发生。

国外的许多实证研究也证实了人员流动带来的技术外溢效应。莱斯特(Lester,1981)检验了美国跨国公司在马来西亚出口加工区的子公司,发现一般性的管理技巧已基本上转移给了当地员工;此外,美国对菲律宾管理技术的转移也是显著的。① 乔森博格(Gorgenbogh,1987)曾就跨国公司在肯尼亚培训和传播经营能力的情况做过调查。调查表明,现有当地私人或国有企业的经理人员中,大多数曾任职于跨国公司子公司;经理人员的流动,大大加速了经营管理技术的外溢。柯茨(Katz,1987)也认为东道国从跨国公司员工的流动中可以获得重要的外溢效应。他指出,许多拉美当地企业的经理人员早先一般都任职于跨国公司子公司,并在那里得到了良好的培训。②

除以上三点外,跨国公司国外分支机构所进行的大量研究与开发活动也在某种程度上进一步增强了技术外溢效应。传统上,许多跨国公司的主要研究与开发活动大多都是集中在投资国进行。进入20世纪90年代之后,越来越多的研究与开发活动转移到东道国来进行。跨国公司国外分支机构可以从总公司及相关分支机构获得先进的技术和管理技能,故其研究与开发的效率要大大高于东道国的当地企业。而且,此类研究与开发活动越多,越可能导致技术外溢效应的产生。

(四)技术外溢的制约因素

如上所述,大量实证研究的结果表明,FDI在东道国产生了较为显著的技术外溢效应,对当地企业技术水平的提高起到了非常重要的作用。但是,也有实证研究却得出了相悖的结论。比如,Brian J. Aiken 和 Ann E. Harrison(1999)通过对1976~1989年委内瑞拉4000多家公司的调查指出,在委内瑞拉行业中全资本地企业的劳动生产率与同行业中的外国投资企业

---

① 李平:《技术扩散理论及实证研究》,山西经济出版社1999年版,第59页。
② 联合国跨国公司与投资司:《2001年世界投资报告》,中国财政经济出版社2002年版,第183页。

第二章 FDI、技术外溢与经济增长的理论分析

的比例呈反比例关系,没有技术从外国投资企业溢出到本地企业。① 虽然检验结果表明外国投资者在企业中的股权比例越高,该企业的劳动生产率越高。但是,这种由外国投资者带入的"优势"并没有溢出到全资的本地企业中。这说明,FDI 虽然有多种技术外溢途径,但其效应是潜在的、有条件的,技术外溢效应会受到如下因素的制约。

1. 东道国市场竞争环境的制约

跨国公司在东道国的子公司是技术外溢的溢出源,外资企业专有技术能力的发展是在市场竞争压力下成长的,在考虑内部技术转移时也受到市场竞争环境的影响。跨国公司对子公司技术转让的同时也就形成技术外溢的可能性,只是溢出的快慢有别而已。因此,只要能够继续维持竞争优势地位,它就不会把最先进的技术向发展中东道国的子公司转移,改善产品性能与质量的压力就较弱。相反,如果跨国公司之间、跨国公司与当地企业之间的竞争激烈,跨国公司内部国际技术转让的速度也会加快。同时,在竞争激烈的外部环境下各种渠道的技术外溢也就有了广阔的空间。比如,跨国公司对当地供应商提供的中间产品也就更加挑剔,并愿意向有潜力的供应商提供技术帮助与信息服务。而且,在竞争的市场环境下,专业型技术人员才有可能在相互竞争的企业间进行流动。

Sjoholm (1999) 对印度尼西亚的技术外溢情况进行了研究。② 他的结论是印度尼西亚本地企业从外国投资企业的进入中获益。但是,不同的行业表现相差较多。在竞争性高的行业中,技术外溢的效果比较好。并且,在印度尼西亚,行业的技术差距越大,技术外溢的效果越好。

2. 东道国自身技术吸纳能力的制约

FDI 技术外溢效应的强弱,还因东道国企业的规模、技术、管理水平等因素而有所不同。国外一些实证研究也表明,技术外溢效应是与当地企业吸纳能力相联系的。Blomstrom,Lipsey 和 Zejan (1997) 依据 1960~1995 年的数据对发展中国家与发达国家的有关情况进行了研究。③ 研究结果表

---

① Brian J.Aiken and Ann E.Harrison, Do Domestic Firms Benefit from Direct Foreign Investment? Evidence from Venezuela, *The American Economic Review*, Vol.89, 1999, 253.

② Sjoholm F., Technology Gap, Competition and Spillovers from Direct Foreign Investment: Evidence from Establishment Data, The Journal of Development Studies, 1999, 68.

③ Blomstrom, M., R. E. Lipsey and M. Zejan, What Explains the Growth of Developing Countries, in W. Baumol, R. Nelson and E. Wolff, ed., Convergence of Productivity: Cross-National Studies and Historical Evidence, Oxford University Press, 1997, 253.

明，发达国家的 FDI 流入量占 GDP 的比重与人均 GDP 增长之间存在显著关系；而在发展中国家的情况则不尽然——尽管在发展中国家的外国企业与当地企业的技术和生产率差距比在发达国家的大，但这并不意味着发展中国家从 FDI 上获得的利益更多，原因是最不发达国家中的当地企业与外国企业技术水平相差太大，无法模仿跨国公司或者成为跨国公司的供应商。这说明东道国利用 FDI 的外溢效应与东道国本身企业的技术水平有关。对这个问题从其他方面进行研究的还有 Balasubramanyam 等，Balasubramanyam 等（1996）利用过去 20 年中 FDI 由发达工业国流向 69 个发展中国家的有关数据，对 FDI 对经济增长的影响进行了跨国分析。① 研究结果表明只有东道国具有一种充分吸收先进技术的能力时，FDI 才有可能对经济增长产生作用。科高（Kokko，1994）指出，如果东道国国内企业技术吸纳能力不足，就不能形成联系效应；外资企业与当地企业的技术差距越大，则它与当地企业建立后向联系的难度也就越大；如果当地人员的通用知识与外资企业的要求存在较大的距离，培训技术人员的成本太高，外资企业也许会从其他地区派出，而不是在当地培养；如果当地企业的技术能力与管理水平不能达到一定的程度，就很难形成彼此间的配套合作关系，外资企业觉得培植当地供应商的成本太高，从而选择从国外进口中间产品，这样外溢效应就会受到限制。② 同时，如果跨国公司与东道国经济之间的联系微弱，跨国公司的经济活动基本上是"飞地工业"，或者说其中间产品来源于国外，而产品在国际市场上销售，那么子公司的经济活动只是充当了一个组装中心的功能，从而就很难对当地经济产生技术外溢效应。

另外，在某些行业，当地企业要想提高自己的技术吸收能力，还需要进行较大的投资，这只有一些大型企业才能做到。日本野村综合研究所（1993）对泰国外国投资企业与当地企业的联系状况进行了抽样调查。③ 结果表明，在泰国所有被调查的规模大小不一的供应商企业（销售额在 3 千万铢到 1 亿铢不等）中，只有一家达到了较高的技术吸收水平，即充分了

---

① Balasubramanyam V., Salisu, M. and Sapsford, D., Foreign Direct Investment and Growth in Developed and Developing Countries, *The Economic Journal*, Vol. 106, 1996, 101.

② Kokko, A., Technology, Market Characteristics and Spillovers, *Journal of Development Economics*, 1994, 75.

③ 联合国跨国公司与投资司：《2001 年世界投资报告》，中国财政经济出版社 2002 年版，第 172 页。

解了产品设计、制造工艺以及应用技术,并获得了改进产品和生产工艺的技术。而这家供应商是在被调查的企业中最大的,年销售额在1亿铢左右。可见,供应商的规模大小事实上会影响外国投资企业与当地企业之间的联系,从而影响到技术的外溢水平。

3. 东道国的教育水平

东道国的教育水平也是个重要的约束,不仅影响当地子公司技术转让的进程,而且影响当地经济的外溢。Borensztein、De Gregorio 和 Lee (1998) 使用69个发展中国家 1970~1989 年的数据,对 OECD 成员国的 FDI 对发展中国家经济增长的影响大小进行了研究。① 研究结果表明,FDI 对东道国经济增长的影响大小依赖于该国的人力资本,FDI 与人力资本之间具有很强的协同作用,当给定 FDI 水平时,劳动力教育水平越高,FDI 对经济增长的促进作用越大。Blomstrom、Kokko 和 Zejan (1999) 对墨西哥的技术外溢情况进行了研究,研究表明,在墨西哥,工人的素质与外资企业引进更为先进的技术关系密切。② 外国投资企业是否引进先进技术与本地企业的投资和产出成正相关关系,即本地企业的竞争力越强,外国投资企业就会越多地引进先进技术到东道国进行生产。因此,Blomstrom 指出,对于东道国政府,营造本地市场的竞争氛围与提高工人素质是促进跨国公司更多地引进先进技术、产生技术外溢的前提条件,东道国政府不要将注意力放在行政控制或是直接要求引进技术的手段上。

有些学者认为,只有东道国的人力资本达到最低限度的要求水平,才能产生明显的技术外溢。Blomstrom 和 Persson (1998) 利用美国商务部的几次调查数据,对东道国吸收能力与跨国公司的外溢效应进行了研究。③ 结果发现,当地人员的受教育程度是个重要的约束条件,其临界水平是,成年男性受中学以上教育年限大于 1.9 年。由于大多数发展中国家低于这一临界水平,从而使外国直接投资在某些发展中东道国的技术外溢效应不是十分显著。

---

① Borensztein, E., De Gregorio, J. and Lee, J.-W., How Dose FDI Affect Growth? *Journal of International Economics*, No.7, 1998, 123.

② Blomstrom, M., A.Kokko and M. Zejan, Host Country Competition and Technology Transfer by Multinationals, Weltwirtschafliches Archiv, 130, 1999, 525.

③ Blomstrom, M. and H. Persson, Foreign Investment and Spillover Efficiency in an Underdeveloped Economy: Evidence from the Mexican Manufacturing Industry, World Development, 11, 1998, 499.

第三节 外部性条件下的新增长理论

新增长理论,又称内生增长理论,是产生于20世纪80年代中期的一个西方宏观经济理论分支。西方学者通常以保罗·罗默1986年的论文《收益递增与长期增长》及卢卡斯1988年的论文《论经济发展机制》的发表作为新增长理论产生的标志。

新增长理论虽然被称为一个理论,但并不像新古典增长理论那样有一个大家共同接受的基本理论模型。构成新增长理论的各种模型之间既存在一些明显的差别,同时又包含一些有别于其他增长理论的共同要素。这些要素构成了新增长理论的主要观点和分析方法:

(1)经济增长是经济系统内生因素作用的结果,而不是由外部力量推动的。

(2)内生的技术进步是经济增长的决定因素。

(3)技术、知识和人力资本具有溢出效应,这种溢出效应的存在是经济实现持续增长的条件。

(4)国际间贸易、技术、资本、知识和人员流动对一国经济增长存在着重要影响。

根据基本假设的不同,新增长模型分为三种类型:第一类的基本假设是收益递增和外部性,这一类模型可以适用完全竞争的分析框架,采用这条研究思路的代表性模型有:罗默的知识溢出模型(1986)、卢卡斯的人力资本溢出模型(1988)等。① 第二类的基本假设仍是完全竞争,但强调决定经济增长的因素是资本积累(包括物质资本和人力资本),体现这条研究思路的代表性模型主要有琼野—真野惠里模型(1990)和雷贝洛模型(1991)等。② 第三类的基本假设是垄断竞争,着重研究技术商品的特征、技

---

① Romer, Paul M., Increasing Returns and Long-Run Growth, *Journal of Political Economy*, 1986, 94, 1002; Lucas, Robert E. Jr., On the Mechanics of Economic Development, *Journal of Monetary Economics*, 22, 1988, 3.

② 朱勇著:《新增长理论》,商务印书馆1999年版,第36页。

第二章 FDI、技术外溢与经济增长的理论分析

术进步的类型,这一类模型又可进一步分为产品品种增加型增长模型和产品质量升级型增长模型。产品品种增加型增长模型假定技术进步表现为资本品的不断出现,属于此种增长模型的主要有:罗默的知识驱动模型(1990)、格罗斯曼—赫尔普曼模型(1991a)等;[①] 产品质量升级型增长模型假定技术进步表现为产品质量的不断提高,属于此种增长模型的主要有:格罗斯曼—赫尔普曼模型(1991b)、阿格亨—霍韦特模型(1992)等。[②] 本书主要应用的是第一类和第三类模型,由于第三类模型是本书第四章实证分析的理论模型,所以将其在第四章进行介绍和分析,下面主要介绍第一类模型。

一、早期的研究尝试:阿罗模型和宇泽模型

最早的用外部性解释经济增长的模型是由阿罗(Arrow,1962)建立的。[③] 阿罗不满意新古典增长理论将技术看成外生变量的观点,为了说明技术进步是内生的,他借鉴了卡尔多将技术进步视为由资本积累决定的观点。阿罗假定,技术进步或生产率提高是资本积累的副产品,也就是说,新投资具有溢出效应。不仅进行投资的厂商可以通过积累生产经验而提高生产率,其他厂商也可以通过"学习"而提高他们的生产率。据此,阿罗将技术进步看成由经济系统决定的内生变量。

阿罗模型的重要性在于,它突破了新古典增长理论的研究框架,提出了第一个内生增长模型,从而促进了新增长理论的产生。此外,阿罗模型的一个重要特点是,由于阿罗假定存在全经济范围内的技术溢出,因此不存在政府干预时的竞争性均衡是一种社会次优,均衡增长率低于社会最优增长率,政府可以采取适当的政策提高经济增长率,使经济实现帕累托改善。因此,阿罗模型比新古典增长模型具有更丰富的政策内涵。阿罗模型的缺陷是:类似于新古典增长模型中经济增长取决于外生的技术进步,在

---

① Romer, Paul M., Endogenous Technological Change, *Journal of Political Economy*, 98, 1990, 71; Grossman, Gene M. and Helpman, Elhanan., Quality Ladders in the Theory of Growth, *Review of Economic Studies*, 58, 1991a, 43.

② Grossman, Gene M. and Helpman, Elhanan., Quality Ladders and Product Cycles, *Quarterly Journal of Economics*, 106, 1991b, 557; Aghion, Philippe and Peter Howitt, A Model of Growth Through Creative Destruction, *Econometrica*, 60, 1992, 323.

③ Arrow, Kenneth J., The Economic Implications of Learning by Doing, *Review of Economic Studies*, 29, 1962, 155.

阿罗模型中,经济增长取决于外生的人口增长,当人口增长率为0时,不存在任何经济增长,这一结论显然与观察到的经验事实不符。

第二个重要的内生增长模型是由宇泽弘文(Uzama Hirofumi, 1965)提出的两部门模型。① 宇泽通过假定经济中存在一个生产人力资本的教育部门,从而将索洛模型中的外生技术进步内生化。在宇泽模型中,由于人力资本部门的生产函数具有线性的规模收益不变的形式,并且所有投入都可以增加从而不存在任何固定的生产要素,经济将实现平衡增长。

二、罗默的知识溢出模型

罗默(Paul M.Romer, 1986)继承了阿罗用技术外部性解释经济增长的研究思路。② 在罗默的知识溢出模型中,内生的技术进步是经济增长的唯一源泉。罗默假定,知识是追逐利润的厂商进行投资决策的产物,知识不同于普通商品之处在于知识具有溢出效应,这使任何厂商所生产的知识都能提高全社会的生产率。正是由于知识溢出的存在,资本的边际生产率才不会因固定生产要素(劳动)的存在而无限降低,据此罗默认为,知识溢出对于解释经济增长是不可缺少的。

罗默(1994)据此解释了各国增长率存在的国际差异。③ 新古典增长模型假设各国的技术水平都相同,从而认为穷国的经济增长率高于富国的增长率。比如在1960年菲律宾的人均收入是美国的1/10,假如两国的劳动份额都是0.6,则美国要获得与菲律宾相同的经济增长率,它的储蓄率必须是后者的30倍。这显然与现实不符。罗默认为,要解释美国的增长率之所以高于菲律宾的原因,就必须抛弃新古典增长模型中外生技术的假设,要根据两国技术进步率的不同以及技术进步率不同解释存在的增长率差异。

知识溢出的存在还造成厂商的私人收益率低于社会收益率,不存在政府干预时厂商用于生产知识的投资将太少,从而使分散经济的竞争性均衡

---

① Uzawa Hirofumi, Optimal Technical Change in an Aggregative Model of Economic Growth, International Economic Review, 1965, 18.

② Romer, Paul M., Increasing Returns and Long-Run Growth, Journal of Political Economy, 94, 1986, 1002.

③ Romer, Paul M., The Origins of Endogenous Growth, Journal of Economic Perspectives, Vol. 8, 1994, 3.

增长率低于社会最优增长率。罗默开出的政策药方是：政府可以向生产知识的厂商提供补贴，或在对知识生产提供补贴的同时对其他生产课税。这些政策能够提高私人厂商生产知识的激励，诱使一部分生产要素从消费品生产部门流向研究部门，进而提高经济增长率和社会福利水平。

三、卢卡斯的人力资本溢出模型

罗默模型强调的外部性是知识的溢出效应。在卢卡斯（Robert E. Lucas Jr., 1988）的人力资本溢出模型中，全经济范围内的外部性是由人力资本的溢出效应造成的，这种外部性的大小可以用全社会人力资本的平均水平来衡量。[①]卢卡斯认为，人力资本的溢出效应可以解释为向他人学习或相互学习，一个拥有较高人力资本的人对他周围的人会产生更多的有利影响，提高周围人的生产率，但他并不因此得到收益。

除了假定存在全经济范围的人力资本外部性之外，卢卡斯还假定整个经济存在两个部门：消费品及物质资本生产部门与人力资本生产部门。人力资本的生产技术被假定为与投入该部门的人力资本规模呈线性关系，物质资本生产部门则在人力资本外部性的作用下显示出收益递增现象。由于物质资本生产呈现出收益递增，物质资本与人力资本的比率将持续提高，简单劳动者的工资也将增加。与宇泽模型一样，在卢卡斯模型中，经济也可以实现无限增长。

由于人力资本的外部性，在卢卡斯模型中，不存在政府干预时的经济增长率均衡是一种社会次优，人力资本的投资将过少。卢卡斯根据这个模型解释了现实经济中存在的资本和劳动均从发展中国家流向发达国家的现象。根据卢卡斯模型，发达国家由于人力资本水平高，它的资本边际效率和简单劳动者的工资都较高，物质资本生产的收益递增将使外国资本和工人流向发达国家。由于同样的原因，在一个国家内，资本和劳动也都向经济发达地区转移，从而使一国的资本和人口都集中在一些大城市和发达地区。

在卢卡斯模型中，人力资本生产部门是一个关键部门。由于该部门采用的是线性生产技术，即使不存在人力资本的溢出，经济也会无限增长。

[①] Robert E.Lucas Jr., On the Mechanics of Economic Development, *Journal of Monetary Economics*, 22, 1988, 3.

卢卡斯通过假定存在全经济范围的人力资本溢出，使经济在实现持续增长的同时伴随着资本深化过程。

外部性条件下的增长模型出现最早。这一分支的内生增长模型的重要性表现在：第一，这些模型突破了新古典增长理论关于技术外生的假定，转而在技术内生的假定下考察经济增长。在说明内生技术进步对经济增长的影响时，罗默、卢卡斯等人都假定技术具有全经济范围溢出效应，外部性的存在使总量生产函数呈现规模收益递增。第二，外部性条件下的内生增长模型较好地解释了一些经济增长事实。索洛承认，新古典增长理论无法解释各国增长率存在的广泛差异。而根据新增长理论，各国的增长率可以存在持久的差异。第三，从经济政策的角度看，这些内生增长理论模型具有比较丰富的政策内涵。罗默强调政府可以向生产知识的厂商提供补贴，或在对知识生产提供补贴的同时对其他生产课税，卢卡斯则认为政府应该加大人力资本的投资力度。①

---

① 潘文卿：《外商投资对中国工业部门的外溢效应：基于面板数据的分析》，《世界经济》2003年第6期，第3页。

第三章 我国吸引 FDI 的国际地位和区位优势

第一节 全球 FDI 的发展趋势及特点

一、国际直接投资产生的历史背景

世界经济形成的主要标志是世界市场的建立,而世界市场是随着资本主义的原始积累和宗主国殖民主义体系的建立而形成和发展起来的。世界经济的酝酿、形成、发展直到今天的世界经济一体化,也为国际直接投资的产生与发展提供了不可或缺的历史背景和物质基础。

15 世纪末的地理大发现、东西方航线的开通为世界市场的形成准备了必要的条件。葡萄牙率先在巴西、非洲、亚洲建立殖民据点,进行海盗式的掠夺和贸易垄断。荷兰、英国和法国也先后走上殖民掠夺的道路。欧洲的商人和新兴的资产阶级用野蛮的暴力手段,打破了各民族之间的壁垒,在世代相互隔绝的民族之间建立了经济上的联系。正如马克思和恩格斯所指出的:"资产阶级,由于开拓了世界市场,使得一切国家的生产和消费都成为世界性的了。"[①] 在此期间,出现了国际分工和国际贸易的最初形式,产生了未曾有过的生产关系。当然,这种新的生产关系并不是建立在价值规律和等价交换的基础上,而是建立在掠夺和暴力的基础上。通过殖民主义的暴力和掠夺,西欧资本主义列强攫取了工业革命所需的资本、土地、劳动力,为世界市场的形成和发展创造了条件。

---

① 《马克思恩格斯选集》第一卷(中译本),人民出版社 1995 年版,第 276 页。

国际分工的准备过程就是资本主义生产方式的孕育和诞生的过程。欧洲新兴资产阶级通过暴力手段，开发美洲金银矿藏、对东印度进行征服和掠夺、大量贩卖非洲黑人奴隶，所有这些都为欧洲新兴的资产阶级积累了巨额的财富。始于18世纪60年代的第一次产业革命到19世纪60年代已基本结束，生产力较前有了飞跃式的发展。新技术与巨额资本的结合使得资本主义大机器工业迅速发展起来，社会分工超越国界，初步形成了工业国与农业国的垂直分工。这一时期的国际分工在很大程度上表现为宗主国与殖民地国家之间的不平等的分工，西方殖民主义者依靠强权，对拉丁美洲、亚洲和非洲殖民地国家进行经济掠夺，国际贸易是进行经济掠夺的重要手段。始于19世纪70年代的第二次工业革命，进一步将原材料的生产集中到拉丁美洲、亚洲、非洲等农业国家，而将工业集中到欧洲和北美洲，形成了资本主义国家的制造业（特别是重化工业）和殖民地国家的原材料生产业（特别是矿产资源开发业）的国际分工。国际分工的形成和深化，极大地增强了各国之间的经济联系，特别是促进了国际贸易的发展。为了进一步促进对外贸易的发展和为国内"过剩资本"寻找出路，西方资本主义国家纷纷以对外贷款和购买国外债券的方式输出货币资本，资本主要流向殖民地国家和地区。国际贸易的大发展和国际间接投资的出现，进一步深化了国际分工、增强了各国的联系，国际直接投资应运而生。

科学技术进步是国际分工深化和世界经济形成、发展的主推动力。世界经济的形成正是起源于航海技术的发展。正是在第一次科技革命的推动下建立了资本主义机器大工业，极大地提高了社会生产力水平，使商品生产与交换突破国界，出现国际分工，促进了世界市场的形成。

从生产力的角度来看，国际贸易是在发挥各国比较优势的基础上，通过商品交换而对进出口国的生产和消费产生影响，进而影响一国的生产能力和产业结构；国际间接投资是通过特殊生产要素——货币的流动对双方国家产生影响，对投资国、东道国生产能力增长的影响是间接的、迂回曲折的；国际直接投资表现为"一揽子"生产要素的流动，能创造新的更大的比较优势，既扩大了投资国生产的空间范围，又直接增加了东道国的生产能力，对世界经济的发展产生更为重要的影响。

二、国际直接投资发展的历程回顾

国际直接投资自产生以来，大体上经历了以下三个阶段：

1. 国际直接投资的起步阶段（1870~1914年）

跨国公司是国际直接投资的主体，它的出现是国际生产资本（即国际直接投资）产生的重要标志。国际商品资本、国际货币资本的发展，进一步加深了国际分工，促进了社会生产力的发展，资本在国际间的流动要求采取更高的形式，于是国际直接投资应运而生。

早在17、18世纪，威尼斯、丹麦、法国等地出现了一些拥有巨额资本的贸易公司，为赚取利润而向贫困和被奴役的国家输出资本。有些西方学者认为，此类公司即为跨国公司。大多数西方学者否认此类贸易公司是跨国公司的初级阶段，因为其主要业务是利用政治经济优势从事不平等的国际贸易，并不具有跨国公司的基本特征，特别是并无技术垄断优势。大多数西方学者认为，国际直接投资产生于19世纪70年代，当时，一些发达资本主义国家的大型企业通过对外直接投资的方式在国外设立分支机构。美国的胜家缝纫机器公司率先在欧洲进行直接投资。美国的西屋电气公司、爱迪生电气公司、伊斯特曼柯达公司和一些大石油公司相继发展对外直接投资。英国和荷兰的尤尼莱佛公司、瑞士的雀巢公司、英国的帝国化学公司也在这一时期发展对外直接投资。这些公司都是现代意义的跨国公司。当时，发展对外直接投资的国家主要是西方经济大国，但个别发展中国家的对外直接投资起步也较早，如阿根廷著名的纺织品制造公司——阿尔帕佩斯特公司早在1890年就在乌拉圭设立了分支机构，又于1907年在巴西设立了分支机构。

在第一次世界大战爆发前的40多年里，世界经济一体化程度得到了飞跃式的发展，主要表现在：①国际贸易规模急剧扩大。在这一时期，国际贸易越来越成为许多国家参与国际经济竞争的主要方式，主要西方国家的出口贸易的增长高于国内经济的增长，少数发展中国家（特别是拉丁美洲国家）亦是如此。②劳动力市场的国际化达到前所未有的程度。在这一时期，劳动力跨国迁移的自由度大大增强，移民数量增长迅猛。1870~1915年，有3600万人离开了欧洲，其中有2/3的人到了美国；中国和印度迁移到东南亚各国的移民甚至超过欧洲移民的数量；欧洲内部的移民数量也达到相当高的水平。③国际投资得到了极大发展。到1914年，全世界国际投资流出存量达到440亿美元，其中，英国180亿美元，法国90

亿美元,德国60亿美元,比利时55亿美元。① 这一时期国际投资的主要形式是国际间接投资,国际直接投资所占的比例较小。到1914年,全世界国际直接投资流出存量达145.82亿美元,投资国几乎全为英美等西方发达国家。

表3-1　　　　　　　各主要西方国家对外直接投资存量(1914年)

单位:百万美元

	英国	美国	法国	德国	意大利、荷兰、瑞士、瑞典
投资存量	6500	2650	1750	1500	1250
所占百分比	44.6	18.6	12.0	10.3	9.6

资料来源:Dunning, J.H., Multinational Enterprises and the Glabal Economy, Addison-wesley Publishing Company, 1993, 117.

从国际直接投资的行业分布来看,1914年以前的国际直接投资主要投向生产初级产品和为生产初级产品服务的公共设施部门,而投到制造业部门的直接投资所占比重较低。英国的对外直接投资主要集中于不发达国家的铁路建设和矿业开采,美国的对外直接投资则主要集中于石油、矿业和农业等。

到1914年,全世界国际直接投资流入存量达140.85亿美元,其中,拉丁美洲发展中国家46亿美元,亚洲发展中国家29.50亿美元,非洲发展中国家9亿美元,西欧发达国家11亿美元,美国14.50亿美元,俄罗斯10亿美元,加拿大8亿美元。②

基于当时的国际政治经济格局,国际直接投资主要表现为资本主义宗主国凭借其政治、经济、军事优势,对其殖民地国家的垂直投资,亦即具有浓厚的"资本输出"的色彩。

2. 国际直接投资的缓慢发展阶段 (1915~1945年)

在这一阶段,两次世界大战的爆发和20世纪30年代的经济大萧条,使得整个世界经济的发展缓慢,在一些年份甚至出现了停滞或倒退。国际直接投资的发展亦是如此。

---

① 联合国跨国公司与投资司:《1994世界投资报告》(中译本),对外经济贸易大学出版社1995年版,第174页。

② Dunning, J.H., Multinational Enterprises and the Glabal Economy, Addison-wesley Publishing Company, 1993, 118.

第三章 我国吸引FDI的国际地位和区位优势

第一次世界大战极大地破坏了交战地区的生产能力，国际经济合作受阻，频繁的经济危机引发了外汇管制、竞争性货币贬值、关税壁垒及分割市场等问题，严重地阻碍了国际直接投资的发展。战争期间，英国、法国和德国等老牌对外直接投资大国的地位被大大地削弱了。以英国为代表的各欧洲对外直接投资大国，出于战争的需要，严格控制本国的资本外流，甚至还出售了在国外的大量资产。与此同时，美国不仅由净国际债务国一跃成为净国际债权国，而且成为新的国际资本的主要来源国，在某些方面起到了英国早期所起的作用。1919年，美国的对外投资存量增加到70亿美元，其中，对外直接投资存量达39亿美元。① 到第一次世界大战结束时，国际直接投资格局发生了重大变化。英国尽管在战争中损失了相当数量的海外资产，但仍然是世界上最大的净国际债权国；其他欧洲发达国家的对外直接投资规模大幅度萎缩；美国在国际直接投资中的地位得到大幅度提升。

在20世纪30年代大萧条时期，工业国的产量下降了17%，世界贸易量下降了25%以上，国际货币体系彻底崩溃，没有一个国家能够作为最后的资金提供者，履行英国以前的职能。资金匮乏导致国际贸易量下降，而国际贸易量下降又进一步加剧了国际投资资金的短缺。在这一时期，国际间接投资大幅度下降，而国际直接投资却呈缓慢增长态势，英国在国际直接投资中的地位相对下降，而美国的地位却相对上升。除日本外，主要对外直接投资大国均为欧美国家。

表3-2　　　　　　各主要西方国家对外直接投资存量（1938年）

单位：百万美元

	英国	美国	意大利、荷兰、瑞士、瑞典	法国	日本	加拿大
投资存量	10500	7300	3500	2500	750	700
所占百分比	39.8	27.7	13.3	9.5	2.8	2.7

资料来源：Dunning, J.H., Multinational Enterprises and the Glabal Economy, Addison-wesley Publishing Company, 1993, 117.

到1938年，全世界国际直接投资流入存量达243.15亿美元，其中，拉丁美洲发展中国家74.81亿美元，亚洲发展中国家60.68亿美元，非洲

---

① 宿景祥：《美国经济中的外国投资》，时事出版社1995年版，第16页。

发展中国家 17.99 亿美元，加拿大 22.96 亿美元，澳大利亚和南非 19.50 亿美元，美国和西欧各 19 亿美元。①

第二次世界大战是人类历史上的一场空前浩劫。在战火纷飞、动荡不安的国际大环境下，国际直接投资的发展受到了极大的影响，其决定动因不再是经济因素，而是政治因素。从 1937 年开始，欧洲局势日益恶化。1938 年德国相继入侵奥地利和捷克斯洛伐克，战争的阴云笼罩在欧洲上空。欧洲局势的恶化迫使英国、法国、荷兰和瑞士等国的许多企业通过各种途径将资本转移到比较安全的美国，而美国的企业则大规模撤出在欧洲的投资，导致国际直接投资流量锐减，甚至成为负值。德国、意大利和日本则从美国撤走大量资本，将资本投向其他国家或采购军用物资。到"二战"结束时，欧洲各交战国的经济实力遭到极大的破坏、对外直接投资流量降到谷底。美国因远离战场而成为战争中的最大赢家，经济实力跃居世界首位。不为人们所注意的是，美国在"二战"结束时实际上已成为净国际债务国，但净债务额甚小。这是特殊时期的一种特殊经济现象，并不意味着美国在国际投资中的地位下降，而是相反。导致美国由净国际债权国转变为净国际债务国的直接原因是，战争期间出于安全考虑而流入美国的短期资本骤增，而长期资本甚至有些减少。据 1950 年《美国统计摘要》提供的资料，在 1941~1945 年，外国在美国的资产额增加了 29.80 亿美元，短期资本却增加了 36.10 亿美元，而美国在海外资产中长期投资占 90.9%。

3. 国际直接投资的高速稳定发展阶段（1946 年至今）

第二次世界大战之后，国际政治经济局势相对稳定，国际直接投资在世界经济中的地位逐渐提高。随着经济发展速度的不断加快，国际直接投资在总体上也呈现出高速增长的态势。

具体来讲，这一阶段又可划分为三个时期：

第一个时期为恢复增长时期（1946~1960 年）。在这一时期，国际直接投资在世界经济中的地位得到了较大的提高。第二次世界大战规模大、涉及的国家多、持续的时间长，使各交战国的生产力受到了极大的破坏。战后，美国凭借其政治经济实力，重新成为主要净国际债权国，美元成为主要的国际储备货币。美国 1947 年宣布实行"马歇尔计划"，旨在帮助遭到

---

① Dunning, J.H., Multinational Enterprises and the Glabal Economy, Addison-wesley Publishing Company, 1993, 118.

战争破坏的欧洲国家恢复与重建经济。1948~1951年，美国共向欧洲提供了110多亿美元的资金；1951~1953年，美国又向欧洲提供了26亿美元的资金。① 在50年代，各主要西方国家的对外直接投资流量迅速增长，但规模仍然有限，具有明显的恢复性质。到1960年底，美国的对外直接投资存量几乎占全世界存量的1/2，其他西方发达国家的对外直接投资也有了不同程度的发展，而发展中国家的对外直接投资存量微不足道。

表3-3　　　　各主要西方国家对外直接投资存量（1960年）

单位：亿美元

	美国	英国	荷兰	法国	加拿大	发展中国家
投资存量	319	108	70	41	25	7
所占百分比	48.3	16.3	10.6	6.2	3.8	1.1

资料来源：Dunning, J.H., Multinational Enterprises and the Glabal Economy, Addison-wesley Publishing Company, 1993, 117.

到1960年，全世界国际直接投资流入存量达545亿美元，其中，加拿大129亿美元，西欧125亿美元，拉丁美洲发展中国家85亿美元，美国76亿美元，亚洲发展中国家41亿美元，非洲发展中国家30亿美元。②

在这一时期，国际直接投资主要集中在制造业和资源开发业。战后，西方发达国家经济快速复苏导致了对资源的需求大幅度增加。为了保证国内生产所需原材料、能源等资源供应，许多跨国公司向东道国采矿、石油等行业投资，建立原材料生产基地。

第二个时期为高速增长时期（1961~1980年）。60年代之后，国际政治经济格局相对稳定，生产力水平得到了极大的恢复和发展，各国的经济联系日益增强。在良好的国际大背景下，国际直接投资有了飞跃式的发展，在世界经济中的地位日益提高。到1980年底，全世界国际直接投资流出存量达5066.04亿美元，其中，美国、英国、联邦德国、荷兰、法国和加拿大的对外直接投资存量分别为2201.78亿美元、807.29亿美元、431.27亿美元、421.16亿美元、236.04亿美元和225.72亿美元。③ 在这一时

---

① 世界银行：《1985世界发展报告》（中译本），中国财政经济出版社1986年版，第14页。

② Dunning, J.H., Multinational Enterprises and the Glabal Economy, Addison-wesley Publishing Company, 1993, 118.

③ 联合国跨国公司与投资司：《1994世界投资报告》（中译本），对外经济贸易大学出版社1995年版，第566页。

期，日本对外直接投资流量迅速扩大，在国际直接投资领域中的地位日益提高，成为重要的投资国，美国和西欧各国是日本对外投资的重点地区。

进入70年代之后，发展中国家和地区的对外直接投资流量增长较快。新加坡、中国香港、韩国、菲律宾、阿根廷、巴西、墨西哥、委内瑞拉等国家和地区，既积极引进外国直接投资，又大力发展对外直接投资，成为发展中国家主要的投资国（或地区）。前苏联和东欧一些国家的对外直接投资也得到了进一步的发展。尤为值得一提的是，在这一时期，石油输出国组织异军突起，成为国际直接投资领域的一支重要力量。1973~1974年与1979~1980年两次石油提价，使得石油输出国组织的经常账户出现巨额盈余。但由于这些国家的经济落后，吸收资金的能力有限，于是大量资本外流。在1974~1980年，石油输出国组织大量的资本流向国外，其中，在西方发达国家的存款为1250亿美元，对外直接投资与证券投资为2320亿美元，为国际货币基金组织提供贷款200亿美元，无偿援助非产油发展中国家810亿美元。①

到1980年底，全世界国际直接投资流入存量达5026.88亿美元，其中，美国、英国、加拿大、联邦德国和日本五大东道国的国际直接投资流入存量分别为830.46亿美元、630.14亿美元、516.51亿美元、366.30亿美元、313.80亿美元。发展中国家最大的东道国是巴西，同期国际直接投资流入存量达174.80亿美元。②

第三个时期为稳定增长时期（1981年以后）。进入80年代之后，以美国为首的主要西方发达国家的对外直接投资呈缓慢增长势头。从总体来看，总规模仍不断扩大，但增长速度明显放慢，进入稳定增长时期。当然，与经济发展的不平衡相一致，各西方国家的对外直接投资增长速度也是不一致的。对外投资起步早、基数大、经济发展速度慢的国家的增长速度下降较为明显。如美国1981年对外直接投资存量为2283亿美元，到1984年增长为2334亿美元，三年间仅增长了2.2%。而对外投资起步晚、基数相对较小、经济发展速度快的国家的增长速度仍较高。如日本，对外直接投资存量从1980年的365.2亿美元猛增为1986年的1000多亿美元。

---

① 仇启华：《世界经济学》，中共中央党校出版社1989年版，第333页。
② 联合国跨国公司与投资司：《1994世界投资报告》（中译本），对外经济贸易大学出版社1995年版，第560页。

发展中国家以更为积极的姿态参与国际直接投资,但仍处于从属的地位。1989年全世界国际直接投资流出额达2223.95亿美元,其中,日本、英国、美国、法国和联邦德国五大投资国的对外直接投资流出额分别为441.60亿美元、354.84亿美元、338.26亿美元、194.26亿美元、183.10亿美元。同年全世界国际直接投资流入额达1961.32亿美元,其中,美国、英国、联邦德国、法国和西班牙五大东道国的国际直接投资流入额分别为690.10亿美元、305.53亿美元、107.60亿美元、103.13亿美元和84.28亿美元。发展中国家最大的东道国为中国,同年国际直接投资流入额达33.93亿美元。

三、20世纪80年代以来FDI发展的主要特点

从20世纪60年代开始的国际直接投资的快速增长,由于80年代初出现严重经济危机而被打断。在这次危机期间,国际直接投资出现了下降。但是,这种下降的局面随着各主要资本主义国家相继走出危机而很快结束。从1983年开始,国际直接投资进入了一个前所未有的飞速发展阶段。80年代以来,在国际直接投资高速增长的同时,其发展呈现出一些新的特点。

(一) 国际直接投资飞速增长,投资规模急速扩大

国际直接投资在20世纪80年代初的经济危机中经历短暂下降后,于1982年开始恢复增长。从1985年开始,国际直接投资出现飞速增长的态势。1984~1987年,国际直接投资增长了近3倍,并于1986年超过了80年代初经济危机前国际直接投资流量最高的1979年。1988年和1989年,国际直接投资又分别增长20%。1983~1989年,国际直接投资年均增长28.9%,其中1985~1989年,年均增长率更是高达38%,大大高于同期世界出口和世界GDP的年均增长率(9.4%和7.8%),而且,1985年以后,国际直接投资增长率与世界出口增长率的差距越来越大。1989年国际直接投资流量高达2110亿美元,是1979年国际直接投资流量的3.7倍。

进入20世纪90年代后,受90年代初主要资本主义国家经济衰退的影响,国际直接投资增长的速度有所放慢。1990年,国际直接投资增长率仅为7%;1991年,国际直接投资还出现了自1982年以来的首次下降。但从1993年开始,随着发达资本主义国家经济走出危机,国际直接投资

表 3-4　　　　1980~2001 年国际直接投资流出流量、存量

单位：亿美元

年份	国际直接投资流出存量			国际直接投资流出流量		
	总额	发达国家	发展中国家	总额	发达国家	发展中国家
1980	5214.9	4494.3	220.6	536.7	503.4	33.1
1985	6917.5	6562.8	354.7	621.6	579.1	42.6
1990	17214.6	16304.4	904.0	2332.2	2165.6	167.0
1995	28548.5	25775.5	2709.3	3564.0	3041.5	515.5
2000	60864.3	53162.9	7516.3	13794.9	12712.7	1042.1
2001	65520.1	57519.5	7760.7	6207.1	5806.2	365.7

资料来源：联合国贸发会议（UNCTAD），http://www.unctad.org。

又重现高速增长的态势。1993 年和 1994 年国际直接投资分别增长 14%和 9%。从 90 年代中期开始，国际直接投资增长大大加速。1995~2000 年，国际直接投资流量由 3564 亿美元增加到 13794.9 亿美元，年均增长率高达 57.4%。从 80 年代以来国际直接投资增长的总体情况看，除 80 年代初和 90 年代初因主要资本主义国家经济衰退以及 2001 年因跨国并购的急剧减少而出现下降外，80 年代以来国际直接投资基本上处于飞速增长状态，可以毫不夸张地说，80 年代以来这一时期是国际直接投资前所未有的飞速增长期。在国际直接投资飞速增长的同时，80 年代以来国际直接投资的规模也迅速扩大。从流量看，1980 年，国际直接投资流出量为 536.7 亿美元，到 2000 年，国际直接投资流出量增加到 13794.9 亿美元，是 1980 年的 25.7 倍。从存量看，1980 年，国际直接投资流出存量为 5214.9 亿美元，到 2001 年增至 65520.1 亿美元，增长了 11 倍多。

（二）国际直接投资资金来源以发达国家为主，发展中国家对外直接投资发展迅速

长期以来，对外直接投资一直是发达国家一统天下，发展中国家根本无力进行对外直接投资。这种一统天下的局面由于少数发展中国家于 20 世纪 70 年代开始涉足对外直接投资而被打破，但是 70 年代发展中国家对外直接投资的数量很少，规模十分有限，到 70 年代末，发展中国家对外直接投资在国际直接投资总额中所占比重还不到 1%。从 80 年代开始，特别是 80 年代中期以后，发展中国家对外直接投资发展迅速。从进行对外直接投资的发展中国家和地区数量看，80 年代中期以前，在发展中国家

和地区中只有韩国、新加坡、中国香港、中国台湾等少数几个新兴工业化国家和地区拥有少量对外直接投资。80年代中期以后，越来越多的发展中国家和地区开始涉足对外直接投资，到1999年，加入到对外直接投资行列的发展中国家和地区已经超过150个。从对外直接投资流量看，1980年，发展中国家和地区对外直接投资只有33.1亿美元，1990年上升到167亿美元，2000年进一步上升至1042.1亿美元，是1990年的6倍、1980年的32倍。从对外直接投资存量看，1980年，发展中国家和地区对外直接投资存量仅220.6亿美元，1990年上升到904亿美元，2001年猛增至7760.7亿美元，分别是1990年和1980年的8.6倍和35.2倍。随着参与对外直接投资的发展中国家和地区越来越多，投资的规模越来越大，发展中国家和地区在国际直接投资中的地位也明显上升。

表3-5　发达国家及发展中国家和地区在国际直接投资流出量中所占比重（%）

年份 项目	1980~1984年	1985~1987年	1988~1993年	1994~1999年
发达国家	98.4	98.03	89.3	89.2
发展中国家和地区	1.6	2.0	10.7	10.8

资料来源：根据 UNCTAD：World Investment Report 1991，第10页表3；UNCTAD：World Investment Report 2000，第289页附表B2数据整理。

从表3-5看，20世纪80年代初，发展中国家和地区在国际直接投资流出量中所占的比重只有不到2个百分点，到90年代初这一比重已上升到近11%，并且这一比重一直保持到90年代末。

尽管20世纪80年代中期以后发展中国家和地区对外直接投资飞速发展，其在国际直接投资中的地位也不断上升，但以发达国家为主要投资来源国的国际直接投资资金来源格局一直没有发生根本的改变。1980~1987年，发达国家在国际直接投资流出量中所占比重一直在98%以上，90年代虽有所下降，但仍接近90%。从存量看，1980年和1985年，发达国家在国际直接投资存量中所占比重分别为96.8%和95.4%，1990年和1999年分别降至95.2%和89.9%。虽然80年代以后，特别是90年代以来，发达国家对外直接投资存量在国际直接投资存量中所占比重一直呈下降趋势，但直到90年代末，这一比重仍保持在90%左右。

从各投资国的具体情况看，国际直接投资发展也很不平衡，特别是20世纪80年代中期以后，这种不平衡表现得更明显。不论是发达国家内部还是发展中国家和地区内部，情况都是如此。

首先，从发达国家内部情况看，80年代，美、英、德、日、法五国的对外直接投资额一直占发达国家对外投资总额的七成以上，进入90年代，虽然这五个主要的投资国对外直接投资额在发达国家对外直接投资总额中所占比重波动较大，但1991~1999年这9年中，这五个国家对外直接投资占发达国家对外直接投资总额的比重仍高达年均69%，基本与80年代持平。

其次，从美、英、德、日、法五个主要对外直接投资国在国际直接投资中的地位变化看，这五个国家对外直接投资发展也很不平衡。20世纪80年代，美国和英国在国际直接投资中的地位不断下降，而联邦德国、法国、日本则不断上升。进入90年代后，美国在国际直接投资中的地位迅速上升，法国的地位也有所上升但幅度不大。德国由于两德统一后大量资本流向了原东德地区，投向国外的资本有限，因此，德国90年代在国际直接投资中的地位虽有所上升，但幅度也不大。1991~1999年，德国对外直接投资在发达国家对外直接投资总额中所占的比重年均约10.8%，略高于80年代后半期。英国90年代对外直接投资增长速度虽然较快，但其在国际直接投资中的地位却在下降，1991~1999年，英国对外直接投资占发达国家对外直接投资总额的比重年均约为14.5%，低于80年代后半期的17.4%。而日本由于泡沫经济破灭后国内经济持续10年萧条，对外直接投资增长极为缓慢，其在国际直接投资中的地位急剧下降。在这五个主要的对外直接投资国中，美国和日本对外直接投资地位的变化最富有戏剧性。1980~1984年，美国对外直接投资占发达国家对外直接投资总额的比重约28.6%，为世界第一大对外直接投资国，到80年代后半期，美国对外直接投资占发达国家对外直接投资总额的比重下降了近一半，落到了日本和英国之后，屈居第三。进入90年代，特别是1992年以后，美国的对外直接投资急速膨胀，远远甩开日、英、法、德等国，重新夺回对外直接投资的头把交椅。日本80年代以来对外直接投资的情况与美国恰恰相反，1980~1984年，日本对外直接投资占发达国家对外直接投资总额的比重仅相当于美国的1/3，80年代后半期，日本对外直接投资迅速扩大，其对外直接投资占发达国家对外直接投资总额的比重上升了1倍多，成为世界头号直接投资大国。然而，进入90年代后，日本对外直接投资发展缓慢，其在国际直接投资中的地位迅速下降。1991~1999年，日本对外直接投资占发达国家对外直接投资总额的比重年均仅为7.8%，不到其80年代后半期的一半，仅相当于美国的 1/3，不仅不能再与美国比肩，而且还落到了英、法、德等国的后面。

表 3-6　1980~1999 年五个主要发达国家占整个发达国家对外直接投资总额的比重（%）

国家 \ 年份	1980~1984	1985~1990	1991	1995	1996	1997	1998	1999	1991~1999
美国	28.6	14.9	17.6	31.9	25.4	24.6	22.4	20.6	25.0
英国	19.7	17.4	8.6	14.5	10.3	15.2	18.3	27.2	14.5
德国	7.5	8.9	12.5	12.0	15.3	10.1	14.0	6.9	10.8
日本	9.0	19.2	16.7	7.7	7.1	6.4	3.7	3.1	7.8
法国	6.1	9.8	12.6	6.4	9.2	8.8	7.0	14.8	10.8
五国占发达国家总额的比重	70.1	70.2	68	72.5	67.3	65.1	65.4	72.6	68.9

注：表中 1990 年以前的德国为联邦德国。
资料来源：根据 UNCTAD：World Investment Report 1991，第 10 页表 3；World Investment Report 1997，第 308 页附表 B2 及 World Investment Report 2000，第 289 页附表 B2 的数据整理。

最后，从发展中国家对外直接投资的情况看，国际直接投资的发展也很不平衡。从表 3-7 可以看出，自 20 世纪 80 年代中期以来，亚洲"四小龙"，东盟成员印度尼西亚、马来西亚、菲律宾、泰国以及拉美的阿根廷、巴西、智利和墨西哥 12 个国家和地区的对外直接投资一直占发展中国家和地区对外直接投资的绝大部分。而且，90 年代以来，这 12 个国家和地区对外直接投资占发展中国家和地区对外直接投资总额的比重还在大幅度上升。1991~1999 年，这 12 个国家和地区对外直接投资占发展中国家和地区对外直接投资总额的比重已达到 82.2%，比 1985~1990 年所占比重上升

表 3-7　1985~1999 年 12 个主要发展中国家和地区对外直接投资占发展中国家和地区对外直接投资总额的比重（%）

国家（地区） \ 年份	1985~1990	1991~1995	1996~1999	1991~1999
亚洲"四小龙"	59.7	70.8	62.1	65.7
东盟四国	3.4	7.4	5.5	6.3
拉美四国	4.6	6.2	13.1	10.3
合计	67.7	84.4	80.7	82.2

注：表中亚洲"四小龙"是指：韩国、新加坡、中国香港和中国台湾；东盟四国是指：印度尼西亚、马来西亚、菲律宾和泰国；拉美四国是指：阿根廷、巴西、智利和墨西哥。
资料来源：根据 UNCTAD：World Investment Report 1997，第 308 页附表 B2；World Investment Report 2000，第 289 页附表 B2 的数据整理。

了近15个百分点。由此可见,自20世纪80年代中期以来,特别是90年代以来,发展中国家和地区的对外直接投资越来越集中于少数几个国家和地区。

另外,从20世纪80年代中期以来上述12个国家和地区对外直接投资的情况看,这12个国家和地区对外直接投资发展也不平衡。1985~1990年,亚洲"四小龙"对外直接投资约占发展中国家和地区对外直接投资总额的六成,而印度尼西亚、马来西亚、菲律宾和泰国四国所占比重仅为3.4%,相当于同期亚洲"四小龙"对外直接投资的1/16,阿根廷、巴西、智利和墨西哥四国所占比重约为4.6%,相当于同期亚洲"四小龙"对外直接投资的1/12。90年代上半期,东盟四国和拉美四国对外直接投资与亚洲"四小龙"对外直接投资的差距有所缩小,分别相当于同期亚洲"四小龙"对外直接投资总额的1/10和1/11。与此同时,90年代上半期东盟四国对外直接投资发展速度很快,其对外直接投资额已超过拉美四国。但是,90年代后半期,由于受1997年爆发的亚洲金融危机的沉重打击,东盟四国对外直接投资的能力大大减弱,其对外直接投资占发展中国家和地区对外直接投资总额的比重比90年代上半期下降了近2个百分点,而同期拉美四国所占比重则上升了近1倍,再度超过东盟四国。

(三) 国际直接投资的地区流向仍以发达国家为主,但变化很大

战后国际直接投资的地区流向在20世纪60年代和70年代经历了一次重大变化,这就是发达国家取代发展中国家成为主要的东道国。这一时期,国际直接投资主要在发达国家之间流动,发达国家既是主要的直接投资输出国,又是主要的直接投资输入国。尽管这种以发达国家为主要东道国的国际直接投资地区分布格局在80年代和90年代并没有根本的改变,但80年代和90年代国际直接投资的地区流向变化的幅度较大。这种变化主要体现在以下三个方面:

首先,国际直接投资在发达东道国和发展中东道国之间的分配变化很大。80年代前半期,流向发展中国家和地区的国际直接投资增长很慢,1980~1985年,流向发展中国家和地区的直接投资占国际直接投资总额的比重没有上升,约为25.4%,基本上与70年代后半期持平。80年代后半期,流向发展中国家和地区的直接投资增长速度大大加快,年均增长率从

80年代前半期的3%上升至年均22%,但是由于流向发达国家的直接投资增长速度更快(1985~1989年年均增长率高达46%),两者增长速度的差距大大拉开了,因此,尽管80年代后半期流向发展中国家的直接投资的规模急剧扩大,而流向发展中国家的直接投资占国际直接投资流出总额的比重反而大大下降,由1980~1985年的25.4%下降到1986~1989年的约17.5%。进入90年代后,流向发展中国家的直接投资不仅规模迅速扩大,而且占国际直接投资流出总额的比重也不断上升,由1986~1989年的17.5%上升到90年代前半期的32.5%,90年代后半期又进一步上升至33.3%。与80年代相比,90年代流向发展中国家的直接投资占国际直接投资流出总额的比重比80年代上升了近13个百分点。

其次,20世纪80年代以来,流向发达国家的国际直接投资在发达国家内部配置的变化也很大。80年代,流向发达国家的国际直接投资越来越集中在少数几个发达国家。1980~1985年,美、英、法、德、意、日、加七国吸收的国际直接投资占流向发达国家的国际直接投资总额的比重高达75%,80年代后四年这一比重又有所上升,整个80年代这一比重一直保持在76%左右。然而,进入90年代后,流向发达国家的国际直接投资却出现了分散化趋势。90年代前半期,流向美、英、法、德、意、日、加七国的国际直接投资占流向所有发达国家国际直接投资的比重由80年

表3-8　　　1980~1999年不同东道国吸收的国际直接投资占国际直接投资流入量的比重(%)

项目		年份 1980~1985	1986~1989	1980~1989	1990~1994	1995~1999	1990~1999
发达国家	合计	74.6	82.5	79.8	68.5	66.7	67.1
	美、英、法、德、意、日、加七国	56.1	62.8	60.5	42.9	42.2	42.3
发展中国家和地区	合计	25.4	17.5	20.2	32.5	33.3	32.9
	10大发展中东道国和地区	17.9	11.3	13.6	20.7	22.1	21.7

注:10大发展中东道国和地区是指除避税港以外的发展中国家和地区中直接投资流入最多的10个国家和地区,20世纪80年代是阿根廷、巴西、中国内地、哥伦比亚、埃及、中国香港、马来西亚、墨西哥、新加坡和泰国;90年代是阿根廷、巴西、中国内地、中国香港、马来西亚、墨西哥、新加坡、韩国、智利和泰国。

资料来源:根据储祥银等译:《1992年世界投资报告》,对外贸易教育出版社1993年版,第305~311页附表1;储祥银等译:《1996年世界投资报告》,对外经济贸易大学出版社1997年版,第301~309页附表1;UNCTAD: World Investment Report 2000,第283~287页附表B1数据整理。

代后半期的约 77%下降到了 62.6%,下降了近 14 个百分点。90 年代后半期,这一配置格局基本上没有什么变化,七国所占比重约为 63%。整个 90 年代,流向美、英、法、德、意、日、加七国的国际直接投资占流向发达国家国际直接投资总额的比重约为 63%,比 80 年代低 13 个百分点。因此,90 年代流向发达国家的直接投资的分散化趋势十分明显。

最后,80 年代以来的 20 多年,流向发展中国家和地区的国际直接投资在发展中国家和地区内部的配置也发生了重大变化。1980~1985 年,流向发展中国家和地区的国际直接投资约为 758 亿美元,其中流向 10 大发展中东道国和地区(阿根廷、巴西、中国内地、哥伦比亚、埃及、中国香港、马来西亚、墨西哥、新加坡和泰国)的国际直接投资约为 534 亿美元,占 70.5%。1986~1989 年,这 10 个国家和地区吸收的国际直接投资占流向发展中国家和地区的国际直接投资总额的比重下降至 64.5%,下降了 6 个百分点。整个 80 年代,10 大发展中东道国和地区吸收的国际直接投资占发展中国家和地区总额的比重约为 67%,大大低于 70 年代 80%的水平。因此,80 年代,流向发展中国家和地区的国际直接投资在发展中国家和地区内部配置出现了分散化趋向。但是,进入 90 年代后,流向发展中国家和地区的国际直接投资又出现集中化趋势,而且集中的程度越来越高。1990~1994 年,流向 10 个吸收国际直接投资最多的发展中国家和地区(阿根廷、巴西、中国内地、中国香港、马来西亚、墨西哥、新加坡、韩国、智利和泰国)的国际直接投资占流向发展中国家和地区的国际直接投资总额的比重,由 80 年代后 4 年的 64.5%上升到了 70%,上升了近 6 个百分点。90 年代后半期,上述 10 个国家和地区吸收的直接投资占流向发展中国家和地区的国际直接投资的比重上升到了 73%。整个 90 年代,10 个吸收国际直接投资最多的发展中国家和地区所吸收的直接投资占流向发展中国家和地区的国际直接投资总额的比重高达 72.3%,高出 80 年代 5 个多百分点。这说明 90 年代以来,对发展中国家和地区的直接投资越来越集中在少数几个经济增长速度快、经济发展前景良好的国家和地区。

(四)国际直接投资的部门结构进一步高级化,服务业成为国际直接投资的第一大产业

第二次世界大战后,国际直接投资部门结构经历了几次重大变化,20 世纪 50 年代,国际直接投资主要集中在自然资源开发和以自然资源为原

料的加工工业，从60年代开始到70年代中期，制造业在各主要资本主义国家对外直接投资中所占比重不断上升并成为其对外直接投资最多的行业。70年代中期以后，随着各主要直接投资国和东道国国民经济结构的升级，国际直接投资中服务业所占的比重不断上升。从流量看，1981~1984年，美、法、日、英、德五个最大国际直接投资国的对外直接投资中服务业所占比重分别为52%、41%、61%、35%和55%，1985~1989年则分别上升至57%、49%、73%、38%和64%，与1981~1984年相比，上升的幅度都较大，其中日本上升的幅度最大，为9个百分点。从1981~1989年这9年的总体情况看，五大对外直接投资国中，美国、日本和德国三国服务业对外直接投资占对外直接投资总额的比重均超过50%，其中日本服务业所占比重高达71%，法国也接近50%，只有英国不到40%。进入90年代后，特别是90年代中期以来，各主要发达资本主义国家服务业对外直接投资的发展进一步加快，服务业对外直接投资在其对外直接投资总额中所占比重也进一步提高。从流量看，1990~2000年，美国、日本、德国和意大利四国半数以上年份服务业对外直接投资占对外直接投资总额的比重都达到或超过50%，其中意大利除1996年为50%外，其余年份都超过50%，美国、日本除个别年份外，其余年份也都超过50%。同期，英国和加拿大两国也都有5个年份服务业对外直接投资占对外直接投资总额的比重达到或超过50%，法国超过50%的年份有4个。从90年代前半期（1990~1994年）的累计情况看，美、法、日、英、德、意、加七

表3-9　1990~2000年主要发达国家服务业对外直接投资流量占对外直接投资流量总额的比重（%）

国家＼年份	1990	1991	1992	1993	1994	1995	1996	1997	1998	1999	2000
美 国	23.2	53.9	59.5	69.0	61.4	51.9	61.1	61.9	72.4	66.3	62.0
法 国	38.6	28.1	29.1	29.5	19.2	34.6	70.8	69.1	70.0	45.4	86.6
日 本	68.7	66.0	65.5	65.4	63.2	58.9	51.9	57.8	66.8	34.7	73.8
英 国	46.8	17.5	55.0	64.3	23.6	50.0	46.3	48.9	35.4	61.8	83.6
德 国	39.6	37.6	48.1	58.8	59.0	56.5	59.8	51.8	37.2	49.1	51.7
意大利	78.9	72.1	75.3	64.8	55.1	62.1	50.0	51.2	64.0	92.3	52.1
加拿大	39.8	33.0	33.4	33.9	19.0	53.8	46.4	64.1	80.6	74.6	65.3

资料来源：经济合作与发展组织（OECD）：International Direct Investment Statistics Yearbook 1980~2000, http://www.sourceOECD.org。

国中,美、日、意三国服务业对外直接投资占对外直接投资总额的比重超过50%,德国也接近50%,其余三国均低于40%。1995~2000年累计情况与90年代前半期大不一样,七国中除德国接近50%外,其余六国服务业对外直接投资占对外直接投资总额的比重均超过50%,其中美国、英国、法国、日本、意大利和加拿大均超过60%。

从存量看,从20世纪70年代中期到80年代末期,美、英、德、日、法、荷、加七个最大的对外直接投资国服务业对外直接投资存量的增长速度,不仅都高于其对外直接投资总额的增长速度,而且也高于第一产业和第二产业直接投资存量的增长速度。到80年代末,上述七国服务业对外直接投资存量占其对外直接投资存量总额的比重,除英国和荷兰外,都超过40%,其中日本、德国超过了50%,日本甚至接近70%。90年代以来,由于各主要发达国家服务业对外直接投资的扩张,到2000年,除德国接近50%外,主要发达国家服务业对外直接投资存量占其对外直接投资总存量的比重都超过50%(日本服务业对外直接投资存量占其对外直接投资总存量的比重1989年为67.2%,而1990~2000年日本服务业对外直接投资流量占其对外直接投资总流量的比重为55.6%。因此,可以合理地推断:2000年,日本服务业对外直接投资存量占其对外直接投资总存量的比重超过50%)。从国际直接投资的总体情况看,1988年,服务业直接投资流出存量占国际直接投资总存量的比重约为46%,到1998年,这一比重上升为约56%,比1988年上升了近10个百分点。

表3-10　　　1990~1999年主要发达国家服务业对外直接投资存量占对外直接投资存量的比重(%)

年份 国家	1990	1995	1997	1998	1999
美　国	46.9	55.3	58.4	60.5	63.4
法　国	49.5	56.0	56.2	58.6	60.5
日　本	67.2	65.5	—	—	—
英　国	39.9	40.1	46.7	46.3	48.3
德　国	65.9	67.6	68.2	65.7	72.6
意大利	58.2	64.8	63.5	65.2	60.3
加拿大	37.5	70.4	68.8	70.1	71.7

注:表中日本1995年数据实为1994年数据。
资料来源:根据经济合作与发展组织(OECD):International Direct Investment Statistics Yearbook 1980~2000年数据整理。

因此，无论是从流量的角度看，还是从存量的角度看，到20世纪90年代末21世纪初，服务业都已经取代制造业，成为国际直接投资的第一大产业。

（五）跨国并购成为国际直接投资的主要方式

从20世纪80年代中后期开始，跨国并购浪潮蓬勃兴起，跨国并购在国际直接投资中的地位迅速上升并成为国际直接投资的主要方式。1987~1992年，跨国并购在国际直接投资流出总额中所占比重约为54%，在发达国家和发展中国家对外直接投资中所占比重分别为56%和28%。1993~2001年，跨国并购在国际直接投资流出总额所占比重上升到81%，在发达国家和发展中国家对外直接投资中所占比重分别上升至83%和62%。这说明，不论是发达国家还是发展中国家，其对外直接投资中采取跨国并购方式进行的比重都在上升。从1987~2001年的总体情况看，跨国并购在国际直接投资流出总额、发达国家及发展中国家对外直接投资中所占的比

表3-11　　1987~2001年跨国并购在国际直接投资流出量中所占比重（%）

	1987~1992年	1993年	1995年	1999年	2000年	2001年	1993~2001年	1987~2001年
世界	53.8	65.6	66.1	90.0	82.9	95.7	81.1	76.0
发达国家	55.6	65.0	69.3	92.6	85.6	92.0	83.1	77.8
发展中国家	28.3	67.6	47.0	62.8	46.5	98.1	61.8	57.1

注：由于跨国并购涉及跨期支付问题，即一件跨国并购案的成交金额可能分几年支付，因此，就单个年份而言，跨国并购占国际直接投资流出量的比重比上表中的数据要小一些。

资料来源：根据UNCTAD：World Investment Report 1999，第530~533页附表B8、第483~487附表B1；World Investment Report 2000，第289~293页附表B2、第245~248页附表A7；World Investment Report 2002，第307~309页附表B2、第341~343页附表B8数据整理。

表3-12　　1987~2001年跨国并购在国际直接投资流入量中所占比重（%）

	1987~1992年	1993年	1995年	1999年	2000年	2001年	1993~2001年	1987~2001年
世界	51.6	74.0	72.1	83.2	76.7	80.8	78.6	74.2
发达国家	72.9	73.1	80.8	101.3	86	98.6	91.6	88.3
发展中国家	18.7	61.8	49.7	31.1	29.7	41.9	44.7	41.3

注：由于跨国并购涉及跨期支付问题，即一件跨国并购案的成交金额可能分几年支付，因此，就单个年份而言，跨国并购占国际直接投资流入量的比重比上表中的数据要小一些。

资料来源：根据UNCTAD：World Investment Report 1999，第476~481页附表B1、第525~529页附表B7；World Investment Report 2000，第240~244页附表A6、第284~287页附表B1；World Investment Report 2002，第303~306页附表B1、第337~340页附表B7数据整理。

重分别为76%、78%和57%，因此，从80年代中后期以来，跨国并购已经上升为国际直接投资的最主要方式。

跨国并购占国际直接投资流入量的变化与国际直接投资流出量的情况大体相似，但也有所差别。从国际直接投资流入总量的情况看，以跨国并购方式流入东道国的国际直接投资所占比重在1987~1992年约为52%，1993~2001年猛增至79%。1987~2001年，以跨国并购方式流入东道国的直接投资所占比重约为74%，也就是说这15年中投向全体东道国的国际直接投资主要是以跨国并购的方式进行的。但是，就不同的国家类别而言，国际直接投资流入情况与国际直接投资流出量的情况有所不同。从流入发达国家的国际直接投资看，以跨国并购方式流入的直接投资在1987~1992年约占73%，1993~2001年超过90%。从1987~2001年的总体情况看，跨国并购所占比重也高达88%。这就是说，对发达东道国的直接投资主要是以跨国并购的方式进行的。与流向发达国家的直接投资不同，以跨国并购方式流向发展中国家的直接投资在1987~1992年所占的比重仅占19%，1993~2001年这一比重虽有大幅度上升，但仍不到50%。从1987~2001年的总体情况看，以跨国并购方式流入发展中东道国的直接投资占流向发展中国家直接投资总额的比重约为41%。因此，20世纪80年代以来流向发展中国家的国际直接投资仍以"绿地投资"为主。

20世纪70年代中期以后，一些发达国家跨国公司为了适应国际政治和经济形势的变化，并从自己的长远战略利益考虑，在发展中国家的经营活动中采取了更加灵活的方式，"非股权参与"方式进行直接投资有了长足的发展。但是，随着80年代中后期以来跨国并购的迅猛发展，特别是巨型和超巨型的跨国并购案不断出现，利润再投资已不能满足跨国并购的巨额资金需求，股权投资在国际直接投资资金来源构成中的比重大幅度上升，再次取代利润再投资和其他形式的投资，成为最主要的资金来源。整个90年代，对发达国家的股权投资占流向发达国家的国际直接投资总额的比重超过60%，其中1990年、1995年、1998年都接近80%。对发展中国家的股权投资占流向发展中国家的国际直接投资总额的比重1990年还不到60%，到1998年已接近80%。1990~1998年，除1990年和1994年外，对发展中国家的股权投资占流向发展中国家的国际直接投资总额的比重都超过60%，其中1995年、1997年和1998年都超过70%，1998年甚至达到80%。从国际直接投资流入总量的情况看，1990~1998年，所有年份中股权投资在国际直接投资总额中所占比重都超过 60%，1990 年、1992 年、1995 年和 1998 年都接近或达到 80%。因此，随着 80 年代中后期以来跨国并购的蓬勃发展，股权投资已成为国际直接投资最主要的资金来源。

与"绿地"式投资一样，跨国并购既是跨国公司实现国际竞争的重要途径，也是其实现国际经济合作的重要途径。因此，当代跨国并购主要表现为善意购并，恶意并购行为极为少见。如 1999 年全世界跨国并购共 6216 笔，其中，善意购并为 5942 笔，中性购并为 264 笔，恶意购并仅为 10 笔。此外，此次跨国并购以水平购并为主，混合购并为辅，垂直购并微不足道。1990~1999 年，在跨国并购总额中，水平购并额所占的比重由 55.8% 上升到 71.2%，混合购并所占的比重由 40.9% 下降到 27.0%，垂直购并所占的比重由 3.4% 下降到 1.8%。

（六）国际直接投资政策日趋自由化

关于国际直接投资政策自由化内涵的理解，各方面尚存在分歧，较权威的观点认为，国际直接投资政策自由化包括以下动态过程：①减轻或取消由于专门针对（因而也是歧视性的）外国投资者的限制（如进入壁垒）以及由于对外国投资者实行给予拒绝或给予鼓励和补贴所导致的市场扭曲；②加强对外国投资者的某些积极的待遇标准（如国民待遇、最惠国待遇、公平和平等的待遇）；③加强市场监管，确保市场的正常运转（如竞争规则、信息披露和审慎监管）。在上述三项因素中，前两项因素是核心，但其效应的发挥在很大程度上又依赖于第三项因素。国际直接投资政策自由化的目标在于，建立消除歧视（或优惠）、充分竞争、有序运行的市场环境。

60 年代以来，一些发展中国家和少数发达国家相继制定了关于外国直接投资的专门法规。到 80 年代末，大约有 40 多个国家和地区制定了专门的外国投资法。这些法规的一个共同特点是，对外资既有优惠性措施，也有限制性措施，立法的目标是保护本国民族工业的发展。从 90 年代初以来，有更多的国家和地区制定或重新修订了专门的外国投资法，其目标也发生了重大变化，即以吸引外国投资者和创造良好的投资环境为主要目标。

从表 3-13 可以看出，仅 1998 年就有 60 个国家和地区对外国直接投资法规进行了 145 项修改，其中，94%（136 项）的修改是朝着自由化和

表 3-13　　　　各国外国直接投资法规的变化（1991~1998 年）

	1991	1992	1993	1994	1995	1996	1997	1998
法规发生变化的国家和地区数目	35	43	57	49	64	65	76	60
法规变动的数目	82	79	102	110	112	114	151	145
其中：								
更有利于外国直接投资	80	79	101	108	106	98	135	136
更不利于外国直接投资	2	—	1	2	6	16	16	9

资料来源：联合国跨国公司与投资司：《1999 世界投资报告》（中译本），中国财政经济出版社 2000 年版，第 144 页。

增强市场功能的方向发展；6%（9 项）是朝着逆自由化和加强控制的方向发展。90 年代中期以后，许多国家和地区开放了曾禁止或限制外国投资者进入的产业（如电信业等），市场扭曲的程度有了较大的缓解或消除，对外国投资者逐步实行国民待遇。

在双边层次上，国际直接投资政策自由化主要体现为各国之间签订双边投资协定（BITs）和避免双重征税协定（DTTs）。到 1998 年底，全世界共签订双边投资协定 1726 个，其中，434 个是在发展中国家之间签订的。签订双边投资协定的国家和地区数已达到 174 个。各国签订的避免双重征税协定的数量与双边投资协定的数量之间一般存在着正相关关系，这一特征在 90 年代之后变得更为明显。到 1997 年底，已有 178 个国家和地区签订了 1794 个避免双重征税协定。这两类协定都有其特定的目标，双边投资协定的主要目标是保证投资及其所产生的利润的安全；避免双重征税协定的主要目标是解决投资国与东道国在收入分配方面引起的问题（主要是处理税收争端），二者具有互补性。

在多边层次上，关于建立国际直接投资规则的讨论和协商已取得了可喜成就。1992 年，世界银行提出了《国际直接投资待遇指南》。该指南就国际直接投资准入、一般待遇标准、资本与收益转移、征用与补偿、东道国与外国投资者之间争议的解决等方面提供了一个适用于所有国家、自愿实施的建议框架。1994 年，关税及贸易总协定乌拉圭回合就《服务与贸易总协定》以及作为附件的《与贸易有关的投资措施协议》达成协议。该协议第一次为国际直接投资确立了一个对缔约国具有强制约束力的多边规则，为多边国际直接投资政策的制订与实施奠定了基础。《关于基本电信服务的服务贸易总协定第四议定书》已于1997年在WTO框架下缔结，于1998年2月5日生效，该协定包括了为外国投资者开放电信服务市场的承诺。WTO关于金融服务业开放时间表的谈判于1997年结束，其结果附在《关于金融服务的服务贸易总协定第五议定书》之后，并于1999年3月生效，该协定为外国投资者进入金融服务市场提供了更大范围的承诺（如允许外资股份达到50%以上，取消对外资机构法定形式的限制，取消对外资机构业务扩展的限制等）。

国际直接投资政策自由化无疑有助于促进东道国扩大引进外国直接投资的规模，但也不能盲目乐观。东道国引进外国直接投资规模是东道国投资环境中众多构成要素综合作用的结果，国际直接投资政策自由化仅是其中的一项构成要素。对于那些国际直接投资政策自由化进程快，但国内投资环境无实质性改善的发展中国家（如非洲某些发展中国家），引进外国直接投资规模不可能有明显扩大。还应当看到，东道国关于国际直接投资政策自由化对不同产业引进外国直接投资的影响力也有较大差异。在某些特殊行业（如通讯、公用事业等行业），外国投资者的反应一直是非常敏捷和显著的。在一般制造业（如技术水平低、经济规模小、产品标准化程度高、运输成本低的行业），外国投资者反应迟缓或几乎没有反应。后一种情况之所以出现，并不是东道国缺乏区位优势，而是缺乏拥有所有权优势的外国投资者，或外国投资者拥有所有权优势，但缺乏将所有权优势加以内部化的动因。

第二节 我国FDI的国际地位

作为世界最大的发展中国家，中国20世纪90年代以来在吸引外商直接投资流入方面表现不俗，特别是2002年，吸收外商直接投资超过500亿美元，首次跃居世界首位。其发展特点和趋势与其所处的投资环境、自身的经济发展状况以及国家的对外政策密切相关。

一、我国外商直接投资流入量符合发展中国家的特点,并且国际地位凸显

作为典型的发展中国家,我国外商直接投资的流入量也在国家外资政策发生转变的条件下经历了起步、持续发展和快速发展的不同阶段。随着外商直接投资进入水平的不断提高,外商直接投资在我国国民经济中所发挥的作用也越来越重要。外商投资企业在我国创造的工业增加值、总出口额从1993年以前在相应的国民经济指标中的不足10%到2007年分别上升为33.08%、58.19%。

然而,经济发展水平决定了我国内部的投资环境。外商直接投资投入我国的行业结构与其他发展中国家相类似,也是以制造业为主。但就制造业的细分行业来看,外商直接投资在我国的行业分布又是非常广泛的,几乎遍布所有允许进入的行业,这与我国自身的产业范围相对广泛是密切相关的。

此外,相对于其他发展中国家,我国国民经济在近10年间高速而稳健的发展,在全球发展中国家一枝独秀(见表3-14),这显然成为了吸引外商直接投资的一个重要的基础因素。联合国贸发组织的《2002年世界投

表3-14 1985年和2000年主要发展中国家和地区10个最大的外商直接投资受资者所占的份额 单位:%

国家或地区	1985年	国家或地区	2000年
沙特阿拉伯	20.4	中国	19.2
墨西哥	11.3	中国香港	16.0
巴西	9.2	巴西	14.4
中国	7.0	阿根廷	6.5
新加坡	6.9	墨西哥	5.6
马来西亚	5.5	韩国	4.0
埃及	4.7	新加坡	3.1
百慕大	4.6	百慕大	2.8
中国香港	4.3	智利	2.7
阿根廷	2.7	开曼群岛	2.4
前10名总计	76.6	前10名总计	76.7

注:1985年为1983~1985年平均值;2000年为1998~2000年平均值。
资料来源:联合国贸发会议(UNCTAD):《2002年世界投资报告》。

资报告》给予了中国极高的评价,并指出,在过去的近10年间,中国一直保持发展中国家外商直接投资最大接受国的地位。中国加入WTO后,这种趋势仍然在持续。

二、我国外商直接投资在亚洲区地位优越

在亚洲的经济体中,我国的投资环境无论对市场开拓型的外商直接投资还是对资源整合型的外商直接投资都具有相对较大的吸引力。

首先,中国具有优越的区内市场地位。如前所述,亚洲区内的一体化程度较低,尚没有在整个区域内形成统一的市场;日本虽然经济实力强大但市场对外开放的程度很低;中国作为一个幅员广大、人口众多,特别是经济10年来高速增长的发展中国家自然被视为亚洲区内最具发展潜力的大市场。与此同时,又由于我国内部经济发展不均衡,导致不同层次、不同水平的需求相当丰富。因此,这一市场既对来自欧美的寻求高端市场的外商直接投资有相当的吸引力;同时,为来自区域内部及其他地区投资于中、低端产品的外商直接投资同样提供了市场空间。

其次,我国具有优越的资源整合地位。一方面,我国具有多层次的可利用劳动力。相对于亚洲新兴工业国家和一些东盟国家,我国经济起步较晚,对于支持典型的劳动密集型产业所需要的劳动力,我国相对丰富并且成本低廉。另一方面,由于我国中高等教育事业的发展以及长期以来对科技产业的支持性政策,使得在支持科技产业迅速发展所需要的各种档次的人才方面也有一定储备,从而对吸引资本及技术密集型的外商直接投资也有一定的支持。除此以外,我国广泛的工业基础在这方面也起到了相当重要的作用。

特别是,在我国外资政策的引导下,将优越的市场地位以及优越的资源整合地位结合起来,就不难理解为什么这些年我国既吸引了大量的亚洲区内追求资源整合并寻求开拓市场的外商直接投资,也吸引了相对较多的、以追求市场开拓为主的来自欧美的外商直接投资以及来自全球各地区的外商直接投资。数据显示,1998年到我国投资的国家和地区是129个,截至2008年末,这一数据已经超过180个。"十五"期间世界著名跨国企业来华投资势头强劲,据统计,全球最大的500家跨国企业中有近490家已来华投资,平均单项外商直接投资规模从千万美元到上亿美元不等。2007年11月7日,国家发展改革委、商务部公布了最新版的《外商投资产

业指导目录》(2007年修订)(以下简称新《目录》),并于2007年12月1日开始施行。与2004年修订版相比,新《目录》有几处令人瞩目的变化:一是鼓励外商投资新能源和环保技术;二是限制外商投资房地产、高能耗项目和稀缺矿产资源;三是期货、电网从禁止类变为限制类。我们可以看出,新《目录》发出了明确的信号,经济发展要由主要依靠第二产业带动向依靠第一、第二、第三产业协同带动转变,由主要依靠增加物质资源消耗向主要依靠科技进步、劳动者素质提高、管理创新转变。

新《目录》的公布,是继2006年11月《利用外资"十一五"规划》颁布以来另一项重要的利用外资政策。考虑到WTO过渡期已经结束,中国对外开放迈进第30个年头以及近几年社会上对合资路线、外资并购等问题的反思和争论,新《目录》在修订过程中就已备受关切。同时,由于新《目录》不仅是对外商投资产业领域、股权比例做出规定,更折射了相应的税收激励政策和宏观政策导向,因而每一处细微调整都耐人寻味。新《目录》必将进一步扩大外商在我国投资的规模和力度。

三、我国外商直接投资在全球的地位有赖于自身及亚洲区经济的蓬勃发展

首先,从长远来讲,我国在亚洲区内吸引外商直接投资流入的地位是比较稳固的。原因在于,一方面,有了30年改革开放的努力,我国的市场已经被启动,人们的市场需求越来越走向成熟和开放,这就为进一步吸引外商直接投资的进入提供了持久的动力;另一方面,已经进入的外商直接投资经过了数年的运作,多数已经在中国建立了相应的供应商网络,一些国际知名企业还正在努力将其最重要的国际供应链带进中国,以便保证其在中国市场上不会败给其国际竞争对手,这一系列举措都意味着中国市场对这些跨国企业的重要性有所提升;与此同时,像摩托罗拉、爱立信等跨国企业在对中国市场技术转让的速度以及在本地进行直接新产品开发的速度都在加快的同时,从中国销向国际市场的产品份额也在不断增加,这进一步意味着中国正在成为跨国企业至少在亚洲区域的制造中心。由此,有理由相信,我国吸引外商直接投资的地位在亚洲区内是相对稳固的,不会因为短期内的意外冲击而丧失。

其次,就我国吸引外商直接投资在全球的地位而言,我国经济和亚洲区经济对于全球经济的发展状况将起到决定性的作用。原因在于,第一,

就资源整合型的外商直接投资而言,多数行业的特点决定了区内整合的优势多于全球范围的整合,只有资源类行业和纺织服装制造业这样特点的行业才会偏向真正意义上的全球性资源整合。对于像纺织服装制造业这种行业,我国在劳动力成本低廉方面的优势并不一定能够长期持续,我国这些年纺织服装领域集群的建设正在往这方面积极努力。第二,在区域经济利益高于全球贸易自由化的现实世界里,即使我国相对于美洲的墨西哥、巴西等国以及欧洲的东欧各国在一些制造业领域有一定的优势,但要真正成为"世界加工厂"也还需多方面的支持条件。第三,也是最主要的,外商直接投资在全球范围内的跨区域流动更多的是以市场为导向的。因此,我国市场需求的进一步扩大以及亚洲区域经济相对于其他经济区域更迅速蓬勃的发展才会是吸引外商直接投资流入的最重要的理由。然而,在亚洲经济的范畴内,目前最大的经济体日本仍未表现出快速恢复的迹象,因此总体而言,亚洲经济在全球经济中的地位在未来较长时间里难以发生大的变化;而我国经济在2003年遭受了"非典"疫情的袭击后又重新走上了高速发展的轨道,2008年GDP增长达到了9.2%。近两年来,外商直接投资进一步扩大,显示我国的经济发展仍然被世界所瞩目。因此,有理由认为,我国外商直接投资的国际地位有望在未来的短期内仍然保持现有的地位并且具有一定的可持续性。

第三节 我国吸引FDI的区位优势

一、东道国的区位因素

(一) 东道国传统的区位因素

在众多研究FDI区位流向的理论中,邓宁(Dunning)提出的国际生产折中理论较为突出,国际生产折中理论在综合前人研究成果的基础上极大程度地吸收了要素流动理论、内部化理论、交易成本理论和区位论等理论。邓宁的理论不仅把跨国公司的进入决策建立在企业可以控制的所有权优势和内部化优势的基础上,而且引入区位论,结合东道国的禀赋优势以及东道国的政治经济制度、政策法规等区位因素，解释跨国公司对外投资设厂的选址及其整个国际化生产体系的布局等问题。

邓宁的国际生产折中理论提出 FDI 的选择取决于三个优势，即所有权优势、内部化优势和区位优势。其中的区位优势变量可以归纳为以下几个方面：

（1）东道国主要经济因素，主要表现在市场、资源和资产以及影响效率的各种因素。例如，与市场有关的因素，包括东道国的市场规模与人均收入、市场成长、进入区域和全球市场、当地消费者的偏好特征和市场结构等。与资源有关的因素，包括东道国的土地与厂房租用成本，原材料与零部件成本，技术劳动力的可获得性与成本，低成本的非技术人力，重视技术、管理和其他创新性资产，物质基础设施（港口、道路、电力、通信），宏观层面上的创新能力，如企业文化、教育水平和环境等。

与效率有关的因素除了关注以上各类要素资源的低成本之外，还注重提高生产率所投入的人力成本和运输、通信等其他投入的成本，区域一体化协议成员国等因素。

（2）FDI 政策框架及其他政策和制度因素。它包括直接管理外资的政策和与外资相关的政策。直接管理外资的政策主要涉及外资的准入、待遇和经营条件等规定及 FDI 国际协定等。与外资有关的政策包括贸易政策及其与 FDI 的相关性，竞争政策等关于市场结构与职能的政策，私有化政策，税收政策，产业与区域政策。除了具体的政策之外，还包括东道国经济开放程度和东道国政策的连续性等因素。

（3）商业便利性的安排。投资激励与促进计划，降低信息成本，良好的基础设施辅助性服务（如银行、法律服务），社区服务（双语学校、生活质量），投资前和投资后服务（如一站式），社会成本，经济道德，区域聚集与网络促进。

邓宁（1981）还提出一个国家对外直接投资的决定因素与其经济发展阶段和结构密切相关。如果以人均 GNP 的高低划分经济发展阶段，那么随着人均 GNP 的变化，各国企业的所有权优势、内部化优势和区位优势都有不同的组合和特点。

作为东道国，在第一阶段（即人均 GNP 为 400 美元）和第二阶段（即人均 GNP 为 400~1500 美元），区位优势表现在东道国良好的基础设施和较高的劳动生产率以及对外资提供的优惠政策；在第三阶段（即人均 GNP

第三章 我国吸引FDI的国际地位和区位优势

为2000~4000美元),则表现在维持或增强自身的国际竞争力的需要,以及对付潜在的市场进入威胁的需要;在第四阶段(即人均 GNP 为 2600~5600 美元),跨国投资已经成为企业全球化经营策略的一个组成部分。

总之,东道国区位因素主要包括东道国的经济决定因素和政府政策因素等。其中,经济决定因素是指与东道国市场、资源和成本有关的决定因素。政府政策因素是东道国政府能够控制并用来鼓励和限制外资流入的决定因素。

(二) 技术进步与区位因素

在邓宁的区位因素中,已经包括了东道国几乎在自然资源、市场等经济条件以及政策和制度,甚至历史文化和风俗等所有方面的因素。其他的研究者大多是在这个框架内进行更细化的研究。但是,随着当今世界的技术进步,各国对贸易、FDI 和技术流动采取了更加开放的政策,而开放也给各国带来了更大的竞争压力。这些因素单独或相互作用,加速了经济全球化的进程,并且引起了跨国公司重新构造其寻求资源、寻求市场和寻求效率目标的方式。在这一背景下,各国也开始重新定义吸引 FDI 的决定因素。传统的吸引 FDI 的因素以及相应的 FDI 类型在全球经济中并没有消失,但它们的重要性正在减弱。

在许多行业,产品服务、营销方法和技术进步已经成为竞争的关键。技术进步增强了企业扩大生产的能力,市场开放为这种扩张创造了空间,使企业能够寻找新的机会改善它们的发展状况和竞争地位。现有的跨国公司通过收购当地资产和最有效率的组织提高它们的地位,成为竞争战略的重要部分。在管理当地资产时,企业为了实现国际生产一体化采取了种种战略,这些战略影响着东道国引资的效果。

跨国公司在 20 世纪六七十年代开始建立出口加工区,实行国际生产一体化战略。这一战略适合以价格竞争为基础的劳动密集型行业,如纺织和服装、鞋类、玩具和体育设备等;还适合于资本密集型行业的劳动密集型环节或零件的生产,如电子行业的半导体和汽车行业的电子线路。它们主要寻求劳动力低廉的区位因素。然而,随着制成品和可贸易服务中劳动力成本份额的降低,这种战略和相关的 FDI 的发展已经受到阻碍。

目前,企业正日益寻求一种能够把自己的可移动资产和不可移动的资产最有效地结合起来的区位。结果,企业把生产过程分成各种特定的活动,例如,融资、R&D、会计、培训、生产、销售等,子公司选择在最适合的区位从事这些活动。这个过程创造了公司内的国际劳动分工和不断发展的国际生产一体化网络。应该说,贸易和投资体制的开放为这种网络的形成创造了机会,技术进步(尤其信息和通信技术)使这种网络能够在国际范围有效运作,而竞争则使企业积极地去利用这些使区位资产一体化的机会。在一个高度竞争的FDI市场,传统自然资源、市场和廉价劳动力的某个单独因素可能不再足以成功地吸引FDI,但技术和继续创新的能力能够提供竞争优势,产生出新的区位优势。如果东道国提供了合适的区位因素组合(例如有效经营的条件,高质量的资源或资产,可获得市场份额),则能够有效地吸引追求国际生产一体化战略的跨国公司。

(三)"创造出的资产"及相关区位因素

当企业为了增强竞争而进行FDI时,它们不仅寻求降低成本和更大的市场份额,更重要的是寻求技术和创新的能力。这些资源与自然资源不同,是典型的人为因素,是通过大量的投入和长期的培育,特别是知识的积累而创造出来的,即所谓的"创造出的资产"(Created Assets)。"创造出的资产"的提出,表明区位因素中知识内涵的重要性大大提高了。

在现今的世界里,拥有这种资产是企业在全球化经济中进行竞争的核心。"创造出的资产"是一种基本的创造财富的资产和企业竞争力的重要来源。它可以是有形资产(如通信设备和营销网络等),也可以是无形资产(如科技队伍的素质等)。知识是无形资产的一个共同的特征。通常包括技能(Skills)、态度(Attitudes)(如对财富创造的态度和商业文化的态度)、潜在能力(Capabilities)(技术、创新、管理和学习能力)、胜任度(Competencies)(如有效率地组织产生收入的资产)、关系(Relationships)(如人与人之间的关系以及企业同政府之间的联系)、信息(Information)、商标(Trade Marks)、商誉(Credibility)和脑力(Brainpower)的存量。这些资产可以体现在个人和企业之中,常常还可以通过企业群的经济活动得到加强。

创造出的无形资产在生产和其他经济活动中的重要性正变得日益明显。从简单的初级产品到书籍和计算机再到汽车,许多最终产品和服务的大部分成本由"创造出的资产"(如R&D、设计、广告、销售和法律工作)组成。现在,发达国家所生产的汽车不到10%的生产成本由劳动成本构成，其他部分则与各种"创造出的资产"有密切的联系。另外，以知识为基础的新产品开发和加工过程的改进是目前激烈竞争的一个重要特征，随着以知识为基础的资源和资产的市场变得越来越开放，拥有这些资产的企业能够被买卖，结果使跨国公司可以利用这些机会获取"创造出的资产"，以加强其在国际市场上的竞争力。同自然资源相比，这些新型的资源可以被东道国创造出来并且被政府影响，其结果是，那些不拥有自然资源的国家仍然可以通过创造跨国公司所需要的区位因素吸引 FDI。

除了"创造出的资产"，东道国还有一些其他区位因素有利于增强 FDI 的竞争力，例如：

（1）聚集经济（Agglomeration Economies）。在知识密集型行业寻求"创造出的资产"的跨国公司，可能被吸引到一国或一个区域内企业群聚集的地方，进行相关活动或专门的技术支持服务。传统的企业群，像瑞士手表行业，主要是国家层次上的，而新的企业群，如科技园区、R&D 联盟和服务支持中心，是以跨国公司的参与为特征的，跨国公司常常被视为这些活动的旗舰企业（Flagship Firms）。出现这种特征的原因是新的企业群一般会产生外在规模经济，例如创造知识和交换非专利保护的知识，相互的学习和面对面的讨论，都有助于增强企业参与竞争的优势。为了从这种外在规模经济中获利，企业必须出现在这种企业聚集的场所。聚集经济一旦出现，跨国公司不仅从中获利而且也可以有助于他们的进一步发展。

外资在区位选择上总是存在着聚集经济效应，它表现为跨国公司总是被吸引到一国或一国内部企业聚集的地方。除了技术和人才等原因，这些外国企业聚集的原因是这个地区的投资环境较好，得到外国投资者的了解和认同。因而在各地引进外资时时常出现外资越多的地区越容易引进外资，外资较少的地区引资越困难。落后地区越想通过外资带动当地经济发展，越难吸引外资。这种"死循环"，迫使落后地区必须针对外资的经营和区位选择等特点，踏踏实实地改善投资环境，以达到吸引外资的目的。

在外商投资企业的集聚研究方面，海德（Head，1995）等分析了1980年以来751家日本制造企业在美国的区位分布，发现处于同行业的企业往往会选择集中在一个地区或相近的地区内以取得外部效应，这种集聚效应的经济性主要体现在企业间的技术溢出、专业化的人力资本共享和中间投入品供应的外部性；富纳尔（Flyer，2000）等认为竞争力较差的外商投资企业往往会选择聚集分布，而具有较好技术、人力资源、培训计划的企业为了防止竞争优势的丧失，往往并不愿意采取聚集分布战略。

（2）基础设施。基础设施包括高质量的电信系统和可靠的运输系统，尤其是那些仅仅是生产系统中一个环节的子公司或者区域的总部，特别需要这些条件作为支撑。

（3）广泛的资源。在国际生产一体化中，生产过程和生产活动分配在各个专门化的外国子公司，它们在东道国寻求的资源范围很广泛。不仅包括自然资源、低成本劳动力和工程技能等资源，而且包括会计、法律服务、采购和营销、融资和 R&D 能力等资源。跨国公司一体化的战略不再局限于一种资源，而是整个价值链受制于跨国垂直一体化。为了吸引更广泛的跨国公司的活动，需要为这种活动提供相应广泛的资源。

总之，跨国公司为了增强企业创造资产的能力，努力寻求"创造出的资产"和聚集经济等区位优势，因此，东道国政府可以制定相关政策促使本国或某一地区形成跨国公司需要的区位条件，有效地吸引外资。例如，政府可以制定加强创新体制和鼓励技术传播的政策，支持企业群的发展，改善基础设施，鼓励国内外企业之间合作等政策。

二、外资进入与东道国的区位因素

（一）FDI 的动机

1. 利润最大化是 FDI 最主要的动机

外资进入东道国市场的动机是什么呢？凯夫斯（Caves，1974）曾经幽默地说过："似乎没有证据表明跨国企业与国内企业以不同的曲调跳舞。"邓宁（1972）认为"就企业的国外活动而言，其行为将受到和国内经营大致相同目标的影响，以至于不需要关于（投资）动机的特定理论"。邓宁（1971）还认为跨国生产企业的创立只是企业理论的延伸。随着企业的发展，其经营超越当地的地理界线是正常的。原则上，跨国公司对外直接投资的行为，可以按照一般的企业理论进行诠释。把利润最大化作为企业行为最主要的动机已经形成很强烈的共识，而且有关跨国公司投资行为的经验研究也没有提供否认这种观点的依据。只是有的观点认为，虽然跨国公司与一般企业的目标大致相同，但由于跨国公司所面临的市场比国内市场有更大的不完全性，有更高的交易成本，有更大的风险，因此跨国公司一般会比国内企业追求更高的利润水平，更高的销售收入和增长等，并且跨国公司存在与不同于国内市场的特殊环境有关的目标,如分散风险或风险最小化。

斯蒂文(Stevens,1974)对于跨国公司投资物质资产的行为进行了大量的经验研究,其中大多数研究都是建立在利润最大化的模型之上。也有大量的研究是建立在其他目标函数(如增长最大化)之上。根据解释和预测跨国公司投资量的能力来判断,利润最大化模型超过其他的方法。斯蒂文指出,在许多情况下,非利润最大化模型对投资行为的分析仍能按照利润最大化进行解释。值得提出的是,寻求利润最大化只意味着寻求在既定条件下可能实现的最大利润增长,利润最大化并不意味着企业完全了解它所面临的所有选择,并去选择它们所偏好的组合形式。

2. FDI 的具体动机

伍德沃德和罗尔夫(Woodward and Rolfe,1993)认为,事实越来越清楚地表明,以市场为导向的 FDI 和以出口为导向的 FDI 之间确实存在着不同的投资者偏好。因此,对外资进入区位选择的分析应结合 FDI 的不同动机和类型来展开。

对于 FDI 的动机,分类方法很多。巴克利(Buckley,1989)已经把跨国公司进行对外直接投资的战略目标归纳为三类:①市场;②原材料;③降低成本。因此,对外直接投资可以分为市场导向型的 FDI、原材料导向型的 FDI 和效率导向型的 FDI。那些大量拥有原材料的国家在采掘业吸引跨国公司时常常受到多方面法规的制约,并且是跨国公司和东道国政治关系紧张的焦点;市场导向型投资总是瞄准那些规模大、发展迅速的市场和至少拥有一部分高收入者的市场;效率导向型投资是最大限度地寻求便宜的劳动力。

威克利和阿格加沃(Weekly and Aggarwal)提出了几乎相同的动机。他们认为,由市场原因促使的 FDI 通常流向拥有大规模或潜在大规模国内市场的国家。有绝大多数的 FDI 属于这种情况。甚至在东道国国内市场规模不大的情况下,跨国公司为了与对手竞争,采取进入区域市场等企业战略,仍会出现以市场为基础的 FDI。原材料或采掘业的投资是 FDI 的传统领域,为获取原材料,跨国公司、东道国和母国之间产生了激烈的竞争。而降低成本的动机有两个主要的部分,即与劳动力成本差异有关的成本降低以及与税收减让密切相关的成本降低。

克勒格(Clegg,1992)则推断产生企业家活动是 FDI 最重要的决定因素，并且这种企业家活动的特点是技术的变化和市场的增长。格罗斯（Grosse，1980）和一些学者则认为大多数的外国制造商是寻求市场而不是使成本最小化。

邓宁和布鲁尔（Brewer）等把原材料归并到降低成本那一类，从而把跨国公司对外直接投资的动机归纳为两类，然而这一分类法也引起了一些争论。科伊恩（Coyne，1997）认为这种理论上的合并调整虽有价值，但与这种合并有关的实践问题对一些研究将会产生不利的影响。例如，追求原材料和追求降低成本两种动机在投资量、时机、承担的风险、东道国吸引外资的政策等有关变量方面都存在明显的不同。跨国公司降低成本的动机常常与东道国吸引出口导向型外资的愿望相匹配。东道国采取促使跨国公司实现其出口制成品目标的鼓励措施，一般不能提供出口原材料的 FDI 类型。因此，两种动机的合并混淆了两种动机的利益差别，而这种利益差别对某些研究来说是很根本的。

关于技术是否作为基本的战略动机，许多文献进行了阐述。但邓宁认为，在目前和可以预见的未来，技术作为跨国公司寻求 FDI 区位的独立战略动机的潜在含义，仅局限于先进行业和一些被生产需求驱动而追求技术进步和创新的国家。

杨建龙把外商投资者的投资动机分为两类：一类是"收入型"动机，如通过跨国直接投资占领国外市场，确立和扩展垄断地位提高收益水平；另一类是"成本型"动机，如获取低廉的原材料和劳动力，降低生产成本，或回避关税壁垒，降低销售成本，或通过扩大生产规模，获取规模经济的好处等。这两类动机虽然形式不同，所导致的投资行为的特点也有明显区别，但它们最终都是为了提高企业的利润水平。毛蕴诗（2001）定义了主动型、诱发型、追动型投资。主动型投资是由投资主体本身的投资冲动和内部要素引发的。诱发型投资与追动型投资则是由公司之外的环境因素的变化所引发的。诱发型投资包括防御性投资和追随型投资，追动型投资与诱发型投资的区别在于前者所涉及的投资目标是公司的生存空间问题。

主动型投资主要的动机是寻求全球领导、寻求支配地位、寻求高额利润、寻求增长扩展、寻求市场、寻求分散风险、寻求满意利润、寻求要素优势（可以具体分为原材料、低成本、技术、信息、人才和管理技术等）、寻求综合优势等；诱发型主要的动机是寻求均势，而与以上的一些动机有关（排除寻求全球领导和寻求支配地位）；追动型主要是寻求生存，但与寻求分散风险、寻求市场、寻求原材料、寻求低成本和寻求均势有关。在对外直接投资行为的矩阵分析中，这三种不同类型的投资和17种对外直接投资动机，可以组合出 17×3＝51 种对外直接投资模式。不过每种组合的紧密程度存在差异。

总之，一般来说，按照投资者的经营战略和动机可以把 FDI 分为市场导向型、资源导向型、效率导向型、出口导向型等；按照产业类别可以分为第一产业（矿业、农业等部门）的投资、第二产业工业部门的投资、第三产业服务部门的投资。

市场导向型的投资者主要关注东道国的市场规模与人均收入、市场成长、进入区域和全球市场、当地消费者的偏好特征和市场结构等。

资源导向型的投资者主要关注东道国的土地与厂房租用成本，原材料与零部件成本，技术劳动力的可获得性与成本，低成本的非技术人力，重视技术、管理和其他创新性资产，物质基础设施（港口、道路、电力、通信），宏观层面上的创新能力如企业文化、教育水平和环境等。

效率导向型投资者除了关注以上各类要素资源的低成本之外，还注重提高生产率所投入的人力成本和运输、通信等其他投入的成本，区域一体化协议成员国等。

出口导向型投资者关心导致成本降低的所有区位因素。在经济全球化日趋发展的条件下，各国的投资环境大大改善，如关税减让使投资者获得更廉价的进口原材料；又如国民待遇使外国投资者在经济权利方面获得不低于东道国企业的待遇。因而，外国投资者投资区位选择的空间更大了。

不同的经营战略、不同产业的特征使跨国公司对东道国的区位因素有着不同的需求，包括对东道国外资政策不同的评价和反应。通过分析外国投资者对于东道国区位因素的不同反应，可以进一步了解东道国区位因素对外国投资者投资决策的影响。

（二）东道国几种区位经济因素对外资进入的一般作用

1. 自然资源

历史上，跨国公司对外直接投资最重要的动机就是获取东道国的自然资源。在19世纪，欧洲、美国企业的海外直接投资大多都是为了保证矿产品等初级产品供应的可靠性。直到第二次世界大战前夕，FDI 世界存量的 60% 是在自然资源行业。第二次世界大战之后，尤其是 20 世纪六七十

外商直接投资与中国经济增长

年代以来,就主要的投资母国而言,初级产品部门的对外直接投资份额从1970年的25%下降为1990年的11%,20世纪90年代的前半期,德国、日本、英国、美国在这个部门的对外直接投资仅占本国对外直接投资份额的5%,只有法国单独占9%的份额。这种自然资源导向型FDI下降的原因之一是东道国在资本和技术允许的条件下,注重发展本国的采掘业和原材料加工业,或与外国投资者采取合资合作经营或采取非股权安排等方面开发自然资源。

这里需要指出的是,自然资源方面的比较优势通常引起对外贸易而不是FDI。只有资源丰裕的国家因缺少开采资源的资本、技术及出售资源的条件时,才会产生FDI。

2. 市场因素

企业为了发展和保持市场竞争地位需要在国内外获得新市场或增加现有的市场份额,FDI是跨国公司获得国外市场的重要途径。从东道国的区位因素而言,主要包括市场规模和市场的增长潜力。因为大规模的市场能够容纳更多的国内外企业,为企业生产提供规模经济和范围经济,并且东道国的高增长率为企业发展提供了更多的机会,市场的增长总是刺激国内外企业进行投资。

市场规模和市场增长率作为FDI的决定因素同东道国的市场保护程度有密切的联系,东道国政府所实行的高关税和进口配额贸易政策,一方面造成了被保护部门的丰厚利润,另一方面也阻碍了国外产品的进入,因而产生了"绕过关税壁垒"的FDI。这实际上是两次世界大战之间跨国公司投资于发达国家制造业部门的主要原因,也是20世纪六七十年代进口替代工业化战略盛行时期,跨国公司投资于发展中国家制造业部门的主要动机。例如,20世纪80年代中期美国对日本汽车实行自动出口限制,日本汽车生产商为获得美国市场,不得不采取FDI的形式。

区域经济一体化也是促进市场导向型FDI发展的重要原因。区域一体化有助于形成统一市场,实现规模经济。制造业和服务业的公司都按照区域市场,而不是按照严格的国家市场来进行结构调整和增值活动的重构。

对于服务业的跨国公司,东道国市场是非常重要的。因为许多服务是不可贸易的,要求生产和消费同时发生,因此,只有通过在国外建立"商业存在"来传递服务。从理论上看,市场规模和增长潜力成为东道国服务部门FDI的决定因素。但是,当今世界不论是在发达国家还是在发展中国家，对服务部门的直接投资都有严格的限制，影响了服务部门引进外资的数量。

3. 成本或效率因素

除了自然资源和国内市场等因素外，提供低廉的非熟练劳动力是最重要的一个因素。影响跨国公司经营成本的敏感条件之一是区位因素。跨国公司利用发展中国家低廉的劳动力，通过劳动密集型最终产品或在最终产品生产过程的某一阶段密集地使用劳动力，可以达到提高生产效率的目标。弗农（Raymond Vernon）的国际产品生命周期理论提出在产品进入成熟期和衰退期后，应依据比较利益原则将其生产技术转移到发展中国家，选择有比较成本优势的国家投资生产。小岛清（K.Kojima）的比较优势理论也认为应该把边际产业，即一般属于劳动密集型和资源密集型的产业转移到劳动力丰富、价格低廉的国家。

这种类型的FDI开始出现在20世纪60年代，但在经济全球化日益发展的今天，这一类型的FDI得到了进一步的发展。里托尔（Little，1978）发现低廉的劳动力成本是吸引外资的一个重要因素。威尔斯（Wells，1981）认为，以出口为导向的投资需要便宜的劳动力和合理的基础设施、运输和通信设备。奥斯汀（Austin，1990）指出，工资成本是跨国公司把发展中国家纳入其全球计划的非常重要的原因。库玛（Kumar，1994）同意这个观点。罗尔夫和怀特（Rolfe and White，1992）也以加勒比地区出口导向的制造业为研究对象，确认了一个国家的基础设施和工资是影响出口导向FDI的决定因素。

伍德沃德和罗尔夫（Woodward and Rolfe，1993）则认为许多发展中国家都有较低的工资成本，实际工资成本不一定是外资进入的重要因素。格里克曼等（Glickman，1987）的研究结果却显示劳动力成本的差异对外资企业的雇佣决策并无确定性的影响。

4. 其他因素

除了自然资源、市场因素和廉价劳动力之外，还有一些区位因素会对FDI产生影响。

（1）知识产权保护的力度对外商投资决策的影响。有观点认为，在FDI的区位选择中，东道国较完善的知识产权保护体系可以使跨国公司不再担心当地企业窃取其科技成果。假冒伪劣泛滥，侵犯知识产权盛行，使得外商投资高新技术项目、转让先进技术和生产尖端产品的积极性大大降低,甚至出现外商为避免被侵权而转移到别的国家生产再向原东道国出口的现象。这不利于通过外资引进先进技术,降低了外商投资的规模和水平,因此对知识产权的保护有利于吸引外国直接投资。

但是也有观点认为,没有证据表明对知识产权强有力的保护会推动外商直接投资。尤特索斯(Uaitsos, 1972)指出,实际上,专利保护经常被用来作为外国直接投资的替代品,而且知识产权保护体制只是外商直接投资决策中许多考虑的因素之一,并且是一个较不重要的因素,所以,提供强有力的知识产权保护对外国直接投资没有什么影响(Bronckers, 1994; Primo Braga, 1996)。施夫(Schiff, 1971)通过瑞士的历史案例(如食品加工工业)告诉我们,没有专利法是刺激投资的主要原因。联合国发展计划署(UNDP, 1999)研究了流向加拿大和意大利的外国直接投资后做出了相似的论断。所有这些都说明,外国直接投资与知识产权保护没有直接联系。

(2)汇率因素。实证分析表明对国外企业的并购与国际金融市场的汇率变动有着紧密的联系。当东道国货币贬值时,将提高本地企业的融资成本,降低外资企业的融资成本。

(3)种族和文化在FDI的区位选择中起着重要的作用。外资进入与历史和文化等因素有关。一些跨国公司对某些区位较其他区位有着一种自然的偏好,某个区位可能是大家互相竞争而偏好的区位,而其他的区位则可能不被重视。例如,海外华人跨国公司在中国进行大量的投资,西班牙跨国公司主要在拉美投资,而法国资本选择在越南等前殖民地投资。

在文化差异方面,一般而言,跨国企业倾向投资于与本国文化差异较小的国家和地区。文化差异反映在风俗习惯、宗教信仰和生活方式等方面,它不仅影响东道国消费者的消费偏好,而且直接影响跨国企业的内部管理(诸如使用何种语言进行交流和通信等)。

温格勒斯(Venglers, 1991)采用语言变量表示文化相关性,并发现该变量是影响外商直接投资在经济合作发展组织国家(OECD)内部分布的最重要的因素之一。事实上,各国在对外直接投资的决策中,对于东道国区位因素的要求是多元的并且存在差异。例如日本对于中国的区位因素就比较注重以下几个方面的条件:①市场规模的大小(陆、海运);②具有优秀的零部件供应商;③有一定规模和销售渠道的国有企业;④有较高素质的就业队伍(技术人员、管理人员);⑤优良的生活环境(安全、住房、交通、医疗、教育、休闲）；⑥开发区的综合服务等。从这些因素来看，日本对中国区位越来越看重一些非自然资源和廉价劳动力的区位因素。

布罗德曼和孙（Broadman and Sun，1997）运用1992年底的资料分析了GNP、劳动力成本、基础设施、识字率和沿海位置对外资在中国各省市、自治区分布的影响，发现除劳动力成本外，其他因素在统计上均显著。

陈（Chen，1996）的研究将中国细分为东、中、西三个地区，结果发现：外资偏爱西部资源，远离东、中部中国工业技术发源地，工资与外资分布无关，市场容量对中部地区影响较大，区位交通因素较重要等。鲁明泓（1994，1997，1999）对我国的外商直接投资区位选择的研究较为系统。他运用我国相关各期的数据评价了中国29个省市、自治区和45个城市的投资环境，发现GDP、市场化水平、劳动力成本、制度因素等与各地吸收外商直接投资显著相关。

张长春（2002）在国别分析中发现，影响一个国家利用FDI的主要因素有四个，即由这个国家总人口和GDP总量代表的市场规模、百万人口以上城市人口占总人口比重代表的城市化水平、盈利机会和偿还外债能力等。

其中，现实和潜在的市场容量是FDI流向不同国家的主要决定因素，而表示市场规模的GDP、总人口影响FDI的显著程度都很高。百万人口城市的人口比重也能够反映现实的市场规模的大小，因为各国FDI一般集中在第二和第三产业，而这些产品和服务的市场集中在大中城市。

盈利机会大小是FDI流向不同国家的重要诱因。社会经济满意度主要反映外资的盈利机会。偿还外债的能力是决定FDI流向不同国家和地区的重要因素，回避外债危机是外资安全计划的重要部分。偿债率、负债率和债务率三项指标经常被用来衡量一国的外债风险大小。在此研究中，负债率和债务率并没有进入最终的影响因素，原因可能是投资者更看重一个国家偿还外债的能力，外债余额的多少并不是主要的考虑因素。

总之，就区位因素对于外资进入的作用而言，如果东道国能够向外国企业提供它正在寻求的环境（各种因素），那么东道国处于吸引外资的有利地位。

三、我国吸引FDI的区位优势

改革开放以来，我国引进外资取得了举世瞩目的成就，已连续多年成为吸引外资最多的发展中国家。发达国家对华直接投资的动机与我国具有的区位优势密切相关。日本经济企划厅下属综合研究开发机构（简称NIRA）曾于1994年7月至1997年8月间通过问卷调查、实地考察、个别采访等方式，对在华日资企业到中国进行直接投资的动机进行了调查。调查结果表明，在被调查日资企业中，有36.1%的企业把"中国市场有吸引力"作为到中国投资的第一理由；有21.1%的企业把"寻求低廉劳动力"作为第一理由；有17.3%的企业把"建立出口加工基地"作为第一理由。把以上三个理由作为首要投资动机的日资企业占被调查企业总数的74.5%。另外，有8.3%的企业把"董事长和总经理的决策"作为第一理由，恐怕真正的理由还是促使这些企业经营者做出投资决策的经济动机。如果考虑到这个因素，以上述理由为主要对华投资动机的企业比重至少在80%以上。

我国吸收外商直接投资的区位优势主要体现在以下几个方面：

（一）中国在自然资源、市场容量、劳动力数量与成本方面具有较大优势

中国地大物博，自然资源丰富，对美、日、德等发达国家来说极具吸引力。经过30年的改革开放，中国经济连续高速增长，人民生活水平普遍提高，中国成为亚洲乃至世界经济最活跃的国家之一。中国有13亿多人口，有着巨大的消费潜力市场。在过去的十几年里，中国经济建设的规模越来越大，消费者购买力随之迅速提高，市场也更加活跃。虽然中国的人均GDP还很低，但其经济的迅速发展和购买力的持续增长使中国对市场导向型直接投资具有很强的吸引力，特别是对于基础化学、饮料、家用电器、汽车、电子和医药产业等。随着经济的发展，中国巨大的市场潜力正在释放出来，而以直接投资的方式进入中国是有效地抢占市场份额的方式，很多跨国公司正基于对中国发展前景的判断制定了在华长远投资战略。比如美国百事可乐公司认为，未来中国经济"尤其是消费品方面的增长将会是非常快速的，愿意积极在业务上做长线投资的公司将会是最后胜利者"。

对于劳动密集的出口加工业而言，劳动力数量和成本是区位优势判断中一个较为重要的因素，那些到中国投资出口加工项目的外商，正是看中了中国拥有大量廉价劳动力的优势。根据"促进国民收入学说"理论，从动态角度看，外国投资会使收入分配有利于劳动力这一要素，从而提高劳

动力价格，使东道国丧失廉价劳动力这一优势。从国际实践看，亚洲"四小龙"在20世纪60~70年代吸引了大量劳动力密集型的出口加工业，但随着经济的发展，劳动力成本上升，出口加工业难以生存，只好向具有廉价劳动力优势的东南亚国家和中国转移。而中国的国情有所不同，中国不仅城市人口富余，由于中国有广大的农村，有9亿农民，并存在着显著的城乡二元经济结构，农村劳动力大量向工业转移将是一个相当漫长的过程。在这一过程中，根据刘易斯理论，劳动力供给的价格弹性在一定区间内接近无限大。因此，中国将在相当长的时期内拥有廉价劳动力的优势。但是，中国劳动力质量却存在较大问题，虽然中国已经实行了九年制义务教育，劳动力有相对较高的素质，但无论是普通工人还是高级管理人员，仍然均与发达国家对华投资企业要求不相适应。高素质的人力资源是隐含在集聚经济效应的工业化水平之中的，是比廉价劳动力更为重要的因素。上海之所以能吸引众多跨国公司，就是因为上海相对内地具有人力资源方面的优势。但与跨国公司的要求相比，全国乃至上海的人力资源仍显不足。许多跨国大公司踏破铁鞋也找不到合适人选，只好雇用外籍员工。这样不但有文化障碍，而且成本很高。因此，大力投资人力资源的开发，全面提高劳动者的素质，是吸引外资最重要的手段之一。

（二）中国经济体制环境发生了深刻变化，经济高速增长且发展前景良好

1992年以来，中国把建立市场经济体制作为改革的目标模式，增加了外商对中国经济体制环境的可信度，外国资本是以市场经济体制为其营运增值的前提条件的，中国市场化的改革使外商在中国进行直接投资的安全性和盈利性有了政策体制上的保证。

中国在全球经济明显衰退的情况下，经济依然保持良好发展态势。近年来中国经济一直保持较高增长速度，1999年经济增速为7.1%，2000年为7.5%。2001年国内生产总值达到95933亿元，比1989年增长近两倍，年均增长9.3%，经济总量居世界第六位。2008年，最然受到罕见的特大自然灾害和国际金融危机的不利影响，我国国民经济总体仍然呈现增长较快、价格回稳、结构优化、民生改善的发展态势。国内生产总值300670亿元，比上年增长9.0%。经济的高速增长是吸引外商直接投资的一大优势，因为它可以对本国和外国投资者提供快速扩展的巨大市场。如从

1992年开始,跨国公司竞相来华投资,使中国吸引外资迭创高潮。2007年实际外商直接投资较上年增长13.8%,达826.58亿美元,创下了中国历来FDI的最高纪录,2008年全年实际外商直接投资金额为923.95亿美元,较上年增长23.6%,又创下了中国历来FDI的最高纪录。当然,中国作为一个发展中国家,总体经济发展水平还比较低,而经济发展落后仍然是制约投资效益的重要因素,尤其是对集聚经济效应有负面影响。集聚经济效应是区位选择中的重要因素,因为集聚效应能使跨国投资企业显著降低运输成本和信息成本,方便地找到各类特殊商品的当地供应商,从而创造出更大的投资效益。中国工业化水平不高,而在这方面存在的不足在一定程度上抵消了它在其他方面的区位优势。

(三) 中国基础设施有了显著改善,外商反映普遍良好

基础设施是集聚经济效应的重要方面。作为投资硬环境的基础设施,如交通运输、水电、通信等方面的建设,中国在过去的20年里有了长足的进步,得到显著改善,基础设施方面和硬件条件基本能满足中国经济发展的需要,外商反映普遍较好。但是,中国地域辽阔,各地区发展不平衡的问题较为突出。与东部沿海地区相比,中西部内陆地区的基础设施仍然较差,这就是尽管中西部有更为廉价的劳动力,但外资企业仍然大部分集中在东部沿海地区的重要原因。

日本投资机构自1990年开始每隔两年就日本企业对华投资存在的主要问题实施一次问卷调查。从调查结果来看,20世纪90年代以来,对基础设施不满意的日本企业相对有所减少,"基础设施不完备"(如停电、安装电话难等)的问题已经逐步退居次要地位,这说明我国的基础设施有了明显改善。

(四) 中国政治经济形势稳定,是吸收外商直接投资的有利外部条件

近20年来,我国政治经济形势稳定,这是吸收外商直接投资的有利外部条件。特别是由于美国受"9·11"事件的影响,本已显现疲态的经济遭受沉重打击,世界主要发达国家的证券、期货市场低迷,大量资金很可能外流,导致国际资本的重新分配。"9·11"恐怖事件很可能使许多投资者对美国投资采取观望态度。全球第二大管理咨询公司A.T.科尔尼公司选择

全球最大的1000家公司的1500名企业主管进行调查，这1000家大公司的对外直接投资占了全球对外直接投资流量的70%。2002年9月份公布的调查结果表明，1/3的受访企业主管表示中国是他们在未来三年内最希望投资的地方，这是对美国市场表达同样意愿的人数的三倍，即中国已经超过美国成为全球跨国公司最受欢迎的投资地。从1998年此项调查开始以来，美国首次从第一位被挤到第二位。另外，在2002年度跨国直接投资信心指数调查结果中，中国成为得分最高的国家。在国际经济一体化的背景下，跨国公司的资金和资本必然要按规律流动。他们在寻找风险最低、收益最高的场所，即使在国际经济不景气和冲突点增多的时期也是如此。美国被袭之后，其整体的市场环境和投资环境都受到很大影响。据此估计，中国将在相当长的时间里继续保持和加强跨国公司重要投资热点的地位，因为"9·11"事件使得中国内地的投资价值和安全价值迅速看涨，很多人都把中国视为恐怖时代的安全港湾。

美国经济不景气、欧洲经济陷入困境、日本经济持续低迷、东南亚国家经济动荡的情况对我国扩大吸引外资比较有利。那些原本对中国有着疑虑的国际跨国大公司在其他选择机会减少的情况下开始试探性地到中国来投资，而已经开始到中国投资的国际大公司更加快了投资的步伐。比如不少日本企业对当初对华投资时的犹豫不决追悔莫及，相继出台"中国战略"，加大对中国的投资力度，力争在中国市场这块大蛋糕中争取更多的份额。有的日本企业甚至提出要在10年后将其公司总部迁至中国。日本经济界认为，日本企业是在以"搭乘中国车"来摆脱日本经济的不景气。

（五）中国投资保护与促进政策

1. 投资保护

自1979年开始对外开放以来，中国从未发生过征用外国投资的案例，事实上，中国合资经营企业法禁止国有化。许多投资纠纷多通过协商和调解解决，但地方政府在某些时候仍具有相当大的影响力。

1999年生效的《合同法》也具有保护外商直接投资的功能，并主要影响中国和外国公司如何在中国市场上履行各自的义务。该法的宗旨是保护所有参与者的法律权利，同时也允许它们自行选择解决争端和合同违约的方式，并鼓励外国投资。此《合同法》被认为是在司法程序和法律透明度上迈出了正确一步。

2. 投资促进

1992年邓小平南方讲话，使中国开始了从部分地区向全国范围实行对外商直接投资开放政策的转变。中国政府实行了一系列新的政策来鼓励外商直接投资流入。随后，政府又引入和扩展了不同的投资促进政策。

深圳、汕头、珠海、厦门和海南5个经济特区，14个沿海开放城市，数十个发展地区和指定的内陆城市都实施了一系列税收刺激政策来促进投资。政府还建立了许多自由港和保税区。有些收益和激励措施是外国投资者通过与相关政府部门直接谈判之后获得的，有些优惠政策投资者则不能自动获得。这些有效的激励包括国家和地区收入所得税、土地费用、进口和出口税的减免以及在获得基础设施服务时的优先待遇。中国政府还为一些项目，如高技术和出口导向型投资建立了特殊的优先政策。优先发展的部门主要包括运输、通信、能源、冶金、建筑材料、机械、化学制品、药品、医疗设备、环境保护和电子产业等。作为最有效的投资促进政策之一，税率激励对吸引跨国公司直接投资非常有效。1980~1993年，中国国内普遍使用税率激励政策，包括所得税减免、进口设备和建筑材料的关税减免等。虽然1994年中国统一了国内企业和外资企业的税收体系，但是外资企业仍获得两年免税和三年返税的优惠，并且延长了免除关税的时间。另外，在一些特殊部门和产业中外来投资者还可获得优惠待遇。

为鼓励外资企业的利润再投资，中国为外商直接投资提供了40%的所得税返还，条件是利润被再次投资于中国至少五年。如果利润再投资于高技术或出口导向型产业，外国投资者将获得全部返还。很多投资于中国的跨国公司都采取新的战略计划，即将利润用于再投资，以获得增长和扩张。国家税务总局也正在统一外国和本国的企业所得税法。一些行政管理的程序工作诸如收缴、评估报税等都得到了改进。

英中贸易协会主席查尔斯·鲍威尔勋爵在2002年9月厦门举行的第六届中国投资贸易洽谈会"2002国际投资论坛"上的演讲中指出："为什么人们选择在英国投资呢？因为英国是个稳定的国家，我们有强有力的法治，我们为外商提供最简便的投资申办手续，我们的市场比其他任何欧洲国家都要开放，同时，我们的劳动力成本低，对待外商和国内商人一视同仁。"目前中国的情形也正是如此，较高的经济增长速度表明国内市场不断扩张，再加上其稳定的政治和社会环境为外国投资者到中国投资起了正面的促进作用，故而中国被国际投资者誉为低风险、高收益的经济"安全岛"。联合国贸易会议曾经指出，发展中国家吸引外国直接投资的三个决定性因素是市场、资源（资金）和投资效益。9%以上的经济稳定增长，十几亿人口的庞大消费市场，加上低廉的劳动力、较高的投资回报率，所有这一切已使中国成为世界上最具投资吸引力的国家之一。

第四章 外商对华直接投资的阶段、方式及特征

第一节 外商对华直接投资的发展阶段

1979年9月,中国签订了第一家外商对华直接投资协议,1980年5月,第一家中外合资企业——北京航空食品有限公司在中国大陆版图上诞生,这一切标志着外商对华直接投资迈出了具有历史意义的第一步。此后,外商对华直接投资得到了迅猛的发展,截至2008年底,中国累计批准外商投资项目659800个,实际利用外资金额8554.72亿美元,已连续

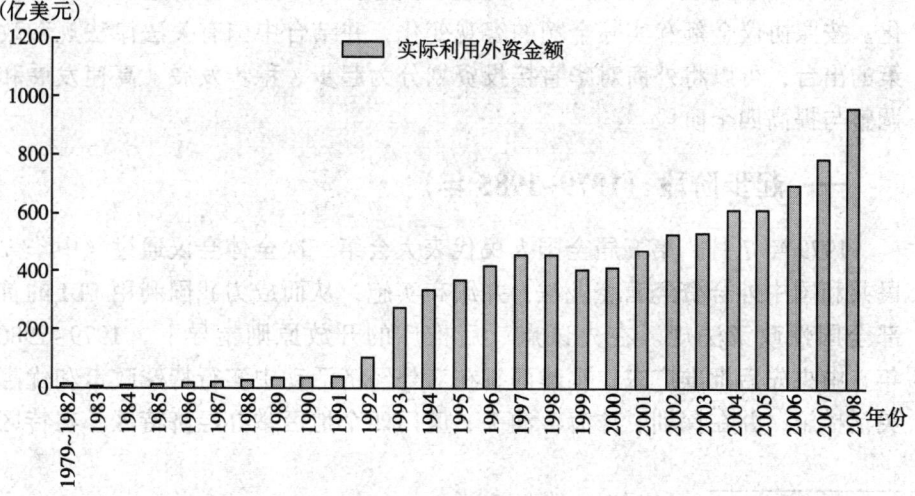

图4-1 1979~2008年外商对华实际投资金额

资料来源:国家统计局:《中国外资统计》(2008),中国统计出版社2009年版,第270页;http://www.fdi.gov.cn。

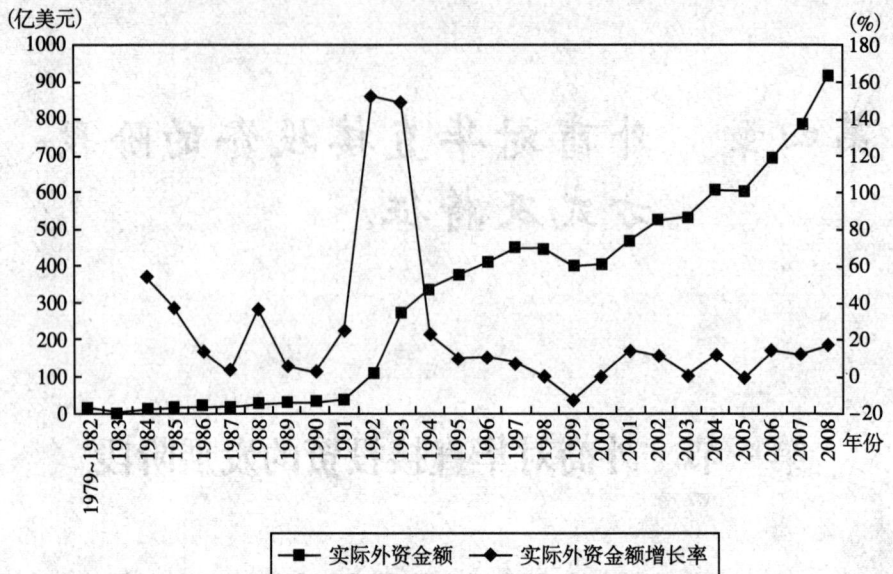

图 4-2 1979~2008 年外商对华实际投资金额及增长率

资料来源：国家统计局：《中国外资统计》（2008），中国统计出版社 2009 年版，第 270 页；http://www.fdi.gov.cn。

16 年成为吸引外资最多的发展中国家。①

改革开放历经 30 个春秋，外商对华直接投资流入量发生了巨大的变化。按照协议金额和实际金额的客观变化，并结合中国有关法律法规和政策的出台，可以将外商对华直接投资划分为起步、稳步发展、高速发展和调整与提高四个阶段。

一、起步阶段（1979~1985 年）

1979 年 7 月，第五届全国人民代表大会第二次全体会议通过《中华人民共和国中外合资经营企业法》并颁布实施，从而成为我国利用 FDI 的首部全国性政策法规。在先试点、后推广的开放原则指导下，1979~1980 年，中央先后批准广东、福建两省在对外经济活动中实行特殊政策和优惠灵活措施，并在深圳、珠海、汕头、厦门四个地区举办经济特区，在特区

---

① 国家统计局：《中国外资统计》（2008），中国统计出版社 2009 年版，第 270 页；http://www.fdi.gov.cn。

内实行特殊优惠政策吸引 FDI。至此，我国利用 FDI 工作开始步入探索和起步阶段，外商对华直接投资开始启动。1983 年 5 月，国务院召开了第一次全国利用外资工作会议，总结了利用外资的初步经验，决定进一步放宽引资政策，扩大探索和试点范围。随后又开放了上海、天津、大连、青岛、广州等 14 个沿海港口城市，并将长江三角洲、珠江三角洲和闽南厦（门）漳（州）泉（州）三角地区确定为沿海开放地区，将引进外资的优惠政策进一步扩大到这些城市和地区。同期，全国人大和有关部门还颁布了《中外合资经营企业所得税法》、《涉外经济合同法》等一系列法律、法规和政策。这些法律、法规和政策的实施，对于改善投资环境、吸引外国投资者起到了重要的促进作用。

表 4-1　　　　　　　中国引进 FDI 状况（1979~1985）

单位：个、亿美元

年　份	项目数	合同外资金额	实际引进外资金额
1979~1982	920	49.58	17.69
1983	638	19.17	9.16
1984	2166	28.75	14.19
1985	3073	63.33	19.56
合计	6797	160.83	60.60

资料来源：国家统计局：《中国外资统计》（2004），中国统计出版社2005年版。

但是，由于 20 世纪 70 年代末 80 年代初正值我国实行改革开放的初期，国内经济尚处于恢复阶段，经济发展水平比较低，投资环境不很理想，而且在利用外资上也处于起步和探索阶段，缺乏引资经验，因此，1979~1985 年的外资利用规模不大，基本上处于起步状态。据外经贸部统计，这一期间全国签订利用 FDI 项目数只有 6797 项，年均 971 项；合同外资金额 160.83 亿美元，年均 22.98 亿美元；实际利用外资金额 60.6 亿美元，年均 8.66 亿美元。在这一阶段，在外资来源上主要为港澳地区，来自发达国家的直接投资基本上以美国为主，其他国家和地区的直接投资很少；外商投资部门主要集中于劳动密集型加工业和宾馆酒店等服务业；资金的地区流向也主要集中在广东、福建两省和沿海开放城市，进入内地的项目和资金很少。

二、稳步发展阶段（1986~1991年）

经过第一阶段的探索之后，我国利用外资工作在 1986~1991 年进入全面推进阶段。在此期间，我国的外资政策及其他相关政策不断完善，投资环境也有了很大改善。从 1986 年起，全国人大和有关部门先后颁布了《中华人民共和国外商投资企业法》（1986 年 4 月）、《关于鼓励外商投资的规定》（1986 年 10 月）、《中华人民共和国中外合作企业法》（1988 年 4 月）、《关于鼓励台湾同胞投资的规定》（1988 年 7 月）和《关于鼓励海外侨胞和港澳同胞投资的规定》（1990 年 9 月）等一系列法律和法规。1987 年 12 月，国家有关部门规定了指导外商投资方向的有关规定，旨在改善 FDI 的产业结构。1988 年中国将沿海经济开放区进一步扩展到辽东半岛、山东半岛和其他沿海的一些市县，成立海南省和设立海南经济特区。1990 年国务院决定开放上海浦东新区。在完善法律法规体系和进一步提高开放度的同时，中国还加快了交通、能源、通信等基础设施的建设步伐，进一步改善投资硬环境。

投资环境的改善，有力地促进了中国引进 FDI 的发展。由表 4-2 可以看出，这一期间全国签订利用 FDI 项目 35706 项，年均 5951 项，是第一阶段的 6.13 倍；合同外资金额 365.09 亿美元，年均 60.85 亿美元，是第一阶段的 2.65 倍；实际引进外资金额 189.98 亿美元，年均 31.66 亿美元，是第一阶段的 3.66 倍。在这一阶段，我国利用 FDI 的产业结构有了明显的改善，外商对生产性项目和产品出口企业投资大幅度增加，对旅游服务项目投资减少。FDI 的地区分布有所扩大，除沿海地区外，一些内陆地区

表 4-2　　　　　　　　中国引进 FDI 状况（1986~1991）

单位：个，亿美元

年　份	项目数	合同外资金额	实际引进外资金额
1986	1498	33.30	22.44
1987	2233	37.09	23.14
1988	5945	52.97	31.94
1989	5779	56.00	33.93
1990	7273	65.96	34.87
1991	12978	119.77	43.66
合计	35706	365.09	189.98

资料来源：国家统计局：《中国外资统计》（2004），中国统计出版社 2005 年版。

也开始引进外资。从投资来源地来看,这一阶段仍主要为香港、澳门两个地区,台商也开始对内地进行投资,且规模逐年扩大,1991年,台商对内地的直接投资已达4.66亿美元,占当年FDI总额的10.67%。①

三、高速发展阶段(1992~1995年)

以邓小平同志1992年初南方谈话和党的十四大决定建立社会主义市场经济体制为标志,我国利用FDI政策进入全面深化阶段。特别是从1993年起,中国连续数年成为仅次于美国的第二大东道国。在这一阶段,中国的改革开放程度日益加深、投资环境不断完善,主要表现在三个方面。

第一,进一步完善引进FDI的法律体系。到1991年底,中国已颁布了100多项关于引进FDI的法律、法规和政策。在此基础上,中国有关部门又颁布了投资环境、外资企业注册登记、外汇管理和进出口管理等方面的一系列法律、法规和政策,还与许多国家签订了双边投资保证协议和避免双重征税规定,使引进FDI的法律体系进一步完善。特别重要的是,外经贸部于1995年9月颁布了《中华人民共和国合作经营企业法实施细则》及其相关法律文件。至此,中国关于引进FDI的"三项基本法"(《中华人民共和国中外合资经营企业法》、《中华人民共和国中外合作经营企业法》和《中华人民共和国外商投资企业法》)得到了完善与细化。

与此同时,对外资企业的基本态度开始由"次国民待遇"、"超国民待遇"向"国民待遇"标准过渡。1992年颁布的《中华人民共和国税收征收管理法》,统一了对内税收与涉外税收的征管制度;1994年进行的全面税制改革统一了流转税制,使内资企业与外资企业适用统一的增值税、消费税和营业税暂行条例,废止了原仅适用于外资企业的工商统一税条例;1995年底公布的《中共中央关于制定国民经济和社会发展"九五"计划和2010年远景目标的建议》中,正式提出了对外商投资企业逐步实行国民待遇的政策目标。

第二,进一步扩大对外开放领域和地区。从1992年起,曾被禁止外资进入的商业、金融、保险、航空、律师和会计等行业允许进行试点,曾被限制外资进入的土地开发、房地产、宾馆、信息咨询逐步开放。1992年8月,首先选择国内商业零售业作为引进FDI的试点行业,确定北京、

---

① 国家统计局:《中国统计年鉴》(1992),中国统计出版社1993年版,第457页。

上海、天津、广州、大连和青岛6个城市和5个经济特区各试办1~2家中外合营商业零售企业。中国在服务业引进FDI的试点工作在1994年达到高潮。外经贸部等有关部门先后颁布了《关于外商投资民用航空业有关政策的通知》(1994年5月)、《关于设立外商投资广告企业的若干规定》(1994年11月)、《外商投资国际货物运输代理企业审批规定》(1995年2月)、《关于外商投资举办投资性公司的暂行规定》(1995年4月)、《关于在计算机软件业设立外商投资企业执行〈外商企业产业指导目录〉的通知》(1995年12月)、《关于外国轮船公司在华设立独资船务公司有关问题的通知》(1995年12月)等一系列法规和政策,为服务业扩大引进FDI规模提供了重要的法律保障。

1992年春,除对沿海地区实行更为开放的政策外,中国政府还将对外开放的区域进一步扩大:一是沿江开放,即沿长江的重庆、武汉等港口城市实行沿海开放城市的政策;二是沿边开放,即黑河、满洲里等14个内陆边境城市对外开放,设立边境经济区;三是内地省会城市开放,即合肥、南昌等18个省会(自治区首府)确立为开放城市,实行与沿海开放城市相同的政策。

第三,进一步强化产业政策导向。为了引导FDI的流向,国家计委、国家经贸委和外经贸部于1995年6月联合发布了新的《指导外商投资方向暂行规定》和《外商投资产业指导目录》,重新划分了对FDI实行鼓励、限制和禁止政策的产业范围,并制定了相应的配套措施和政策。该文件明确规定:对于投在基础设施、某些基础产业、资金与技术密集型产业等项目上的FDI,在减免税收、土地使用和国内配套资金等方面实行特殊优惠政策;对于投在一般制造业和改造现有企业、其产品能弥补国内生产能力不足项目上的FDI,予以适当优惠;对于投在其他项目上的FDI,则实行国民待遇。

表4-3 中国引进FDI状况(1992~1995)

单位:个,亿美元

年 份	项目数	合同外资金额	实际引进外资金额
1992	48764	581.24	110.08
1993	83437	1114.36	275.15
1994	47549	826.8	337.67
1995	37011	912.82	375.21
合计	216761	3435.22	1098.11

资料来源:国家统计局:《中国外资统计》(2004),中国统计出版社2005年版。

对外开放程度的提高与投资环境的改善，为 FDI 的大规模涌入奠定了坚实的基础。由表 4-3 可以看出，1992~1995 年，进入我国的 FDI 高速增长，规模空前扩大，这一期间全国签订利用 FDI 项目 216761 项，年均 54190 项，是第二阶段的 9.11 倍；合同外资金额 3435.22 亿美元，年均 858.81 亿美元，是第二阶段的 14.11 倍；实际利用外资金额 1098.11 亿美元，年均 274.53 亿美元，是第二阶段的 8.67 倍。

在 FDI 规模迅速扩大的同时，这一阶段外商对华直接投资呈现出一些新特点。首先，这一阶段的项目规模较前一阶段明显扩大。1986~1991 年，外商对华直接投资的平均项目规模仅为 102 万美元，而这一阶段平均项目规模增至 158 万元。其次，外商独资企业发展迅速，形成了合资、合作和独资三种方式并重的格局。第一阶段，外商独资企业很少，1986 年新签 FDI 项目中，属外商独资的只有 18 项，仅占当年 FDI 项目总数的 1%。第二阶段，新签 FDI 项目中，外商独资的项目也仅占 18%，而第三阶段，外商独资项目所占比重则达到 24%，上升了 6 个百分点。① 再次，以美国为主的一些主要发达国家的跨国公司纷纷进入中国市场从事直接投资和生产经营活动，FDI 的地区来源进一步多元化。1992 年以前，我国的 FDI 主要来源于港、澳、台地区，1992~1995 年，来自美国、英国、日本、德国、法国、意大利等主要发达国家的 FDI 达 201.8 亿美元，相当于这一时期我国实际利用 FDI 总额的 18.4%，大大高于前两个阶段。② 最后，这一阶段外商对我国服务业投资的力度明显加大，投资的产业结构呈现高级化发展趋势。1979~1991 年，外商对第一、第二、第三产业的投资占外商对华直接投资总额的比重分别为 2.2%、75.4% 和 22.4%，1992~1995 年，三次产业所占比重则分别变为 1.8%、58.8% 和 39.4%，外商对我国服务业投资所占比重迅速上升。③

四、调整与提高阶段（1996 年至今）

从 1996 年起，中国引进 FDI 的重点开始由注重数量扩张转向注重质量提高。为实现这一转变，中国关于 FDI 的政策也作了相应的调整，具体

---

① 根据《中国统计年鉴》（1987~1996）相关数据整理计算。
② 根据《中国统计年鉴》（1993~1996）相关数据整理计算。
③ 根据《中国统计年鉴》相关年份数据整理计算。

表现在以下几个方面：

第一，扩大投资领域。为了吸引更多高质量的 FDI，中国进一步扩大了对外资开放的领域，允许外国投资者在金融、保险、商业、外贸、运输、医疗、教育、电信以及各类中介机构等领域进行投资。

第二，鼓励外资企业在华设立研究与开发机构。对于外国投资者在中国境内设立的研究与开发中心，在总投资额内进口国内不能生产或性能不能满足需要的自用设备及其配套的技术、配件等，给予免征进口关税和进口环节税，对其转让技术免征营业税。

第三，强化产业政策导向。国家计委、国家经贸委和外经贸部于1997年12月联合发布了经过修订的《外商投资产业指导目录》，重新划分了对FDI实行鼓励、限制和禁止政策的产业范围。新目录的主要内容为：重点鼓励外资投向农业、高新技术产业、基础工业、基础设施、环保产业和出口创汇产业；积极引导外资投向传统产业和老工业基地的技术改造；继续发展符合中国产业政策的劳动密集型项目和以出口为导向的加工贸易项目；严格禁止危害国家安全或损害社会公众利益、污染环境和破坏生态平衡的项目。①

第四，对外资企业逐步实行国民待遇。为促进外资企业与国内企业的公平竞争，从1996年4月1日起，对新批准设立的外资企业投资总额内进口的设备、自用原材料一律按法定税率征收关税和进口环节税，同期经济特区也取消了外资企业投资品进口关税减免优惠。

第五，鼓励外资参与西部大开发。从2000年3月国务院西部大开发领导小组办公室成立以来，有关部门先后颁布了一系列鼓励外资投向西部的优惠政策，主要表现为扩大外资的投资领域和实行税收优惠政策。截至2006年底，西部地区设立外商投资项目数、合同外资金额和实际利用外资金额分别为36902家、779.81亿美元、299.35亿美元，占全国吸收外商投资企业总数、合同外资总额和实际使用外资总额的比重分别为6.21%、5.27%和4.37%。2006年，西部地区新批准设立外商投资项目数、合同外资金额和实际利用外资金额分别为1851家、100.91亿美元、21.77亿美元，占全国外商投资企业总数、合同外资总额和实际使用外资总额的比重，分别比2005年上升了0.35个百分点、1.4个百分点和0.23个百分点。

---

① 转引自李东阳：《国际直接投资与经济发展》，经济科学出版社2002年版，第245页。

第四章 外商对华直接投资的阶段、方式及特征

表 4-4　　　　　　　　中国引进 FDI 状况（1996 年至今）

单位：个，亿美元

年份	项目数	合同外资金额	实际引进外资金额
1996	24556	732.76	417.26
1997	21001	510.03	452.57
1998	19799	521.02	454.63
1999	16918	412.23	403.19
2000	22347	623.80	407.15
2001	26140	691.95	468.78
2002	34171	827.68	527.43
2003	41081	1150.70	535.05
2004	43664	1534.79	606.3
2005	44001	1890.65	603.25
2006	41485	2001.74	694.68
2007	37892	—	747.68
2008	27514	—	923.95
合计	400569	10897.35*	7241.92

注：* 截至 2006 年。

资料来源：国家统计局：《中国外资统计》(2007)，中国统计出版社 2008 年版；http://www.fdi.gov.cn/pub/FDI/wztj/t20090122_101095.htm。

由表 4-4 可以看出，1996~2008 年，全国共签订利用 FDI 项目 400569 项，年均 30813 项；实际利用外资金额 7241.92 亿美元，年均 557.07 亿美元。

在这一阶段，中国引进 FDI 呈现如下基本特征：资金到位率大大提高；世界最大的 500 家跨国公司中有 490 多家已在中国设立分支机构，FDI 的质量明显提高；FDI 在中国的地区分布趋向合理，一些内陆省份城市和西部地区投资环境较好的城市已成为新的投资热点；FDI 在中国的行业分布趋向合理，技术含量明显提高；投资来源地发生了较大变化，来自欧美等发达国家的投资所占比重呈持续上升趋势；中国市场在跨国公司全球战略体系中的地位得到进一步加强，已有数十家著名跨国公司在北京、上海设立了地区总部；许多大型跨国公司纷纷在中国设立研究与开发机构，并与清华、北大等一些著名高校和研究机构联合设立各种研究中心和实验室；除特殊行业和地区外，对 FDI 逐步实行既不歧视也不优惠的中性政策。

中国政府近年来制定的《关于向外商转让上市公司国有股和法人股有

关问题的通知》、《利用外资改组国有企业暂行规定》(2003年1月1日施行)、《外国投资者并购境内企业暂行规定》(2003年4月12日实施)等政策的相继出台,标志着中国外资并购的法律规范日臻完善。2006年8月,中华人民共和国商务部第7次部务会议修订通过了最新的《外国投资者并购境内企业暂行规定》,并于2006年9月8日起施行。2003年《外国投资者并购境内企业暂行规定》只有26条,现在新规定则发展成为5章61条,内容得到很大扩充,这表明我国的外资并购法规在总结经验教训的基础上正在趋向完善,可操作性更强。新规定与后来发布的《上市公司收购管理办法》成为上市公司和企业并购方面新的非常重要的法规,对上市公司、并购市场及相关企业都将产生重要影响。新规定除首章总则和末章附则外,内容主要包括外国投资者并购境内企业的基本制度、审批与登记程序、跨境换股规定、反垄断审查等内容。新规定明确了外国投资者并购境内企业的两种情况,股权并购和资产并购,提出了并购应遵守的法律法规及相关政策。

与旧规定相比,新规定条文更加细化,如对股权并购和资产并购中外商投资企业的投资总额与注册资本比例做出了明确限制:注册资本在210万美元以下的,投资总额不得超过注册资本的10/7;注册资本在210万~500万美元的,投资总额不得超过注册资本的2倍;注册资本在500万~1200万美元的,投资总额不得超过注册资本的2.5倍;注册资本在1200万美元以上的,投资总额不得超过注册资本的3倍。对于以股权作为支付手段(跨境换股)的情况,按规定境外公司应为最近三年未受监管机构处罚的上市公司,被并购的境内公司或其股东应当聘请在中国注册登记的中介机构担任顾问。外国投资者跨境换股应报送商务部审批。另外,与旧规定相比,新规定要求的程序更为严格,如为实现境内公司实际拥有的权益,在境外上市这一特殊目的进行的并购,境内公司在境外设立特殊目的的公司,应向商务部申请办理核准手续;特殊目的公司境外上市交易,应经国务院证券监督管理机构批准;特殊目的公司境外上市的股票发行价总值,不得低于其所对应的被并购境内公司股权的价值;特殊目的公司的境外上市融资收入,应根据现行外汇管理规定调回境内使用。更为重要的是,新规定对反垄断进行了详细的规定,将反垄断作为一个重要内容看待。新规定将反垄断审查单独作为一章,专门提出对于外国投资者并购涉及市场份额巨大,或存在严重影响市场竞争等重要因素的,应就所涉及情形向商务部和国家工商行政管理总局报告,由上述机构决定是否批准并购。

具体而言，新规定出台，解决了许多长期困扰证券业健康发展的问题，并且也有许多创新之处，主要包括：

（1）首次明确提出换股并购，并且将离岸公司纳入了监管范围。首次在法规中允许境外公司的股东以其持有的境外公司的股权或者增发股份作为支付手段，购买境内公司股东的股权或境内公司增发的股份。事实上，换股并购在国际并购实务中很常见，在国内通过离岸公司的方式进行的操作也不少，但在国内的法规中一直是空白。新规定填补了这个法律空白，对换股并购从法规和审批程序上加以规范，使换股并购尤其是离岸公司被纳入监管，对资产流失、假外资等问题可以通过正规渠道进行管理，同时通过离岸公司方式进行的并购行为也可以得到法律的保护。可以说，无论换股并购规定的内容如何，出现专门规定换股并购就是中国外资并购法规的一大进步。

（2）首次引入了尽职调查的制度，要求"外国投资者以股权并购境内公司，境内公司或其股东应当聘请在中国注册登记的中介机构担任顾问"，这将直接刺激并购市场的发展，通过第三方并购顾问的方式来保护被收购公司的权益。

新规定对两大并购提出了要求：

（1）现金并购的规定。对并购方无关联关系的现金并购而言，新规定同旧规定相比，只是加强了对外资并购所引发的国家经济安全、反垄断等问题的规定，其他方面的规则和程序基本没有变化。新规定加强了对国家经济安全、垄断等问题的审查，主要表现在以下几个方面：①增设了关于保障国家经济安全的特别规定。外资并购如涉及重点行业、存在影响或可能影响国家经济安全因素或者导致拥有驰名商标或中华老字号的境内企业实际控制权转移的，当事人应就此向商务部申报。②专设第五章"反垄断审查"。新规定对并购导致的反垄断审查的详细规则和程序仍然沿用旧规定的内容。当然这些要求对其他并购模式也同样适用。

新规定对并购各方存在关联关系的现金并购也进行了更为详细的规范。这主要表现在两个方面：一是新规定将相关审批权限一律上收至商务部。如规定第11条，境内公司、企业或自然人以其在境外合法设立或控制的公司名义并购与其有关联关系的境内的公司，应报商务部审批。二是新规定还增设了当事人的信息披露义务。如规定第15条，并购当事人应对并购各方是否存在关联关系进行说明，如果有两方属于同一个实际控制人，则当事人应向审批机关披露其实际控制人，并就并购目的和评估结果是否符合市场公允价值进行解释。当事人不得以信托、代持或其他方式规避前述要求。

(2) 对换股并购的要求。新规定对换股并购的规则予以明确和详细。新规定将换股并购的方式仅限于两类：一是境外上市公司并购境内公司，二是特殊目的公司并购境内公司。新规定针对这两种模式分别予以了规定。

对境外上市公司并购境内公司的换股并购来说，境外上市公司采用换股方式并购境内公司时，须经商务部审批，但无须取得证监会的批准。对于交易时间的控制，审批机关对并购后颁发的批准证书、营业执照及外汇登记证都将做加注处理，限定并购双方在6个月内完成，否则加注批文到期后自动失效，境内公司股权结构回复到并购前的状态。对在指定期限内完成换股并购的，则按照境外投资开办企业的相关规定处理，即由境内公司或其股东就其持有境外公司股权事项，向商务部、外汇管理机关申请办理境外投资开办企业核准、登记手续。经核准后，境内公司或其股东领取中国企业境外投资批准证书，并换领无加注的批准证书、营业执照及外汇登记证。与现金并购模式相比，我们不难看出，股权并购模式比现金并购模式多了境外投资开办企业的审批环节，该审批环节带有更多的变更登记色彩。

对于特殊目的公司换股并购境内公司的换股并购来说，新规定首先对特殊目的公司的含义予以明确，"特殊目的公司"是指中国境内公司或自然人为实现以其实际拥有的境内公司权益在境外上市而直接或间接控制的境外公司。在此需要明确的问题是，根据新规定的要求，非以境外上市目的设立的特殊目的公司不得以换股方式并购境内公司，即仅以私募为目的设立的特殊目的公司不得以换股方式并购境内公司。对于该模式的审批部门来说，以境外上市为目的的特殊目的公司以换股方式并购境内公司，一律报商务部审批。但此种模式与前面提到的模式有所不同的是，该方式下增设了证监会的审批要求。换言之，当商务部对文件初审同意后，出具原则批复函，境内公司凭该批复函向证监会报送申请上市的文件。证监会于20个工作日内决定是否核准。对于交易时间的控制而言，此种模式的换股并购与境外上市公司并购境内公司的换股并购基本相同，但是并购期限延长到了1年。对于审批程序和环节而言，此种模式的换股并购比境外上市公司并购境内公司的模式更为复杂，主要表现在以下几个方面：①设立阶段：境内公司在境外设立特殊目的公司，应按照《关于境外投资开办企业核准事项的规定》向商务部申请办理核准手续，并办理境外投资外汇登记。②换股并购阶段：商务部初审；证监会核准。并购导致特殊目的公司股权等事项变更的，持有特殊目的公司股权的境内公司或自然人，向商务部办理境外投资开办企业变更核准手续，并向所在地外汇管理机关申请办理境外投资外汇登记变更。③境外上市完成后：境内公司应自境外公司完成境外上市之日起30日内，向商务部报告境外上市情况和融资收入调回计划，并申请换发无加注的批准证书。同时，向证监会报告境外上市情况并提供相关的备案文件。境内公司还应向外汇管理机关报送融资收入调回计划，由外汇管理机关监督实施。境内公司取得无加注的批准证书后，应在30日内向登记管理机关、外汇管理机关申请换发无加注的营业执照、外汇登记证。

总体而言，新规定对换股并购的规定要求是较为严格的，如新规定的第28、29条，这两条对其股权被外国投资者用做支付手段的境外公司制定了一系列较为严格的约束条件，具体包括：境外公司应合法设立并且其注册地具有完善的公司法律制度，且公司及其管理层最近3年未受到监管机构的处罚；除法定的特殊目的公司外，境外公司应为上市公司，其上市所在地应具有完善的证券交易制度；境外公司的股权应在境外公开合法证券交易市场（柜台交易市场除外）挂牌交易；境外公司的股权最近1年交易价格稳定等。之所以对换股并购严格要求，主要是因为换股并购如果能够按照诚信原则进行，无疑是一种高效率的企业重组方式，但也有可能给"空手套白狼"之辈创造可乘之机；法规限定约束条件有助于确保跨境换股的当事人具有起码的诚信，用作支付手段的境外公司股票在公开、公平的市场上具有相应的价值，以免我国境内资产所有权白白外流。当然新规定的限制条款也有一个问题，就是缺乏操作性，比如新规定要求"具有完善的证券交易制度"，在实践中，何为"完善的证券交易制度"没有得到明确界定，而且国外很多证券交易市场常常会随着本国、国际的经济形势、政策调整而相应调整，因此建议有关管理部门能以某种方式明确列举符合这一标准的境外证券交易市场，并及时调整。

红筹上市是外资并购中较常见的手法，通常是在海外设立离岸公司，然后通过离岸公司以股权收购境内资产的方式把境内资产注入离岸公司，再将离岸公司上市。新规定对现有红筹上市的影响主要表现在以下方面：

①审批权限一律划归商务部。②增设了对并购各方的信息披露要求。总体而言,这些影响对外资并购的影响是比较有限的:其一,从审批权限看,原有的一些外资并购可能本身就划归商务部审批,因此基本没有影响;对于原来由省商务厅审批,现改由商务部审批的项目,规定要求审批机关审批期限限定在30日之内,因此不可能出现长期拖延的情况。其二,信息披露义务并不陌生。在原有法律框架下,信息披露的要求在外汇管理方面的法规已经确定。境内居民个人、境内居民法人办理境外投资外汇登记时,就有义务向外汇主管部门详细说明境内企业基本情况、境外特殊目的公司的股权结构以及境外融资安排等内容。新规定增加信息披露的规定主要是要求并购当事人向商务部门披露关联信息的义务。

此外,新规定对红筹上市监管有所增强,红筹上市如不能证明海外注册公司最终控制者系境内居民或境内机构,那么我国就有丧失对这些资产的管辖权、引发投资争议风险的可能。因此,新规定要求,境内公司在境外设立特殊目的公司而向商务部申请办理核准手续、特殊目的公司以股权并购境内公司,都需要报送特殊目的公司最终控制人的身份证明文件等材料,有了这些材料,我国行使管辖权就有了依据,这对维护市场秩序和国家经济安全的意义不可低估。另外新规定还要求特殊目的公司境外上市的股票发行价总值,不得低于其所对应的经中国有关资产评估机构评估的被并购境内公司股权的价值,这将有助于避免资产流失。

新规定对未来模式产生的影响主要表现在以下几个方面:①境内公司股东可以采取换股方式,直接取得相应的境外上市公司股权,实现境内资产的境外上市。在某些情况下,境外公司还可以采取国际市场常见的"现金+股权"的方式进行并购,更好地满足并购双方的需求。可见,新规则的出台,不仅丰富了外资并购的手段、增加了灵活性,而且推动了境外上市公司进入国内市场及境内公司融入境外证券市场的步伐。②在现金并购模式下,境内公司股东在境外上市过程中,通常由于私募等原因稀释不少的权益。如采用换股并购,在境内公司资金量充裕的前提下,境内公司股东则可以有效地控制被稀释的股东权益比例,从而达到减少上市成本的目的。③关于产业目录和国家经济安全。随着外资政策的不断调整和政府部门对国家经济安全的不断关注,外资在并购对象的选择上也必然面临更多的风险。④关于税收优惠。新规定第9条第3款关于并购后所设企业能否享受外商投资企业待遇的规定,可能会对并购方案的取舍产生一定的影响，也预示着原有的现金并购、私募方式不会因为换股并购的出现而被全面取代。⑤关于私募。由于新规定对换股并购的并购期限进行了限制，可能会对某些采用多轮私募融资的企业产生不利的影响。⑥至于特殊目的公司采用换股方式并购及上市的，需要取得证监会的审批，这可能会增加时间成本和更多的不确定性。

新规定表明了政府维护国家经济安全的决心。内资企业"外资化"是中国经济面临的重大问题之一，近年来很多中国的重点大型企业，甚至是关系到国家经济安全的企业都纷纷走上被外资并购的道路。随着经济的发展，外资入主中国经济的形式也发生了变化，不再是以往的直接在中国境内投资设厂进行直接生产，而是逐步改变为资本的侵入。

第二节 外商对华直接投资的方式选择

跨国公司通过对外直接投资进行扩张，按照组建方式可划分为新建投资（或绿地投资）和跨国并购两种方式；按照股权比例可划分为独资、合资、战略联盟、管理合同等形式。外资通过新建和并购的组建方式可以形成各种股权比例，实现外资进入的股权安排和非股权安排。不同形式的合作依次要求不同的卷入程度，亦即承担不同程度的风险。承担的风险越大，则对于该种形式合作的控制能力也就越强。

一、跨国并购

在外资进入的组建方式中，新建投资（Greenfield Investment）是指外商通过直接投资建立新企业。通过新建投资，可以设立独资企业和合资企业等形式。新建投资的优势在于企业可按照投资者的愿望控制资本投入量、确定企业规模和选择厂址；另外可以按照投资者的计划，实施一套全新的适合企业技术水准和管理风格的管理制度。而新建投资的劣势在于耗时长，工作比较烦琐。

除了新建投资的一般特点之外，独资新建企业和合资新建企业还有不同的特点。对于跨国公司而言，独资新建子公司的策略既有利于母公司推行全球战略，实现整体利益最大化；也有利于母公司以机器设备、原材料等非货币要素作为投入资本,有利于母公司对子公司的监管和控制。独资新建企业,可以防止技术外传,防止产生新的竞争对手,从而获取高额垄断利润。

但是独资新建投资难以简捷快速地进入国外市场。如果不谙熟东道国的政治、经济政策和法律法规,没有透彻研究海外市场的需求结构、购买行为和消费心理,新建企业容易增加母公司的融资压力、抗风险压力和营销难度。新建合资企业可以克服独资新建企业不熟悉国外市场、进入国外市场慢的缺点,但合资各方在合资计划、管理方法和利益分配等方面容易出现摩擦。

(一)跨国并购的含义、类型和利弊

1. 跨国并购的含义

跨国并购(Cross-Border Mergers and Acquisitions,M&A),即跨国兼并和收购,是指一国企业为了某种目的,通过一定的渠道和支付手段,购买另一国企业的整个资产或足以行使经营控制权股份的行为。跨国并购是外资进入的主要方式之一。最初,兼并理论和 FDI 是两个独立发展的领域,鲍曼(Baumann,1975)最早把兼并理论和 FDI 联系在一起,他认为,东道国各行业的外国企业是由兼并、创建子公司和进一步扩张三种方式发展起来的,这样便把兼并与 FDI 结合在了一起。

根据跨国公司经营战略重心转移和国际市场上跨国公司经营环境的变化,跨国公司在对外投资方式的选择上,越来越倾向于跨国并购的形式。跨国公司通过并购在世界范围内进行资源的重新配置,重塑其国际生产体系,为经济全球化提供了物质基础。

20世纪90年代之前的并购浪潮主要发生在欧美等发达国家内,跨国并购并未占据主导地位。进入20世纪90年代以来,跨国并购逐渐增多,1995年全球跨国并购以1866亿美元之巨,首次超过"绿地投资",占当年外国直接投资流入总额的56.2%,成为外国直接投资的主要方式;2000年,跨国并购金额为11440亿美元,占外国直接投资流入总额的90%。2001年,全球跨国并购总额为5940亿美元,虽然由于世界经济的变化,2001年的跨国并购数量较2000年下降了一半,并购的数量也从2000年的7800件下降到2001年的6000件,但占外国直接投资流入总额的80.8%,此后出现暂时萎缩。2004年以后,跨国并购重新活跃,形成了新一轮跨国并购的浪潮。2006年，跨国并购额增长至8804.6亿美元，仅次于2000年创下的历史最高纪录，占国际直接投资的比重也提高到67.4%。2007年上半年，全球跨国并购额为5810亿美元，比2006年同期增长了54%。从亚洲地区流出的外国直接投资从新建投资转向以并购为主，2001年规模达到250亿美元，占该地区对外直接投资总额的80%左右。在部分发展中国家，跨国并购仍是吸收外资的主要手段。如墨西哥，2001年美国花旗集团斥资125亿美元并购该国最大银行BANAMEX，使得墨西哥一跃成为拉美地区最大的外国直接投资流入国。许多著名的跨国公司，如美国通用汽车公司、波音飞机公司等都是通过大规模并购其他企业而迅速壮大的。

在跨国并购中，并购企业很重视对目标企业的控制权。并购企业可以直接向目标企业投资，或通过目标国所在地的子公司进行并购。支付手段包括支付现金、从金融机构贷款、以股票换股票和发行债券等方式。国内企业并购的方法和手段在跨国并购中都可能被运用。

尽管跨国并购是国际上的习惯提法，从字面上看也包括跨国兼并和跨国收购两层含义，但跨国收购更符合跨国公司的全球发展战略的形式。因为跨国收购的目的和最终结果并不是改变公司（即法人）的数量，而是改变目标企业的产权关系和经营管理权关系。而跨国兼并则意味着两个以上的法人最终变成一个法人，不是母国企业的消失，就是目标国企业的消失或者两者都消失，成立新设公司。跨国公司的战略不一定是使目标企业消失，而是通过目标企业进入东道国市场。

形式上的国内企业的兼并也可能具有跨国并购的特点。例如，第一种情况是跨国公司在目标公司所在国并没有子公司，但为了获得目标国对并购活动的税收优惠或对目标企业承担的债务减免等目的，就先设立一个"空壳子公司"，然后用这个"空壳子公司"去兼并目标公司，"空壳子公司"随之成为存续公司，目标公司就此消失。这种情况从形式上看是国内兼并，但实质上是跨国收购，因为就目标国的公司数量、市场结构和市场份额并没有发生实质性的变化。第二种情况是跨国公司以其自己原来就拥有的在目标国的子公司来兼并目标国的目标企业。这种情况从广义（即从经济效应）上说，也可以属于跨国兼并，但从狭义上看，又可被认为是一种国内并购，因为两个企业都是注册在同一个国家内，都属于同一个国家的法人，那么从法律上说，就属于在向一个国家内的企业并购。

2. 跨国并购的类型

从跨国并购双方的行业关系划分，跨国并购有横向跨国并购、纵向跨国并购和混合跨国并购三种主要形式。

横向跨国并购是指两个以上国家生产或销售相同或相似产品的企业之间的并购。这种跨国并购双方比较容易整合，进而形成规模经济、内部化交易，风险较少，比较容易扩大市场份额或增强企业的垄断力。横向跨国并购容易形成垄断，许多国家限制这类并购的进行。

纵向跨国并购是指两个以上国家处于生产同一或相似产品但又处于不同生产阶段的企业之间的并购。并购双方一般是原材料供应者或者产品的购买者，所以双方对整个生产过程比较熟悉，并购后较易融合在一起。并购的目的通常是低价扩大原材料供应来源或者扩大产品的销路。

混合跨国并购是指两个以上国家不同行业的企业之间的并购。这种并购方式是跨国公司实现全球发展战略和多元化经营战略的手段。

在第五次跨国并购中，横向并购得到发展，首先，由于跨国公司的经营环境发生了变化，经济全球化和贸易投资自由化政策使得不同国家相同行业之间的并购活动得以进行。其次，跨国公司在形成核心竞争力方面，更注重控制关键技术，掌握核心业务，而将其他环节以其他的方式进行联合，却不一定采取纵向一体化的形式建立如此紧密的联系。现代先进的信息技术可以对这种并非紧密的联系进行监测、控制和调整，以保证产品的质量，减少可能由于衔接上的摩擦对于整体质量的影响。例如，汽车制造业曾经是纵向一体化的典型，但进入20世纪90年代后，其纵向一体化的趋势发生逆转。通用汽车公司自行生产的零部件已减至37%，其他公司的这一比重也都下降了，例如，奔驰为38%，宝马为33%，雷诺为33%，丰田和日产各为25%。由此可见，企业经营战略的转变抑制了许多部门纵向一体化的趋势，促进了横向一体化的发展。

通过以上三种跨国并购的形式，跨国公司相应形成水平跨国公司、垂直跨国公司与混合跨国公司三种形式。水平跨国公司是指在不同国家制造相同或相似产品的公司，它主要把无形资产市场内部化；垂直跨国公司是把生产和销售过程的不同阶段分布于不同国家的公司，它主要把中间产品市场内部化；混合型跨国公司是在国际上制造一系列多样化产品的公司，这类公司通过快速经营业务组合，具有分散经营风险的优势。

3. 跨国并购的利弊

与新建方式相比，跨国并购有独特的优势。

（1）节省时间。可以迅速进入东道国市场。一般来说，新建企业所需时间较长，除了要组织必要的货源外，还要选择工厂地址、修建厂房和安装生产设备、安排管理人员、技术人员和工人、制定企业的经营战略等一系列复杂的工作，并且，由于创建方式周期长，等到新建企业投产时，可能会由于市场情况与建厂前的估计差别甚大而遭受损失。而跨国并购则省去了建厂时间，可以迅速地获得现成的管理人员、技术人员和生产设备，抢占国外市场。

（2）可获得技术优势。对于没有相对技术优势的企业，并购是迅速获得技术优势的有效途径。例如，1988年，首钢公司在慎重决策之后一举收购了美国麦塔斯设计工程公司，利用其专门技术，制造出国内需要但无法生产的大型连铸和轧钢设备，不但使新技术洋为中用，也节约了日后进口零部件的费用。2001年10月，华立集团完成了对飞利浦集团在美国加州圣何塞的CDMA移动通讯部门的收购。通过这次收购，华立集团获得的不仅仅是资产，还获得了手机行业世界领先的核心技术。

近年来更出现了不少企业在国外并购当地的私人实验室和科技公司，以引入外国的新技术，形成技术的传导机制。例如，日本电子公司在美国收购当地的私人实验室和科技公司，以引入美国的尖端科技；另外，国内不少企业可以利用目标企业把这些技术推向国外。

（3）可以利用目标企业原有的管理制度、管理人员、分销渠道、商标和市场份额，可以避免由于对当地情况缺乏了解而造成的诸多不利影响，较快适应东道国的政策和经营环境。

（4）获取廉价资产，降低进入成本，增强市场竞争力。从成本的角度考虑，并购企业能够低价购买国外目标企业，比新建企业成本低得多，主要原因是目标企业的资产价值往往被压低。一般来说，从事并购的企业比目标企业更了解资产的实际价值，企业可以利用对方的困境进行压价，也可利用股市或汇率的暴跌来顺利实现收购计划。

（5）利用跨国并购，可在短期内迅速拓展经营领域，扩大企业产品种类，实现多样化经营，分散经营风险。

（6）跨国并购可以维持原有的企业数量和生产规模，和新建方式相比，不易引起报复。由于兼并在短期内并没有给行业增加新的生产能力，行业内的竞争结构保持不变，引起价格战或报复的可能性大大减少。相反，若通过创建一个新企业，则需要占据一个新的市场份额，将引起市场份额的重新分配。因此，必然会加剧竞争，有时还会引起其他企业的报复。

（7）跨国并购有利于企业集团避开关税壁垒，增强拓展国际市场的能力。以上这些好处，都有可能诱发一个企业采取跨国并购的投资方式。

跨国并购也存在着如下的一些劣势。

（1）对目标企业的信息了解不完全，选择目标企业存在一定的困难和风险。在许多情况下，东道国可选择的目标企业在规模、技术水平、业务领域等方面难以完全符合并购企业的并购意图。例如，企业现有规模可能过大或过小，企业可能有并购企业并不需要的生产线，有过多的剩余劳动力。

（2）跨国并购之后的整合工作是并购成败的关键，而其难度就如同"改装两辆运行中的汽车"。它涉及人员的安置，生产的协调运行和不同企业文化的重塑等。这些并购外的成本会造成并购的利益损失。

（3）跨国并购的成功与否需要目标国市场较为成熟的中介组织，比如律师事务所、会计事务所、咨询和信息机构等；需要熟悉并购业务的人才，这些都对新建方式提出了更高的要求。

（4）跨国并购常常受到东道国相关法律和政策的限制。由于各国对于外资在市场准入方面的限制，有些行业不允许外资并购，并且对于外资所有权比例给予较严格的限制。另外，外资并购可能产生的垄断效应，使得各国会制定相应的竞争政策对跨国垄断进行规制，以维护公平竞争秩序。东道国还会在外资并购的进入、待遇和经营方面做出相应的规定。

4. 跨国并购的动机

企业的并购动机是多元的、复杂的，很难用一种理论解释清楚，实际的企业并购过程是一个多因素作用下的互动过程。跨国并购同样如此。

一般来说，跨国并购的动机可以分为两种类型，即"战略性并购"和"投机性并购"。战略性并购是跨国公司遵循产业资本的运动规律，以占领和控制市场为目标，实现规模经济和占领市场地位的投资策略，其实质是产业控制，可表现为产权控制、品牌控制和质量控制等方面。这种跨国并购行为实际上是跨国公司股权参与式所有权投资（简称股权投资）的运用。跨国股权投资是20世纪70年代以来，跨国公司吸收前期发展中国家国有化运动的教训而采取的新型投资方式，即母公司通过购买股票或资产的方式参与海外子公司的经营活动，同时达到母公司对海外子公司的控股并与当地合伙者共同承担风险的双重目的，从而更有效地开辟海外市场，享受东道国各种优惠政策。

投机性并购是典型的国际金融资本，其实质是为了实现股权或资产转让溢价等资本增值目的。基于这种动机的外国投资者往往采取"搭便车"的方式，多半是先出资购买另一国的企业，然后，或者对其稍加整改之后整体或部分地转卖给境外其他买主，或者将其改造包装之后到海外上市，抛售股票套现，牟取暴利。

一般而言，金融资本的这种跨国并购，不改变它所拥有的股权企业的管理结构，不改变市场计划，同时也不关心 R&D 的现状等。投资维持时期的长短，完全取决于金融资本的意愿和它所投资领域的资本、资产增值的速度。如果资本的增值速度超出它的意料之外，它会毫不犹豫地出售它的股权投资。由于这种类型的跨国并购不是以企业控制生产经营活动为主要特征，故不作为本书分析的重点，即使在一个企业的跨国并购中同时存在这两种动机时，本书也只着重分析战略性并购。

在跨国并购的动机中，还包括诸如保证原料来源、企业为满足其客户向国外投资的需要（如银行业、会计师事务所、律师事务所和广告公司等的跨国并购）、国际间汇率的差异和变化、企业为了回避东道国贸易政策等政府管制等。

（二）外资在中国的并购活动

1. 外资在华并购的发展

虽然外商在华投资主要以新建方式为主，在 2001 年实际利用的外商直接投资中，并购投资只占 5%~6%，但是跨国并购也是外商在华投资的选择。例如，收购中国内地企业股份或者参股香港企业，成为美国公司进入中国的一种快速方式。在 20 世纪 80 年代，不少跨国公司通过销售—技术转让—直接投资，分步骤进入中国内地。到 90 年代，尚未进入内地的外国公司已经难以那样分步骤逐步进入，并购方式是一种较好的选择。

限制外资在华并购发展的重要原因是中国并购政策和并购环境。例如，中国对于外资并购行业的限制，中国外资并购法律不够完善，外资并购中忽视中介服务，外资并购中的政府干预问题。

外资并购作为一种 FDI（外商直接投资）方式，相比直接设厂的 FDI 方式而言，股权并购的成本和风险更低，对并购后的市场预期也更加清晰，因而颇受外资青睐。自 2005 年以来，中国的外资并购案例骤然增多。金融业、机械工业的中国国有大型企业的战略引资，蒙牛、无锡尚德等民营企业的私募，有花旗集团背景的投资基金 CVC 将入股中国造纸龙头企业——晨鸣，并成为第一大股东等，一时间，外资并购纷至沓来，而外资并购的目标往往定位于行业最有竞争力、盈利最好的龙头老大企业，这也使得人们对国家经济安全的质疑日益高涨。如何维护国家经济安全成为今后外资并购浪潮中很重要的问题。在此背景下，六部委联合发布的新规定首次涉及"外资并购"中的"国家经济安全"问题。这种对国家经济安全采取的保护措施，可以加强对垄断性跨国并购的监管，防止中国的企业经过自己的奋斗和政府的扶植，成为国家行业的主导力量和国家经济的支柱之时，却被外国资本并购，使我们自己丧失了对其的所有权和支配权。当然新规定对国家经济安全的保护政策的出台不仅是对公众关于外资并购境内企业担忧的一种回应，同时也正确地引导了公众对这一问题的认识，在一定程度上避免了由于缺乏相关规范而使公众对外资并购存在"情绪化"对抗的阶段，从而影响到中国的开放形势和并购市场的活跃。

但是，外资并购中国企业不仅仅取决于中国外资并购政策的放宽，外商也将综合其全球经营战略和中国的经营环境做出并购决策。

外资在中国并购的目标企业一般是具有竞争力的企业。具体来说，一些龙头企业，具有一定品牌优势或核心竞争力的公司，拥有较完善的本土营销网络或进入许可的公司，拥有重大专利的公司，以及稀缺资源类公司，都是外资并购的重点目标。而在其他条件都相似的背景下，外资通常偏好治理结构规范、经营管理透明的上市公司，例如青岛啤酒、四川长虹、深圳万科、上海医药、南方航空、第一百货等，都为外资并购所追逐的对象，而那些已经与外资建立了合资关系的企业或有良好战略合作关系的上市公司很容易成为收购目标，比如，熊猫电子、东方通信、海南航空、轮胎橡胶等。外资还往往选择自身具有竞争优势的热门领域，例如，外资具有明显优势的银行、证券、电讯、港口、航空、自来水等行业；市场前景非常看好、资本密集度和技术含量高且行业内已拥有一定数量外资企业的制造业，如汽车及汽车零部件、医药、电子、石油化工、机械等，药品、成品油的批发与零售，以及大型综合超市、百货业等规模效应明显的流通业，部分高新技术产业，如通信设备制造、计算机硬件、生物工程、软件、新材料等。

总之，虽然从总体来看并购政策有利于外资并购的发展，但是外资并购是企业全球竞争战略的一种手段，如果并购政策和导向符合跨国公司并购的战略安排，有利于实现并购目的，外资并购将如期而至；否则，即使政策较以往更为开放，也难以吸引外资并购。例如，政府希望通过外资并购那些改制有困难的国有企业，吸引外资的效果就不会很明显。虽然外资并购国有企业已经具备了法律依据，而且很多地方政府也表现出很高的热情，但外商从战略上考虑，将选择经营状况好的企业进行并购；从资产价值上考虑，将选择那些能够低估价值的企业，获得廉价资产，实现低成本扩张。如果外商不能获得预期的利益，那么政策的引资作用将不明显。

2. 外资在华并购的形式

外资在华并购形式将呈现多元化发展趋势，总的说来，有以下几种途径：

（1）直接收购全部或部分股权。这是最直接的一种方式，即向企业股东支付现金以换得目标企业的股权，其中包括协议转让和在二级市场上直接收购企业的流通股。

（2）增资取得全部或部分股权。外资通过参与企业的增资扩股，获得企业的股权。其中包括私募配售中出资认购股份和在企业增发新股时获得。如北京旅行车股份有限公司与日本五十铃汽车公司和伊藤忠商事株式会社签署了合作经营协议，五十铃、伊藤忠联合以协议购买方式，一次性购买北旅公司不上市流通的法人股4002万股，占北旅总股本的25%，成为北旅最大股东。又比如，1995年8月，福特汽车认购4000万美元的江铃汽车股份有限公司B股，相当于后者20%的股份。1997年3月，福特公司与江铃汽车股份有限公司签署了一项股份认购协议，福特公司将其在江铃的股份由20%增加到30%。由此，福特公司将委派三名高级行政人员加入董事会，参与江铃汽车公司的管理工作。

（3）资产重组。资产重组在中国内地上市公司重组中广泛使用。对外资来说，将来资产重组必然是重组上市公司的一个重要手段。如2001年3月，我国轮胎行业龙头企业轮胎橡胶与世界上最大的轮胎生产企业"米其林"组建合资公司，米其林控股70%，合资公司斥资3.2亿美元反向收购轮胎橡胶核心业务和资产即是这一并购方式的典型案例。

（4）资本重组。此方式是通过承担目标企业的债务获得股权，或者将原来对企业拥有的债权转化为股权。

（5）拍卖竞买方式。上市公司的股东由于到期债务不能清偿而被诉诸诉讼，其所抵押的上市公司股权将通过人民法院的强制执行程序被拍卖。外资可以通过介入拍卖市场获得相应上市公司的股权。例如，新加坡独资企业佳通轮胎（中国）投资有限公司通过拍卖方式以每股 0.648 元的低价购得 1.5 亿股"桦林轮胎"，占公司总股本的 44.43%。

（6）托管辅助下的多种收购途径。企业托管是指企业的所有者通过契约形式，将企业法人的财产交由具有较强经营管理能力，并能够承担相应经营风险的法人去有偿经营。外资通过托管形式可以提供双方一个比较长的相互认识真实资本实力、资产状况、经营情况、经营能力的机会。托管后的购并往往整合起来会比较容易。但是，需要快速实现产权转让的案例则应尽力避免这种安排。

（7）换股方式重组。收购方通过支付其他公司的股份或者增发本公司的股票来获得目标公司的股权。通过购买控股公司，间接购并。

（8）利用其他金融衍生工具。诸如可转换债券、认股权等都可以作为并购的工具。

二、外资进入的股权模式

外资进入的股权模式一般可以分为外商独资企业、外商合资企业及合作经营企业以及其他股权和非股权形式。外商对 FDI 的进入模式进行选择，选择的原则是"组织结构随战略而变"。

（一）外商独资企业

外商独资企业是指由某一外国的投资者依据东道国的法律，在东道国境内设立的全部资本为该投资者所有的企业。外商独资企业的形式主要包括母公司的分公司、母公司的子公司等形式。母公司可以通过新建方式和跨国并购设立独资公司。

外商独资企业是外国直接投资的主要经营模式之一。以股权控制结构为例，20 世纪 70 年代初美国跨国公司设在发达国家的子公司中有 72.5% 是采用全部股权形式，只有 8.4% 是少数股权；设在发展中国家的子公司中，全部股权的子公司占 52.6%，少数股权的子公司占 19.80%。另据哈佛大学跨国公司研究中心的资料，1968年美国跨国公司在国外的子公司中，全部拥有股权者占63%，多数和对等股权占24.5%，到1975年全部拥有股权者下降到55%。

（二）外商合资企业

外商合资企业是指外国独立企业与东道国当地企业共同出资，按照东道国有关法律建立起来的、以营利为目的的企业。合资企业（Joint Venture）由投资方共同经营、共同管理，并按股权比例共担风险、共负盈亏。它又可以分为股权式和契约式。一般认为传统的直接投资形式为全部股权或多数股权子公司形式。根据《1995年世界投资报告》提供的数据显示，全世界4万多家跨国公司，境外分支机构约有25万家，年销售达52000亿美元，其中近50%是由合资企业创造的，足见这种股权模式的生命力。

合资企业可以分为股权式合资企业和契约式合资企业两种。股权式合资企业又称合资经营企业，合资各方以各自股权比例获取与此相对应的收益和承担相同比例的风险。契约式合资企业又称合作经营企业，合作各方的权利、义务和责任以合同的方式加以确定。各投资方的股权比例不以货币作价，仅在契约中确定。国际上通行的合资企业一般采取公司形式，如无限责任公司、有限责任公司、股份有限公司等，大部分合资企业采取股份有限公司形式。

长期以来，外国企业与东道国当地企业成立合资企业是进入一个新市场的通用模式。最典型的合资企业通常是50∶50的合资，即合资双方各拥有50%的股权，并组成一个管理团队共享经营控制权。但是，也有些企业寻求拥有绝大多数股份的合资企业以实施更严密的控制。在实践中很难找到一个愿意接受少数股权的当地合资人，但也有一些可能的情况。例如，1986年12月上旬，肯德基家乡鸡有限公司在北京成立。在合资协议中，肯德基占60%的股份；北京市旅游局占27%；北京畜产公司占13%；总投资为3700万元。

有的观点认为合资经营企业的股份比例最多为50∶50。跨国公司在对等股权模式中运用内部转移机制会受到诸多约束，因此被看成是一种外部化合作安排形式。但是，它和其他的企业间外部市场合作形式不同，合资企业又有产权约定和安排，所以它是从外部化到内部化转移的一种临界形式。一般根据内部化程度从低到高的顺序，各种进入国外市场的方式为出口—技术许可—交钥匙工程—分包合同—少数股权子公司—合资公司（50：50）—多数股权公司—全部股权公司。也有观点认为合资企业不仅包括同等股权的企业间合作，也包括多数股权和少数股权，所以合资企业就成为 FDI 进入东道国市场的内部化形式。

和外商独资企业相比，合资企业最大的特点就是能够很快进入东道国市场，获取各种资源。从理论上说，虽然在某些情况下合资企业比全资子公司有优势，但是合资企业也存在明显的缺点和局限性：

第一，外国投资者与当地企业容易在经营目标、盈利分配等方面与合作方发生冲突。

第二，为了维护外国投资企业与合资企业合伙人的最初协议，而不考虑长期利润或成本问题。而最初的当地合伙人可能由于不再努力而失去了当初拥有当地经济、政策和文化的必需信息的优势。

第三，专有信息泄露的风险也会降低通过合资企业获得的效率收益。泄露可能表现为以下两种主要方式：一个当地雇员可能决定辞职，并利用他在合资企业中得到的知识建立一个竞争企业；另一个当地合伙人可能决定毁约，并利用从合资企业中得到的知识作为基础，通过自己的公司服务于当地市场（也有可能是外国市场）。

第四，合资企业的控制问题。母公司仅凭借其拥有的所有权是无法决定合资企业的行为和管理活动的，控制力的问题会影响企业的业绩。

（三）战略联盟

国际战略联盟越来越成为跨国公司的重要扩展模式。20 世纪 90 年代以来，大约 60%的跨国公司已建立起战略联盟。这种现象在高技术领域尤为突出。在跨国公司战略联盟中，研究与开发型占 80%。

国际战略联盟是一种较低股权或非股权的企业外部的联合，在某种程度上替代了企业跨国界的内部化。国际战略联盟、跨国公司内部化交易机制和外部化市场安排三者均为 FDI 和跨国公司资源配置的方式，孰优孰劣影响到我们对这些方式的选择。

跨国战略联盟，是指两个或两个以上的跨国公司为实现某一战略目标而建立的互相协作、互为补充的合作关系。跨国公司之间的战略联盟既有联合开发、交叉许可证交易和交叉分销等非股权方式，如索尼公司与飞利浦公司之间关于制定 CD 统一技术标准的协议；也有股权投资方式，如福特公司与马自达公司通过交叉控股建立的战略联盟。但是战略联盟一般以契约协议的方式实现。因此，成员之间主要是合同关系，而不是股权关系，其所有权分散且寿命有限。

以契约式协议建立的战略联盟包括三种常见的类型：①合作生产和营销协议式的战略联盟，即通过协议规定，共同生产和销售某一产品。协议可以根据成员间的优势生产不同的零部件，也可以进行技术合作，相互交换经营资源。②共同研究与开发式的战略联盟。跨国公司之间在未来的市场上共享经营资源，相互协调，共同开发新产品、新材料和新技术。③产业协调式的战略联盟。为了避免在高科技产业中可能产生的竞争成本、特许经营及贸易等各种纠纷而采取的一种协调与分工的联合行为方式。

战略联盟的特性表现在：①战略联盟的伙伴关系一般只局限在某个或某些特定领域，技术合作和全球电子采购成为近年来跨国公司建立战略联盟的重点领域。在技术含量高、技术重要的行业中，技术联盟的比重较高。其主要包括共同参与知识的生产或经营活动的，如研制新产品或新工艺，设计企业及其合作网络的管理方案等。各种联盟都具有创新和竞争活动的动态性质。②战略联盟的伙伴在合作中是对等的。加入联盟的公司通过对等购买对方股权，或者签订联盟合约，共担风险，共享利益。联盟伙伴在协议之外的领域以及在公司活动的整体态势上仍保持着经营管理的独立自主，各自参与市场竞争。③战略联盟的主要目的是为了增强企业未来的竞争地位，因而带有战略性。战略联盟可以使垄断企业相互勾结起来共同控制价格、谋取垄断利润。

（四）外资进入的其他股权模式

除了以上分析的外商独资、外商合资和战略联盟几种进入方式之外，还有不少种类的股权和非股权控制的安排。股权安排是通过投资占用股权进行控制，一般是指多数股权和对等股权的外商独资和外商合资。非股权控制的投资是指跨国公司并没有在东道国企业中参与股份，或者只有低股权安排，主要通过与东道国企业签订有关技术、管理、销售、工程承包等方面的合同，取得对东道国企业的某种控制权，在没有投入大量资本的情况下所采用的市场渗透的灵活战术。

1. 利润再投资的方式

《1999年世界投资报告》称，在1994~1995年美国对外直接投资中，一半以上属于利润再投资。这一方面说明跨国公司经营的利润率提高，母公司要求境外分支机构汇回利润的需求降低；另一方面也说明境外分支机构利用自己所赚得的利润扩大了自己在境外的经营。

2. 合作开发方式

合作开发是国际直接投资的新形式，是指资源国利用国外投资开发本国资源的一种国际经济合作形式。通常由资源国政府（或政府经济机构、国营企业等）与国外投资者共同签订协议、合同，在资源国指定的区域内，在一定的期限内，与国外投资者共同勘探、开发自然资源，共同承担风险、分享利润。合作开发适用于大型自然资源（如石油、天然气、矿石、煤炭和森林等）开发和生产项目。第二次世界大战之后，许多资源国纷纷利用合作开发形式开发本国自然资源，如原苏联与日本签订合作开发西伯利亚木材、煤炭、石油和天然气等协议，印度与美孚石油公司签订石油开发协议，伊朗与美孚石油公司签订石油开发协议，英国和外国资本开发北海石油等。合作开发最大的特点是高风险、高投入、高收益。

我国在石油资源开采领域的对外合作中也采用了这种方式。合作开发一般采用国际招标方式，外国公司可以单独也可以组成集团参与投标，中标者与中方签订石油合作勘探开发合同，确定双方的权利和义务，合同期一般不超过30年。合作开发一般分为三个阶段，即勘探、开发和生产阶段。勘探阶段由外方承担全部勘探费用，并承担勘探阶段的全部风险。如果勘探期内在合同确定的区域内没有发现有开发价值的油气田，合同即告终止，中方不承担任何补偿责任。如果在合同期发现有开发价值的油气田，合同即进入开发阶段，中方可以参股与外方共同开发，由双方按商定的投资比例共同出资，但中方参股比例一般最高不超过51%。油田在投入商业性生产后，首先须按政府规定缴纳有关税收和矿区使用费，然后中外方按合同确定的分油比例，以实物形式回收投资和分配利润。如所得不足以回收全部投资并获取相应的利润，由各方各自承担风险。

3. BOT投资方式

BOT是英文BUILD-OPERATE-TRANSFER的简称，即"建设—经营—移交"。典型的BOT形式是政府同外商投资的项目公司签订合同，由项目公司筹资和建设基础设施项目。项目公司在协议期内拥有运营和维护这项设施,并通过收取使用费或服务费用,回收投资并取得合理的利润。协议期满后,这项设施的所有权无偿移交给政府。BOT方式主要用于发展收费公路、发电厂、铁路、废水处理设施和城市地铁等基础设施项目。BOT方式在实际运用过程中还演化出几十种类似的形式。

在BOT方式中,项目公司由一个或多个投资者组成,通常包括工程承包公司和设备供应商等。项目公司以股本投资的方式建立,也可以通过发行股票以及吸收少量政府资金入股的方式筹资。BOT项目所需的资金大部分通过项目公司从商业金融渠道获得。

BOT项目千差万别,但是每个项目的完成一般都要经过以下几个阶段:项目确定、准备、招标、合同谈判、建设、经营、产权移交。从世界范围来看,BOT在20世纪80年代初开始得到较快的发展。目前我国按现行设立外商投资企业的程序设立BOT项目。

4. 技术许可证协议(Technical License Agreement)

技术许可证协议是指跨国公司与东道国企业签订合同,允许东道国企业使用跨国公司独有的注册商标(Trade Mark)、专利(Patent)、技术诀窍(Know-how)等。许可证合同根据其授权范围,可以分为以下三种:①独占许可证协议。它是指跨国公司给予受许方在规定地区内有制造、使用和销售某种专利及专有技术产品的独占权,而跨国公司和任何第三者都不得在这个规定地区内制造、使用或销售该产品。②非独占许可证协议。具体又分为普通许可证协议和排他许可证协议。前者是指除受许方在所规定的地区内拥有制造、使用和销售该技术产品的权利外,作为许可方的跨国公司仍保留在该地区的使用权,还可以在该地区转让给第三者使用。后者是指双方都有在规定的地区内制造、使用和销售该项专利产品的权利,但许可方不得将这种权利给予该地区的任何第三者。③互换许可证协议。它是指双方以各自的专利权或专有技术互相交换,这种方式一般在大公司之间经常使用。

在许可证合同中,东道国企业应按合同约定的金额向跨国公司支付专利权费,一般采用定额支付或按照东道国企业的收益的一定比例收取。

5. 特许经营(Franchising)

特许经营是指特许经营权的所有者将自己拥有的商标、商号、产品、专利和专有技术、经营模式等以特许经营合同的形式授予受许人使用,受许人按照合同规定,在特许人统一的商业模式下从事经营活动,并向特许人支付相应的费用。特许经营不但向受许人出售无形资产，而且坚持要求受许人同意遵守严格的企业经营规则。特许经营主要在服务业采用。麦当劳就是企业利用特许经营战略而成长的典型案例。麦当劳按照特许经营的严格经营规则控制了受许方的菜单、烹饪方法、雇员政策和餐馆的设计与布局，并由特许方组织供应链以及提供管理培训和经济支持。

6. 管理合同（Management Contract）

管理合同是指跨国公司与东道国企业达成协议，向东道国企业派出专业管理人员，从事东道国企业的日常管理工作。通过管理合同的方式，东道国企业向跨国公司支付定额的管理费。管理合同大多发生在以下两种情况中：①对自己不曾拥有股权的东道国企业，提供管理服务，借以在一定程度上控制该企业。如美国希尔顿国际酒店集团（Hilton International）以管理合同的方式，专门为各国大饭店提供总经理，代为管理。②对自己曾拥有股权的东道国企业，在面临征用或国有化政策时，以管理合同的方式，保持对原投资子公司的部分控制权。如委内瑞拉曾征用瑞士雀巢公司（Nestle）在该国设立的子公司，经谈判，与委内瑞拉雀巢公司政府签订了管理合同，同意让雀巢公司的原经理人员继续担任管理职务。

7. 销售协议（Sales Agreement）

销售协议是指跨国公司与东道国销售企业达成协议，利用东道国销售企业的销售风格，扩大跨国公司产品在东道国销售的活动。

另外，跨国公司还采用技术援助或技术咨询（Technical Assistance or Technical Consulting Agreement）等非股权方法渗透东道国的企业和市场。

（五）外资进入中国的主要股权模式

根据中国政府的现行法规，外来投资者可以在中国大陆的信息产业领域、实物生产领域、基础设施领域、流通领域、金融服务、咨询服务以及其他领域选择适合自己的投资项目和投资方式。

1. 外商独资和合资模式在中国的发展

外商在华直接投资的股权方式主要有中外合资经营企业、外商独资经营企业、中外合作经营企业、合作开发和 BOT 投资方式等。20 世纪 80 年代初期，外商对华直接投资的方式是以合作经营为主。80 年代末，合资经营取得绝对优势。1979~1996 年，中外合资经营企业占外商直接投资项目的 61%，占外商直接投资协议金额的 46%，占外商直接投资实际金额的

51%，处于首位。外商独资经营企业处于第二位，分别占 20%、29%、24%；中外合作经营企业分别占 15%、24%、22%，居第三位；中外合作开发排在第四位，分别占 0.01%、1%、3%。1998 年，外商独资经营企业在协议金额中所占比重达到 36.82%，首次超过中外合资经营企业所占比重的 29.26%，并在 1999 年继续增加，许可证合同、特许经营、战略同盟和 BOT 等方式都得到一定发展。

从一些国家在中国的投资方式来看，也反映了这个特点。例如，过去由于受我国外商出资比例的法律限制，日本企业对我国的直接投资主要采取合资的方式，独资的占极少数，引资的方式单一。截至 1995 年末，日本企业对我国的投资合资占 80.8%，合作占 12.5%，独资为 6.7%，显然，合作、独资的比例较低。由于日本投资者对控股投资的欲望较高，许多企业都在积极争取尽快获准成立控股公司，因此，要结合我国的产业结构、技术结构的调整，考虑外商这一要求，使外商投资方式向独资、合资、控股等多样化投资方向发展。

在外商对华直接投资中，合资方式处于主要地位。其中中国政府外资政策的特点是重要的决定因素。①中国对独资和合资企业的待遇存在差异。例如，对合资企业的外汇平衡要求和它的业绩要求低于独资企业；地方政府对于合资企业实施减免税的优惠待遇。这主要是由于独资企业在技术转移方面的贡献小于合资企业。②政策透明度问题。中国政策越不透明，外商选择独资企业的可能性越小，而选择合资企业的可能性越大。③中国在改革开放进程中的诸多因素使得外商希望通过在中国市场寻求合作伙伴，尽量避免由于对中国市场不了解带来的交易成本。

随着中国改革开放的不断深化，市场机制越来越完善，政策透明度越来越高，独资企业的生存环境变得更好，独资企业的数量会相对增加。

2. 外商进入中国市场的新方式

从 20 世纪 80 年代的"合资"到 90 年代的"控股"，再到 21 世纪初的"独资"，外商在华发展策略的趋势日渐清晰。

目前，外资正以两种新的投资方式逐步取代原有的"联姻"方式。一种趋势是"新合资运动"。随着中国企业品牌知名度的提升及其自身在国际市场渠道的扩展，中国企业有了更重的筹码，而外方也不惜以核心技术来交换中国企业遍布全国乃至全球的销售网络和劳动力等优势。于是原来以"市场换资金"的合资方式渐渐隐退，逐渐发展为以国内市场换国际市场、浅层技术向深层技术深化的新合资方式。有的采取了类似战略联盟的方式。例如，2002年8月，TCL和飞利浦缔结盟约，TCL将在广西、贵州、江西、安徽、山西五省独家代理销售飞利浦彩电。该协议明确提出，双方在销售政策、市场推广、物流配送以及售后服务等具体细节方面达成了共识。这是继海尔与三洋、TCL与松下、海信与住友之后，国内家电企业又一次与跨国公司达成销售渠道上的合作，TCL也希望借此证明自己的销售渠道上的含金量。

另外一种趋势则是已经非常明显的外商"独资运动"。随着国内的市场体制逐渐成熟和对外资企业经营政策的逐步开放，外资在华经营业务范围和规模业绩不断扩大，外商越来越多地把在华合资企业纳入其全球生产链。这使得跨国公司迫切需要由原来合资企业中的被动适应角色转变成主动进取的战略规划者，从而有利于其参与更充分的市场化运作，并使在华企业能够按照自己的战略意图在中国发展。

从近年来外资并购的形势可以看到，许多并购事件我方都是处于被动地位，跨国公司很轻易地将合资企业纳入其经营系统，并通过收购剩余股权，从合资走向独资。由此，通过雄厚的资本输入和并购，从"合资"转换成"独资"的模式便成为外商独资企业的重要选择。从2002年开始，西门子、惠而浦和松下等国际著名的跨国公司已经纷纷将旗下部分公司实现独资。韩国LG电子也于2003年3月上旬，通过现金等方式收购了春兰集团拥有的50%股份，从而百分之百全资拥有了"泰州乐金电子冷机有限公司"的股份，成为该公司的唯一独立法人代表。

该公司的前身是"泰州LG春兰家用电器有限公司"，由韩国LG电子与中国著名的家电企业春兰于1995年12月各出资50%合建的。在这次收购中，春兰由于撤资，回笼资金超过4000多万美元，而当年投资只有2000多万美元，其中土地占了较大部分。LG公司则可以在独资后拥有更多的自主决策权，可以简化工作流程，提高工厂运营效率。LG电子计划将泰州工厂打造成LG电子在海外最大的冰箱生产基地，实现2003年冰箱产品进入中国市场前三强的目标。

目前，LG电子有多种产品进入中国十大畅销品牌之列，例如CD-ROM居第一位、微波炉居第二位，LG的CDMA产品及显示器居第三位，洗衣机居第五位及空调居第六位。LG电子选择其在华业务分量并不太重的冰箱基地率先独资，很可能是其加大在华投资，实现在华业务独资计划的一块"探路石"。

又比如，中国旅游业外资进入的股权模式也发生了一些变化，开创了旅游业独资的历史。2003年7月18日，国家旅游局与商务部联合发布的《设立外商控股、外商独资旅行社暂行规定》政策生效后的第七天，日航旅行株式会社最先拔得头筹，正式获准在中国北京开办第一家外商独资旅行社。至此，中国开放独资旅行社比加入世贸组织承诺的时间表提早两年兑现。

表 4-5　　　　　　　截至 2003 年外商在华投资方式结构

投资方式	项目数（个）	合同金额（亿美元）	实际金额（亿美元）
合资经营	238344 (51.22%)	3501.53 (37.13%)	2049.06 (40.86%)
外商独资	172108 (36.99%)	4141.47 (43.91%)	1990　　(39.66%)
合作经营	54512 (11.72%)	1707.98 (18.11%)	866.19 (17.27%)
合作开发	191 (0.04%)	47.4 (0.50%)	73.97 (1.50%)
外商投资股份制	93 (0.02%)	32.33 (0.34%)	29.7 (0.59%)
其他	29 (0.01%)	0.6 (0.01%)	5.83 (0.12%)
合计	465277 (100%)	9431.31 (100%)	5014.75 (100%)

注：括号内数字为比重值。
资料来源：根据商务部网站 www.fdi.gov.cn 提供数据和《中国统计年鉴》(2000~2004) 资料整理。

截至 2003 年，合资经营占全国批准总项目的比重、占全国合同外商投资总额的比重、占全国实际使用 FDI 总额的比重分别为 51.22%、37.13%、40.86%，外商独资以上三个比重分别为 36.99%、43.91%、39.66%，合作经营以上三个比重分别为 11.72%、18.11%、17.27%。可见从总量上看，投资方式中居于首位的仍是合资经营，第二位为外商独资经营，第三位为合作经营。但外商独资经营和合资经营已经相差不大，并且合同金额中独资经营所占的比重已经大于合资经营所占的比重，这反映出外商的投资方式已经由合资经营为主向独资经营为主转变。

从每年 FDI 投资方式的变化中更能够清楚地看出由合资经营为主向独资经营为主的转变。自 1997 年起，新设立项目中，外商独资经营的项目数超过合资经营的项目数，自 1998 年起，外商独资企业的合同金额超过了合资经营项目的合同额，自 2000 年起，外商独资企业的项目数、合同金额和实际金额都超过了合资经营项目，并且这一趋势越来越明显。2003年，独资企业的项目数、合同金额、实际金额分别为全国项目数、合同金额、实际金额的65.59%、70.92%、62.39%。而2006年,独资企业的项目数、合同金额、实际金额分别为全国项目数、合同金额、实际金额的72.73%、76.8%、73.43%,三个比例都有明显上升。这表明,在各种投资方式中,外商独资经营方式越来越受到外商的青睐,已成为FDI的最主要投资方式。

表4-6　　　　　　　　　　　　FDI方式变化

	投资方式	合资经营企业	合作经营企业	独资企业	外商投资股份制企业	合作开发	其他	合计
2004	项目（个）	11570	1343	30708	43	—	—	43664
	合同金额（亿美元）	276.41	77.88	1172.75	7.74	—	—	1534.79
	实际金额（亿美元）	163.86	31.12	402.22	7.77	1.09	0.24	606.3
2005	项目（个）	10480	1166	32308	47	—	—	44001
	合同金额（亿美元）	324.42	86.91	1459.09	20.22	—	—	1890.65
	实际金额（亿美元）	146.14	18.31	429.61	9.18	—	—	603.25
2006	项目（个）	10223	1036	30164	50	—	—	41473
	合同金额（亿美元）	329.27	80.74	1515.57	11.61	—	—	1937.27
	实际金额（亿美元）	143.78	19.40	462.81	4.22	—	—	630.21
2007	项目（个）	7649	641	29543	38	—	—	37871
	实际金额（亿美元）	155.96	14.16	572.64	4.92	—	—	747.68

资料来源:《中国统计年鉴》(2005~2008)。

表4-7　　　　　　截至2007年外商直接投资分方式统计

投资方式	项目数（个）	实际金额（亿美元）
合资经营	278289 (44.01%)	2674.58 (33.82%)
外商独资	294831 (46.62%)	3880.10 (49.07%)
合作经营	58698 (9.28%)	949.67 (12.01%)
合作开发	191 (0.03%)	75.07 (0.95%)
外商投资股份制	245 (0.04%)	41.74 (0.53%)
其他	94 (0.01%)	286.31 (3.62%)
合计	632348 (100%)	7947.07 (100%)

注:括号内数字为比重值。
资料来源:http://www.fdi.gov.cn/pub。

外商投资方式的变化是与我国相关法律的修改分不开的。对外资开放初期,中国不允许外商设立独资企业。但很快制定和修改了有关法律,允许外商在华设立独资企业。此后较长时期内,在华投资者仍然主要采取中外合资和中外合作的方式。这是因为大陆刚刚开始体制改革,外国投资者

第四章　外商对华直接投资的阶段、方式及特征

不了解中国的情况，不得不借助中方合作者，以适应传统计划体制的许多特点。20世纪90年代中期以来，外国投资者更多地采用独资方式，原因主要有：第一，大型跨国公司在华投资增加较快，这些企业在发展中国家的投资，较多采取独资经营的方式。第二，随着国内体制改革不断推进，中国市场经济体制环境正在形成之中，外商在华独资经营的环境明显改善。第三，外商投资企业的技术水平不断提高，出于技术保密要求，越来越多的外商投资企业希望采取能控制企业股权结构的方式。

总之，随着中国改革开放的不断深入，外资进入中国的股权模式呈现多样化发展的趋势。除了以往占优势的合资形式之外，独资和合资控股得到了一些跨国公司的青睐；一些非股权模式，例如战略联盟、管理合同等，也在中国市场上逐步发展。可以预计，只要条件成熟，凡是国际上通行的投资方式，在中国市场都可能出现。

第三节　外商对华直接投资的结构特征

一、来源特点

1. 改革开放以来外商投资来源以港澳台地区为主

从FDI的来源分析，改革开放以来，我国吸收的FDI共来自120多个国家和地区，其中主要来源地为港澳台地区。在实际吸收的FDI总额中，来源于中国香港、中国台湾、日本、韩国和东南亚等亚洲国家或地区的投资约占80%以上。[①]

表4-8　　　　截至2007年对华投资前15位国家地区情况

单位：个，亿美元，%

国家/地区	项目数	比　重	实际外资金额	比　重
中国香港	285763	45.19	3085.33	39.02
维尔京群岛	18499	2.93	741.46	9.38
日本	39688	6.28	617.24	7.81

① 数据来源于商务部网站 www.fdi.gov.cn。

续表

国家/地区	项目数	比重	实际外资金额	比重
美国	54838	8.67	567.06	7.17
中国台湾省	75146	11.88	457.61	5.79
韩国	46582	7.37	387.75	4.9
新加坡	16615	2.63	333.91	4.22
英国	5834	0.92	147.81	1.87
德国	5886	0.93	147.76	1.79
开曼群岛	2185	0.35	133.62	1.69
西萨摩亚	5123	0.81	97.65	1.23
荷兰	2131	0.34	83.99	1.06
法国	3539	0.56	82.71	1.05
中国澳门	11553	1.83	73.51	0.97
毛里求斯	1886	0.3	58.43	0.74
其他	57080	9.03	894.62	11.31
总计	632348	100	7910.46	100

资料来源：http://www.fdi.gov.cn/pub。

2. 自由港在华投资所占比重迅速增加

从 FDI 的来源看，亚洲仍居于最重要地位，但值得注意的是，部分自由港（包括维尔京群岛、开曼群岛和西萨摩亚等）在华投资所占比重迅速增加。截至 2002 年，自由港累计对华投资 243.88 亿美元，占我国吸引 FDI 总额的 5.44%，位于中国香港、美国、日本、中国台湾之后，排在第五位。① 部分自由港在华投资所占比重迅速增加有两方面原因：第一，跨国公司出于避税目的在自由港注册。维尔京群岛、开曼群岛和西萨摩亚等自由港都是著名的避税地，为取得税收优惠，很多跨国公司都注册于这些地区。中国广阔的市场和巨大的发展潜力加之加入 WTO 的巨大利好，跨国公司对华投资大幅上升。因此，在我国 FDI 来源上表现为部分自由港的比重迅速增加。第二，海外中资企业加大国内投资力度。我国为吸引外资，制定了诸多优惠政策，在某些领域，外商投资企业甚至享受"超国民待遇"，使众多国内同行企业陷于不利的竞争局面。因此，越来越多的国内企业在自由港注册后，再返回国内投资，一则可以享受国内的优惠政策，二则可以合理避税。这也是部分自由港所占比重迅速提高的原因之一。

---

① 数据来源于商务部网站 www.fdi.gov.cn。

第四章 外商对华直接投资的阶段、方式及特征

表 4-9　　　　　　　　　　　我国 FDI 的来源结构

单位：亿美元，%

年份	中国港澳		中国台湾		日本		美国		欧盟	
	金额	比重	金额	比重	金额	比重	金额	比重	金额	比重
1990	19.13	54.86	2.22	6.38	5.03	14.44	4.56	13.08	1.47	4.23
1991	24.87	56.96	4.66	10.68	5.33	12.20	3.23	7.40	2.46	5.63
1992	77.09	70.03	10.51	9.54	7.10	6.45	5.11	4.64	2.43	2.21
1993	178.61	64.91	31.39	11.41	13.24	4.81	20.63	7.50	6.71	2.44
1994	201.75	59.75	33.91	10.04	20.75	6.15	24.91	7.38	15.38	4.55
1995	205.00	54.64	31.62	8.43	31.08	8.28	30.83	8.22	21.31	5.68
1996	212.58	50.95	34.75	8.33	36.79	8.82	34.43	8.25	27.37	6.56
1997	210.27	46.46	32.90	7.27	43.26	9.56	32.39	7.16	41.71	9.22
1998	189.30	41.64	29.15	6.41	34.00	7.48	38.98	8.58	39.79	8.75
1999	166.72	41.35	25.99	6.45	29.73	7.37	42.16	10.46	44.79	11.11
2000	158.47	38.92	22.96	5.64	29.16	7.16	43.84	10.77	44.79	11.00
2001	170.38	36.35	29.80	6.36	43.48	9.28	44.33	9.46	41.83	8.92
2002	183.29	34.75	39.71	7.53	41.91	7.95	54.24	10.28	37.10	7.03
2003	181.17	33.86	33.77	6.31	50.54	9.45	41.99	7.85	39.30	7.35
2004	195.44	32.23	31.17	5.14	54.52	8.99	39.47	6.50	42.39	6.99
2005	185.49	30.75	21.52	3.57	65.30	10.82	30.61	5.07	51.94	8.61
2006	208.36	33.40	21.36	3.39	45.98	7.23	28.65	4.56	54.39	8.26
2007	283.40	37.90	17.74	2.37	35.89	4.80	26.16	3.50	38.38	5.13
2008	416.18	45.04	18.99	2.05	36.52	3.95	29.44	3.19	49.95	5.41

资料来源：国家统计局：《中国统计年鉴》（1991~2008），中国统计出版社；http://www.fdi.gov.cn/pub。

3. 90 年代后期来自欧美发达国家的外商投资明显增多

近年来，由于受亚洲金融危机的影响，我国吸收 FDI 的来源地结构发生了变化，来自亚洲国家或地区的比重出现下降，而来自欧盟和北美地区的发达国家投资比重则有所上升。"九五"时期，港澳地区、台湾地区、日本、美国、欧盟等对华实际直接投资金额分别为 937.3 亿美元、145.7 亿美元、173.0 亿美元、191.8 亿美元、198.5 亿美元。与"八五"时期相比，港澳地区增加了 250 亿美元（36%），台湾地区增加了 33.7 亿美元（30%），而日本则增加了 95.5 亿美元（123%），美国增加了 107.1 亿美元（126%），欧盟增加了 150.2 亿美元（311%）。① 这种变化表明，我国传统的

---

① 数据来源于商务部网站 www.fdi.gov.cn。

吸收外商投资来源地的投资增速在下降,而欧美国家来华投资的增速却在明显上升。

4. 不同来源的外商投资呈现不同的规模特征

首先,从全部来华投资项目的平均规模看,我国外商投资企业的平均规模在最近 10 年呈不断扩大的趋势,由 1990 年的 90.69 万美元增加到 2003 年的 280.11 万美元。项目平均规模的大幅度上升,表明外商投资的大型项目逐渐增加,项目的资金和技术含量均有了较大的提高。其次,从不同来源国的项目平均规模看,尽管来自港、澳、台地区的投资在总量上占有绝对优势,但就平均规模而言,远不及来自欧美国家的投资。进入 90 年代,特别是 1992 年之后,我国市场经济体制的建立以及国内巨大的市场潜力,使大型跨国公司来华投资取得突破性进展,世界 500 强中已有 490 多家在华投资,特别是欧美著名的大型跨国公司,例如通用汽车、通用电气和杜邦等公司均以较大的规模在华投资,从而扩大了我国外商投资的总体规模。

二、产业分布特点

从国际比较来看,全球直接投资的产业结构分布呈现出不断变化的态势。20 世纪 50~60 年代,全球直接投资主要集中于以初级产品为主的第一产业;70~80 年代则主要集中于以制造业为主的第二产业;90 年代以来,国际直接投资的产业构成又发生了一次重大变化,以服务业为主的第三产业成为主要投资领域。据统计,全球第三产业国际直接投资的比重已占全部投资的 55%~60%。①

表 4-10　　　　　　　截至 2007 年外商直接投资产业结构

产业	项目数(个)	比重(%)	合同外资金额(亿美元)	比重(%)
第一产业	17520	2.77	326.05	1.88
第二产业	457540	72.36	11410.46	65.87
第三产业	157288	24.87	5586.88	32.25
合计	632348	100	17323.39	100

资料来源:http://www.fdi.gov.cn/pub。

---

① 联合国跨国公司与投资司:《2002 年世界投资报告》,中国财政经济出版社 2003 年版,第 49 页。

我国吸收 FDI 的产业分布也经历了一个变化的过程，主要是第二产业的比重逐步扩大。截至 2007 年底，全国协议利用外商投资金额 17323.39 亿美元，其中第一产业为 326.05 亿美元，占 1.88%；第二产业为 11410.46 亿美元，占全部外商投资的比重为 65.87%；第三产业为 5586.88 亿美元，占 32.25%。与其他发展中国家相比，我国 FDI 的产业分布有很大差异。

表 4-11　　　　　　　　　截至 2007 年 FDI 行业结构

行业名称	项目数（个）	比重（%）	合同外资（亿美元）	比重（%）
农、林、牧、渔业	17520	2.77	326.05	1.88
采矿业	1497	0.24	74.21	0.43
制造业	442249	69.94	10788.68	62.28
电力、煤气及水的生产和供应业	2226	0.35	208.9	1.21
建筑业	11568	1.83	338.67	1.95
交通运输、仓储及邮电通信业	7930	1.25	421.59	2.43
信息传输、计算机服务和软件业	5885	0.93	146.35	0.84
批发和零售业	38869	6.15	518.85	3.0
住宿和餐饮业	4379	0.69	113.85	0.66
金融业	296	0.05	315.62	1.82
房地产业	48670	7.7	2853.11	16.47
租赁和商务服务业	27504	4.35	686.33	3.96
科学研究、技术服务和地质勘察业	7834	1.24	133.62	0.77
水利、环境和公共设施管理业	589	0.09	42.63	0.25
居民服务和其他服务业	11419	1.81	219.18	1.27
教育	1634	0.26	30.8	0.18
卫生、社会保障和社会福利业	1280	0.2	59.18	0.34
文化、体育和娱乐业	992	0.16	45.41	0.26
公共管理和社会组织	6	0	0.35	0
国际组织	1	0	0	0
总计	632348	100	17323.38	100

资料来源：http://www.fdi.gov.cn/pub。

首先，在三次产业分布中，外商在我国第一产业的投资比重偏低。产生这种差异的原因除了统计口径存在差异外，主要有农业体制方面的原因，我国以家庭联产承包制为主体的农业经营体制，使外商投资所需要的规模经济难以实现；从投资来源看，由于我国外商投资的主要来源地为港澳台地区，它们主要从事制造业，经营第一产业的企业很少。另外，在我国目前投资于第一产业没有明显的比较优势，也是FDI在第一产业比重偏低的一个原因。

其次，我国制造业吸收FDI的比重高于发展中国家的平均水平，内部结构趋同。到20世纪90年代中期，发展中国家制造业中FDI的存量占全部FDI存量的比重略高于45%，而我国这一比例约为60%。[1] 在90年代以前，我国吸收外商投资的主要领域是纺织、服装、电子元器件和轻工业等劳动密集型产业，就外商投资存量看，它们至今仍然是吸收外商较多的行业。进入20世纪90年代以来，外商在资金、技术密集型行业的投资增长很快，这种趋势符合当今世界资金与技术跨国转移的总体趋势。

最后，外商在我国第三产业中的投资比例与发展中国家的平均水平相差不大。我国FDI总额中，第三产业所占比重约为32%，而发展中国家平均约占30%。[2] 但从第三产业内部看，我国外商投资的分布有很大差异。房地产业是第三产业中吸收外商投资最多的行业，约占2/3，而金融、保险、商业、外贸和信息服务业等其他发展中国家吸收外商投资较多的行业，我国由于刚刚开始试点，吸收外商投资的数额还相对有限。

三、地区分布特点

自从20世纪80年代初对外开放梯度理论引入我国，优先东部，随后

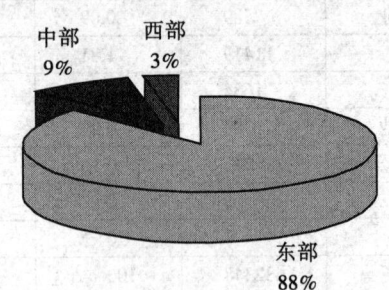

图4-3 截至2003年FDI地区分布

资料来源：根据《中国统计年鉴》和商务部网站www.fdi.gov.cn提供的数据整理计算。

---

[1] 联合国跨国公司与投资司：《2002年世界投资报告》，中国财政经济出版社2003年版，第72页。

[2] 联合国跨国公司与投资司：《2002年世界投资报告》，中国财政经济出版社2003年版，第29页。

第四章　外商对华直接投资的阶段、方式及特征

西部的梯度排序作为区域政策付诸实施以来，我国区域经济发展形成了明显的三个梯度。正是由于东部地区较高的经济发展水平和良好的投资环境，现有的 FDI 在涌入我国的时候，绝大部分选择了在东部沿海地区投资，造成东西部地区的外商投资差距甚大。

就实际利用的 FDI 额而言，20 世纪 80 年代，将近 90% 的 FDI 都被东部沿海地区所吸纳。20 世纪 90 年代以后，这一比重虽略有下降，但总的趋势没有明显改变。我国东、中、西部地区占实际吸收 FDI 总额的比重，1995 年分别为 87.9%、9.0% 和 3.1%，2000 年分别为 86.6%、8.8% 和 4.6%，即在东部地区外商投资有较快增长的同时，西部地区所占的比重有所提高。截至 2003 年底，我国实际利用外商投资金额 5014.75 亿美元，其中东部地区 4387.91 亿美元，占 87.5%；中部地区 471.39 亿美元，占 9.4%；西部地区 155.45 亿美元，占 3.1%。截至 2003 年，全国累计实际吸收 FDI 最多的五个省市均地处东部地区，它们分别是广东（1292.79 亿美元）、江苏（713.98 亿美元）、福建（438.65 亿美元）、上海（423.73 亿美元）和山东（353.81 亿美元），其在全国累计总额中所占的比重分别为 25.78%、14.24%、8.75%、8.45% 和 7.06%，这五个省份占全国的比重合计 64.28%；而吸收外商投资最少的五个省区分别是西部的西藏、青海、宁夏、新疆和贵州，它们合计占全国的比重仅为 0.3%。[①] 近年来，随着西部大开发战略的实施，我国西部地区吸引外商直接投资的比重有所上升，但我国吸收外商投资"东重西轻"的格局并没有出现根本性的改变。

表 4—12　　　　　截至 2007 年东部、中部、西部地区利用外资情况

地方名称	项目数（个）	比重（%）	实际外资金额（亿美元）	比重（%）
东部地区	525998	83.18	6635.52	83.91
中部地区	67684	10.70	657.27	8.31
西部地区	38604	6.10	337.4	4.27
有关部门	62	0.01	277.28	3.51
总计	632348	100	7907.47	100

注：有关部门项下包含银行、证券、保险行业吸收外商直接投资数据。东部地区：北京、天津、河北、辽宁、上海、江苏、浙江、福建、山东、广东、海南；中部地区：山西、吉林、黑龙江、安徽、江西、河南、湖北、湖南；西部地区：内蒙古、广西、四川、重庆、贵州、云南、陕西、甘肃、青海、宁夏、新疆、西藏。

资料来源：http://www.fdi.gov.cn/pub。

---

① 根据《中国统计年鉴》和商务部网站 www.fdi.gov.cn 提供的数据整理计算。

第五章 外商对华直接投资的技术外溢效应分析

第一节 外商对华直接投资的技术战略

外商对华直接投资的实践表明，外商对中国的投资是循序渐进、逐步推进的，其技术投入也与进入中国市场一样，遵循着同样的原则，采取了十分谨慎的策略。通常的做法是：首先，设立企业（小规模的），向所投资企业适当转让生产应用技术；其次，逐步扩大生产规模，增加新产品的生产，相应加大技术投入，并不断地投入动态技术；最后，在中国投资达到一定规模，在中国市场占有了相当的份额后，开始设立研发中心，从事既满足中国市场也面向全球的基础研究。

一、由逐步进入到大幅度引进技术

在改革开放初期，中国吸收外资的绝大部分来自港澳台地区，投资主体主要是中小企业，大型跨国公司很少。当时中国吸收的外资主要集中在产品封装、组装以及低级产品的生产领域，技术含量普遍不高，基本没有技术投资。20世纪90年代初期，跨国公司开始进入中国市场，也拉开了对中国进行技术投资的序幕，但当时的技术投资基本上属于试探性的。90年代中期之后，随着中国经济持续、稳定、快速增长和国内市场逐步对外开放，跨国公司争相到中国进行投资。应该说，这一时期跨国公司在华投资的重心仍然是制造业领域，R&D投资并不是投资的重点。但随着跨国公司在华生产性投资的增多，在华R&D投资也开始出现大幅度的增长。中国加入WTO后，跨国公司对中国的技术投入明显加快。跨国公司不仅仅是简单的技术投入,而且开始注重对高新技术的投入,最突出的变化就是研发中心的设立。

目前,外商投资企业的技术引进约占全国技术引进总额的五成以上,外商投资企业正逐渐成为中国技术引进的主体。中国技术引进主要涉及机械、电子、能源、交通、信息、化工等领域,而这些领域同样也是外商投资最集中的行业。高新技术领域的投资也主要是外商投资企业来进行的,中国几个高新技术产业发展最快的城市都是以外商投资企业为主体的,而在外商投资企业的技术引进中又主要是由跨国公司来进行的。跨国公司的技术投入促进了中国高新技术产业的发展,在高新技术产业增加值中外商投资企业约占1/2,申请的专利数约占高新技术产业申请专利数的2/3,在高新技术出口和机电产品出口中都占有较大的比重。[①] 目前,在中国投资取得成功的通用电气、摩托罗拉、IBM、郎讯、杜邦、宝洁、英特尔、西门子等世界著名跨国公司对中国的技术投入都在加大。

二、由被动的硬性技术转让到自觉的技术投入

中国吸收外商投资的主要目的之一就是要引进国外的先进技术,跨国公司是世界领先技术的代表,中国向跨国公司开放市场的目的就是要通过市场换技术。因此,中国政府以往对跨国公司的技术转让有强制性的要求,如《中华人民共和国外商投资企业法》在2000年底修改前就明确规定,设立外资企业,必须采用先进的技术和设备,或者产品全部出口或者大部分出口。这对跨国公司的技术投入是一种被动的硬性要求。在设立中外合营企业的谈判中,中方也往往要求外方要为合营企业转让先进技术。中国政府审批部门在对外商投资项目的审批过程中,也是按照这一原则来操作的。

根据WTO的规则和中国政府在加入WTO谈判中的承诺,目前中国取消了对跨国公司技术投入的强制性要求,《中华人民共和国外商投资企业法》修改为:"设立外资企业,必须有利于中国国民经济的发展。国家鼓励举办产品出口或者技术先进的外资企业。"删除了关于设立外资企业,必须"采用先进的技术和设备,或者产品全部出口或者大部分出口"的硬

---

① 王志乐主编:《2002~2003跨国公司在中国投资报告》,中国经济出版社2003年版,第157页。

性规定。①中国政府在加入 WTO 的议定书中明确承诺:"中国政府应保证国家和地方各级主管机关对进口许可证、配额、关税配额的分配或对进口、进口权或投资权的任何其他批准方式不以下列内容为条件:此类产品是否存在与之竞争的国内供应者,任何类型的实绩要求,例如当地含量、补偿、技术转让、出口实绩或在中国进行研究与开发。"②

跨国公司普遍认为,中国市场的发展潜力巨大,在未来 10~20 年,其发展速度将难以估量。因此,跨国公司从竞争的内在需求出发(产品不管是在国内市场销售还是在国际市场销售,都要有先进的技术做支撑),都自觉主动地加大了对中国的技术投入,加快了对中国技术转让的步伐,在汽车、家电行业表现得最为突出,几大汽车厂商都开始将最新的车型投放到中国市场。跨国公司对其在华设立的企业的技术投入越来越大。摩托罗拉公司、诺基亚公司在北京建立十几亿美元的星园,巴斯夫、BP、壳牌都在中国建立了技术最先进的大型石化项目。中国台湾几乎所有的从事 IT 产业的大型企业都大规模地在大陆设厂,大规模集成电路的生产已具世界先进水平。

三、技术投入与发展配套相结合

跨国公司在中国投资达到一定规模后,一个较为普遍的做法是与大学等科研机构开展各种科研技术合作,由跨国公司出研究经费,大学等科研机构具体进行研究,通常这种研究课题都不是最终的结果,而是课题的阶段性研究成果,研究成果的产权也都属跨国公司所有,跨国公司再将这些成果拿回去继续进行研究。通过这种方法跨国公司充分利用了中国高校等科研机构的廉价科研力量,同时也不担心技术泄密。当然,对高校等科研机构来说也不失为解决科研经费不足的有效途径,也是与跨国公司合作的初始过程。

跨国公司在中国的另一做法是对内资企业进行技术扶植,通过 OEM、ODM 的方式进行合作,并不过多地投资设立企业,而是寻求内资企业作为供货商,对一些内资企业进行技术支持,使其达到所需的技术标准,采购其产品使其进入其全球生产系统。中国加入 WTO 以后,跨国公司在中

---

① 汪明编著:《国际投资中国运作实务》,中国海关出版社 2002 年版,第 223 页。
② 申长友编著:《中国加入 WTO 法律文件解读》,中国物资出版社 2003 年版,第 58 页。

国的投资明显地加强了对配套生产的要求,日本丰田汽车公司表示,不光是要在中国建整车厂,还要将所有的零部件配套厂都带到中国。

四、由单纯的技术投入向研发经营战略的转变

近年来,跨国公司的 R&D 投资日益出现全球化的趋势,跨国公司在海外 R&D 投资的区位选择上日益重视自身技术优势与当地知识资源的有效结合。目前,中国正在成为跨国公司全球重要的 R&D 基地之一。中国"入世"带来的市场开放促使跨国公司加快了在华设立研发中心的进程,具体表现为:一是设立的速度明显加快。跨国公司在中国的 R&D 投资始于 20 世纪 90 年代初期。1994 年北方电讯与北京邮电大学合作成立第一家中外合资 R&D 机构——北邮北电 R&D 中心,至此之后,IBM、微软、Intel、宝洁、爱立信、西门子、松下、朗讯、GM、联合利华等国际知名跨国公司相继在中国设立 R&D 机构。根据中国外经贸部跨国公司研究中心统计,截至 2007 年年底,跨国公司在中国设立的各类 R&D 机构多达 1160 多家,中国正在成为跨国公司全球重要的 R&D 基地之一。[①] 二是对研发中心的资金投入明显加大。许多跨国公司增加了在研发中心的投资,有的一年就增资几千万美元,而且进口了许多最先进的设备。三是研发中心的技术成果显著,基础研究在加大。跨国公司在华设立的研发中心所研发的技术大都是和生产相连的应用技术,研发中心以发展为主,纯基础理论的研究不多,一般来讲,这种基础研究大都在跨国公司的本部的研发中心来进行。值得注意的一个变化是,跨国公司已开始将一部分基础研究放在中国的研发中心来进行。这些研发中心主要位于上海和北京,主要集中在计算机、软件、通信、化工、汽车、医药等领域。总体上讲,目前跨国公司在华设立的研发中心还处于起步阶段,主要还是以应用技术研究为主,服务对象还是在华投资的企业。跨国公司在华进行 R&D 投资的动机有以下几点:

1. 应对在华跨国公司间的激烈竞争,支撑跨国公司在中国的生产与销售

中国拥有广大的市场、廉价的劳动力以及相当不错的制造业基础,在 20 世纪 90 年代,中国吸引了许多跨国公司大量的生产性投资,成为跨国公司制造业或者制造环节国际转移的首选之地。目前,许多跨国公司将中

---

① 数据来源于商务部网站 www.fdi.gov.cn。

国列为全球重要的目标市场与产品供给基地,跨国公司在华之间的竞争异常激烈。从细分市场的角度来分析,跨国公司要在中国市场上立于不败之地,不仅要在成本和质量上胜过对手,更要建立快速反映中国消费者特殊需求的机制,在产品开发的速度上胜过对手,提高产品或行业的进入壁垒。例如,IBM 公司在中国投资过程中发现,为在中国市场上取得竞争优势,汉语语言识别技术的研究与开发显得尤为重要,公司 R&D 中心成立之后,着重对汉语语音识别与输入技术进行研究与开发,成功推出汉语普通话 Via Voice 软件。

2. 利用中国的科研能力和人才

跨国公司在进入中国市场一定程度以后,为了进一步扩大市场份额,在竞争中取得优势,就必然要采用最先进的技术来进行生产,就要根据中国市场的具体情况从事研发活动,要有专门从事研发活动的研发中心,而中国大量优秀的高素质科技人才也为设立研发中心提供了可能。在发展中国家中,我国的科技水平相对较高,人才优势十分突出。例如,北京是我国高水平科技人才的集中地,有我国国家级科研单位中国科学院和北大、清华等全国一流院校所,有依托中科院和大学园区的全国最大的科技园区中关村,这种人才集聚的条件,对外商投资研发机构具有很强的吸引力。微软总裁比尔·盖茨坦言,在中国设立微软在亚洲的第一个研究院,是因为中国拥有许多非常优秀的人才。因此,跨国公司研发中心的设立,利用中国技术人员从事科研开发的目的就越发突出。一些跨国公司在华设立的研发中心,其科研人员全部是博士、硕士,绝大部分来自本土。目前,跨国公司在中国对人才的竞争空前激烈,跨国公司企图充分地利用中国廉价的科技人员的头脑。

3. 建立全球 R&D 网络,将中国纳入全球 R&D 体系

信息技术特别是网络技术的发展使得跨国公司在全球任何一地设立的子公司与跨国公司全球体系及时交换资料成为可能,从而使研发活动可以分散于全球不同地点进行。例如,美国宝洁公司设在中国的 R&D 中心与公司全球 18 个 R&D 中心联网,实现科研资料的交流与共享,极大地提高了科研水平和效率。

4. 与中国政府建立良好的信任关系,树立良好的公众形象

当前,虽然中国政府已经根据 WTO 规则的要求取消了对跨国公司技术投入的强制性要求,但是中国政府、企业与民众仍然把是否在华设立

R&D 机构看做判断跨国公司在华经营是否对中国有利的一个标准。一些跨国公司也感到，只从事制造不引进技术开发能力这种状况，不利于它们在中国的长期发展，需要加以改善。与政府建立良好的信任关系和改善公众形象，成为跨国公司在我国进行 R&D 投资的重要动机之一。罗克韦尔与中国多所大学建立合作关系的重要目的之一，就是树立良好的公众形象，赢得信誉，取得长久的成功。

跨国公司在中国进行 R&D 投资实际上是跨国公司 R&D 全球化特征的重要体现，是其技术创新全球化战略的重要组成部分。R&D 全球化已经成为继贸易全球化、生产全球化、金融全球化之后世界经济一体化的重要趋势。为了实现全球化的战略意图，跨国公司就必然在我国进行 R&D 投资，把原来在母公司进行研发的部分技术与产品转移到中国来进行。

五、技术的先进性与投资方式密切相关

跨国公司的显著特征之一是对技术的独占性。跨国公司之间的竞争，其核心就是技术的竞争，谁拥有了最先进的技术谁就会在竞争中取得优势。跨国公司拥有的技术大都是专有技术，因此如何对技术进行保密就成为跨国公司首先要考虑的问题。总结以往跨国公司在中国投资的情况可以得出这样的规律：越是高新技术产业外商投资企业越是要对企业控股，越是技术先进的企业，跨国公司越是倾向于采取独资方式。实际情况也表明，跨国公司投资的独资企业技术的先进程度要优于合营企业，合营企业中跨国公司控股的企业技术水平要优于其不控股的合营企业。跨国公司投资企业的技术水平要大大优于其向内资企业转让的技术，这也是这几年跨国公司在中国的投资大都选择独资企业的原因之一。2001 年外商投资新设立的项目中独资企业占 50.93%。中国加入 WTO 以后，这一趋势愈加明显，2002 年和 2003 年外商投资新设立的项目中独资企业进一步上升到 60.15% 和 62.39%，2007 年则高达 68.56%。①

---

① 数据来源于《中国统计年鉴》和商务部网站 www.fdi.gov.cn。

第二节 技术外溢效应的经验分析

一、外商对华直接投资所产生的技术外溢效应

（一）外资企业与内资企业的联系效应

外资企业在生产经营过程中，往往需要与国内的上下游关联企业发生经济来往。当国内企业从这种经济往来中获得了先进技术和管理经验而又不需支付相关费用时，技术外溢效应便形成了。

1. 外商投资企业对国内配套企业的技术支持情况

由江小涓主持调查的一项研究表明，在 74 家有国内配套企业的外资企业中，有 51 家以各种方式对配套企业提出要求和提供帮助，占样本企业的 69%。按照出现的频率，这 51 家外商投资企业帮助国内配套企业提高竞争力的主要方式依次为：提出新的质量标准，提供技术帮助、投资参股并开发技术、共同出资开发。以天津摩托罗拉为例，其在天津市有 80 家配套企业，在天津以外有 170 家配套企业，为了提高国内配套产品的质量，公司按照自己的技术规范对国内上游产品生产企业提出要求，除了提供图纸外，甚至派出技术人员对上游企业的生产加以指导。

表 5-1　　外商投资企业为国内配套企业提供帮助的主要方式

（样本数：51）

提供帮助的方式	应答的企业数（可以复选）	占样本企业的比例（%）
提出质量标准	40	78.4
提供技术帮助	33	64.7
投资参股并开发技术	12	23.5
共同出资开发技术	6	11.8

资料来源：江小涓：《中国的外资经济》，中国人民大学出版社 2002 年版，第 22 页。

可口可乐公司与供货商的关系是一个很好的案例。20 世纪 80 年代初期，可口可乐公司准备将可口可乐罐装线引入中国，希望在中国找到玻璃瓶供货商。按可口可乐公司的技术标准和安全标准，要求玻璃瓶能够承受

32个大气压的压力。但在当时,国内玻璃瓶制造企业的产品最多只能承受16个大气压的压力。为了在国内形成合格的配套商,可口可乐公司从美国本部请来几位技术和管理专家,考察了国内数家玻璃瓶制造企业,提供提高产品质量方面的咨询。他们从工艺到设备都提出了建议,可口可乐公司还免费提供了部分设备和模具,使这些企业生产的玻璃瓶达到了可口可乐公司的质量要求,成为可口可乐在中国的配套供货商。

2. 外商投资企业国内配套(采购)率逐步提高

在我国利用外资的较早时期,外商主要将中国作为一个低成本的加工组装基地,零部件主要靠进口,在中国制造和增值的比重较低,表明外商投资企业与国内产业的关联度较低。这种状况并不是中国独有的现象,在与跨国投资相关的研究中,东道国的产业与外商投资企业融合度较低的问题是一个长期被关注的问题。我国以往存在这个问题主要有以下三个方面的原因:一是跨国公司在战略上将中国定位为加工组装基地;二是国内产业的技术水平相对较低,为外商投资企业提供合格配套产品的能力较低;三是外商投资企业在海外的配套企业进入我国的较少,即跟随性配套投资较少。

然而,上述问题在近几年有所改善。近几年,国内为外商投资企业提供配套产品的能力不断提高,外商投资企业与我国国内产业的关联度明显提高。1992年,日资企业在我国国内的配套率仅为20%左右,当时日资企业在东盟投资企业的配套率已达到46.7%。但日资企业在华配套率在20世纪90年代持续上升,到1999年,日资企业在我国的配套率已上升为47.3%。① 而同期,日资企业在东盟国家的配套率几乎没有变化。2001年以来,外商投资企业产品国产化的速度进一步加快。以移动通信设备为例,三大巨头都进一步提高了在国内的采购比例。摩托罗拉在中国已有700多家供应商,2000年在华采购金额为75亿元,2001年达到120多亿元。诺基亚2000年在华采购数额已超过10亿美元。爱立信近年来在华采购数额猛增了四倍,其部分手机的本地化程度已超过六成,与手机配套的充电器和电池则已全部实现国产化,大量移动电话的附件已从中国采购并出口。②

---

① 王志乐:《著名跨国公司在中国的投资》,经济科学出版社2001年版,第132页。
② 数据来源于信息产业部网站www.mii.gov.cn。

(二) 外资企业产生的示范和竞争效应

在华跨国公司对国内企业的示范效应体现在生产工艺、销售方式与管理水平等各个方面。示范效应的强弱，在很大程度上取决于我国企业对技术的理解能力和应用能力。我国国内企业的技术基础相对较强，跨国公司进入产生的技术示范作用在一些行业中很明显。以营销方式为例，我国企业会亲身体验到跨国公司的促销方式、产品的宣传与包装，会了解到产品的售后服务是如何进行以及这一过程是如何提高企业形象等一系列与产品销售和提高企业竞争力有关的营销方式与理念。这些从跨国公司那里得到的"溢出产物"对于国内企业的经营管理机制的转变会起到重要的作用。

示范效应与竞争效应往往是联系在一起的。当面临跨国公司投资企业的竞争时，原先处于国内领先地位甚至垄断地位的企业为了保持市场竞争力，会加快技术开发的速度和提升技术水平。跨国公司竞争产生的压力，是我国通信设备、汽车、工程机械、电站设备等许多行业中的内资企业不断提升技术水平的重要推动力。例如移动电话行业，摩托罗拉、爱立信和诺基亚是最早在中国投资设厂生产移动电话的三大国际移动电话生产巨头，最初它们都是以加工贸易的形式面向国际市场生产的，使中国成为世界重要的移动电话生产基地，同时也培养了一大批配套企业。随着国内移动通信市场逐渐扩大，这些跨国公司既向国际市场出口，也在国内市场销售，刺激了国内需求。随着市场需求的扩张，国内企业也逐渐开始涉足移动电话生产，一些国产品牌的移动电话如 TCL、夏新、波导等都取得了不俗的市场业绩。2002 年国产手机的市场占有率从 2001 年的 12%上升到 30%以上，波导、TCL 的市场占有率都位居前五名之列。① 由于这些国内企业从一开始就是处于外商投资企业产品的激烈竞争之下，一旦这些企业在国内市场取得成功，他们也将具有相当强的国际竞争力。

(三) 人力资源开发与人员流动效应

外商来华投资，为了使其技术、设备能够有效运转和经营方针能有效贯彻，就必须和我国人力资源的开发结合在一起，在我国培养掌握其经营理念、经营管理知识和技术能力的人才。目前，几乎所有在华有较大型投

---

① 数据来源于信息产业部网站 www.mii.gov.cn。

资项目的跨国公司都在我国设立了培训基地。许多企业为其在华雇员提供的培训机会和培训设施，与母国公司的雇员相差无几。跨国公司在人力资源开发方面的支出远远超出我我国国内同类企业，并且在我国投资项目的技术水平越高，在人力资源方面的投入就越大。跨国公司遍布全球的生产网络以及庞大的全球信息系统，使其人力资源的开发能力和效率很高，其在华投资企业的雇员，有些到公司总部受训，有些到其他海外子公司受训，还可以利用公司内部的教育、培训中心进行系统学习。对许多跨国公司投资企业来说，选拔在华雇员到总部或其他公司接受培训，既是公司人力资源开发计划的内容，也是激励我国雇员努力工作的有效措施。

跨国公司在华企业普遍对其内部员工进行多层次有针对性的培训。据对500强投资企业的调研，500强在华投资项目几乎都以多种方式对我国员工进行培训和再教育。①①在母公司或海外培训基地进行培训。许多500强在华投资企业对高级管理人员和技术人员，都普遍采取送往公司总部或全球性培训中心进行培训的方法。通过这种培训，跨国公司的全球战略、经营理念、技术要求、管理特点、营销方式等被这些高级技术及管理人才所了解和掌握。例如，500强在天津的投资企业中，约有40%的企业对员工进行过短期和中长期的培训，其中不少企业每年定期对中方员工进行培训。丰田在天津的汽车零部件生产企业，在开始生产之前即送出300名人员到日本接受最新的生产技术。②在企业内部对员工进行多层次的培训。500强在华企业普遍对其员工进行多层次有针对性的培训。这种培训可以分为对各级管理人员的培训，对各类专业人员如财务、营销、生产、质管、人事等人员的专业培训，对普通员工的培训等多个层面，针对性很强。跨国公司在人才培养方面的信念是，公司的竞争优势需要全体员工的行为才能体现出来，无法脱离其高素质的人力资源而仅仅体现在设备和技术上。尤其在财务、管理、营销、质量控制等方面，由于这些专门领域的业务不能分解，不可能将"高水平"的业务留在母公司而只将"中等水平"的业务转移给在华企业，因此在上述方面，所有的管理理念、专有知识和诀窍都要向子公司传递。这些跨国公司对员工培训的内容丰富而实用，培训工作的效率很高，不仅提高了本企业员工的素质，还为国内企业培训员工提供可供借鉴的现成方式及教材。如摩托罗拉（中国）电子有限

---

① 王志乐：《2002~2003跨国公司在中国投资报告》，中国经济出版社2003年版，第40页。

公司对新聘用的国内工程技术人员经常性地派往香港地区、新加坡和美国总部受训,并定期轮换安排中高级管理人员到其世界各地的半导体企业接受培训。通过这一过程,我国的技术人员可获得先进设备的操作技巧与应用技术,管理人员可获得外商先进的管理经验与组织模式。

当一些拥有跨国公司工作经验的人员流动到国内企业或者自创企业,他们所掌握的先进技术、管理经验等,就会通过国内企业之间的交流在全国得到推广,从而有利于国内企业技术水平的提高。

二、FDI 的技术外溢效应——以汽车工业为例

1983 年,北京汽车制造厂与美国 AMC 汽车公司(后被克莱斯勒公司收购)正式签约,成立了我国第一家整车合资企业"北京吉普汽车有限公司",拉开了汽车工业大量引进 FDI 的序幕。此后,德国大众、法国标志、日本五十铃等世界知名汽车制造商相继进入我国。特别是 1992 年之后,进入了跨国汽车制造商到我国直接投资的高潮阶段,这一时期,世界知名的企业如美国通用、美国福特、日本本田、日本丰田、韩国大宇等世界 500 强企业都纷纷进入中国。20 多年来,通过吸引 FDI 特别是大型跨国生产商,引进先进生产技术、引进设备使国内企业的技术水平得到了长足的发展。而更为重要的是,跨国公司先进的生产技术、管理水平通过技术外溢的方式带动了我国汽车工业的整体技术水平和相关产业的发展,主要体现在以下几个方面。

(一)产业联系

1. 后向联系

跨国公司生产商在我国进行汽车生产时,往往会与我国国内的一些零部件供应商发生业务联系,这时就会发生技术外溢。而衡量这一效应最好的指标就是国产化率。以德国大众在我国的投资为例。1984 年大众与上海汽车工业总公司建立上海大众汽车公司,主要生产桑塔纳轿车,后来又在 1991 年与一汽集团建立一汽大众汽车公司生产捷达、奥迪轿车。到 1998 年大众汽车集团已达到年产并销售 30 多万辆的规模,占中国市场份额的 58%以上。上海大众与一汽大众这两个合资企业目前与大约 300 家批量配套厂合作,并与 500 多家配套厂有业务联系。这些配套厂主要集中在上海和长春以及相邻地区。为了在产品技术、制造工艺、产品质量和企

现代管理等方面达到要求，这些配套企业都需要得到大众汽车集团的认证。大众汽车公司也会对这些经过认证的厂商提供诸如技术援助、信息支持、提供培训和协助管理等服务。通过这些途径，大众汽车的先进生产技术、管理经验就会随之外溢出来，扩散到国内的配套供应商，带动后者技术水平的提升。另外，配套供应商之间为了得到大众的认证，得到"订单"，无疑会展开激烈的竞争，于是它们竞相提高技术水平、提高产品质量。这样也会促进我国国内的汽车零部件厂商总体技术水平的提升。到1998年底，上海大众桑塔纳的国产化率已从当初的几乎为零提高到93%，一汽大众捷达达到约87%，一汽大众奥迪达到约63%。①

2. 前向联系

跨国公司对下游企业提供相关人员的技术培训与指导，为销售商培育销售渠道等活动也会导致技术外溢效应的产生，带动我国当地企业的技术水平的提升。以大众集团为例，到1998年底，上海大众汽车公司已在全国各地建立了420家服务站，一汽大众拥有220家服务站，构成了我国最大的售后服务网。同时，大众公司的销售网遍布全国各地。这些服务站、销售商都得到了大众公司的技术培训与指导。随着技术的外溢，不仅带动了我国的汽车维修厂商、销售厂商的形成和发展，而且维修技术、销售手段、销售技巧也随之提高。

（二）示范与模仿

跨国汽车制造商进入我国使许多国外先进的生产技术、管理经验以及先进产品都随之进入我国，对我国汽车工业起到了很好的示范作用。且不说跨国公司先进的生产技术和产品带来的示范作用使我国企业的技术设备更新了，新车型的更新换代已经到了令人眼花缭乱的地步；光是跨国公司带来的管理模式的示范作用就已经非常显著。在汽车合资企业中，跨国公司都参与了企业的管理。国外先进的管理技术也随之带入了我国企业，使我国企业的管理技术水平迅速提高。在引进外资以前，我国大部分汽车企业根本不知道何谓"看板生产"、"价值工程"，经过十几年的学习，我国企业在生产组织中，不但能够熟练运用常规的管理技术，而且还研究和运用更先进、难度更大的"精益生产方式"。

---

① 王洛林：《2002中国外商投资报告》，经济科学出版社2002年版，第83页。

第五章 外商对华直接投资的技术外溢效应分析

(三) 人力资源开发

来我国投资的跨国制造商都十分注重对我国当地员工的培训,当这些员工在外资企业与内资企业间发生流动时,技术外溢效应就非常明显。还是以大众为例,大众汽车集团非常重视提高中国员工的素质,对中国员工的培训既包括在德国大众汽车公司及其关联企业的培训,也包括在中国本地的培训。上海大众汽车公司和一汽大众汽车公司都建立了员工培训中心。而且培训完全是按照德国的双轨制培训制度,这一培训方式得到了中国员工以及中国汽车工业同行的高度赞同。

(四) 引入竞争机制

跨国公司进入后,中国汽车产业的一个显著变化就是在原来若干汽车生产基地的基础上,通过与跨国公司的嫁接,形成了一批势力日趋相近、生产规模较大的汽车厂商。以轿车生产为例,在跨国公司进入之前,我国仅有一汽和上汽两家企业生产国字牌轿车(上海牌、红旗牌),市场格局类似于寡头垄断。1983年以后,多家跨国公司为了尽早实现进入并达到领先占领中国庞大潜在轿车市场的目的,先后以合资方式投资生产桑塔纳、奥迪、夏利、奥拓等外字牌微型及中型轿车。结果,中国的现代汽车产业出现了由计划型寡头垄断逐渐向市场竞争型寡头竞争的转换,生产竞争、合资竞争、产量竞争向价格竞争、产品差异竞争、销售竞争、服务竞争的转换。目前,中国原先那些规模小、产量低、质量差的所谓"汽车作坊"已经在激烈的市场竞争中逐渐被兼并、收购或破产而退出市场,代之以一汽、东风、上汽、广州本田、重庆长安、安徽奇瑞等上规模、上档次的大型汽车集团。这些汽车集团为争夺更多的市场份额,展开激烈的竞争。现在新车型推出速度越来越快,几乎几天就会有不同的公司推出新的车型,价格也逐渐被广大普通居民所接受。

第三节 技术外溢效应的计量检验

在上述对技术外溢经验分析的基础上,本节对我国FDI的技术外溢效应进行实证检验。目的是提供一个适合我国 FDI 技术外溢效应实证检验的计量模型,并结合数据总体上考察外溢的效果是否显著。

一、中外企业的技术水平比较

FDI 产生技术外溢的前提条件是外商投资企业的技术水平高于我国国内企业的技术水平。为此,在进行技术外溢的实证分析之前,需要对中外企业的技术水平做一比较。

江小涓于 2000~2001 年主持了一个系列的调研项目,对北京、上海、苏州、深圳等 127 家跨国公司在华投资企业进行了访谈和问卷调研,其中当面访谈的企业有 67 家,占全部调研企业的一半以上,企业的技术水平是调研的重要内容之一。该调研设定了国内、国外两个参照系,考察跨国公司投资企业的相对技术水平。调研的结果如下:①绝大多数跨国公司提供了母公司的先进和比较先进的技术。外商投资企业中,使用母公司比较先进技术的企业最多,为 57 家;使用母公司先进技术的企业次之,为 53 家;使用一般技术的最少,仅有 17 家。②相当一部分跨国公司提供了填补国内空白的技术。被调研企业中,使用国内空白技术的企业共 83 家,占样本企业的 65%;其余为使用先进技术的企业 44 家,占总样本的 35%;没有企业使用国内一般技术。由此可见,多数外资企业的技术填补了国内的技术空白。①

其他一些调研也得出类似结论。王志乐通过对一系列跨国公司的调研,发现美国、欧盟、日本大型跨国公司在中国的投资企业中,大部分使用新技术和填补国内空白的技术,其余企业也使用先进技术。对 33 家著名跨国公司在华投资项目的研究表明,有 17 家企业提供了填补空白的技术,占被调研企业的 52%。对日本在华 40 家企业的调研表明,这 40 家企业绝大多数技术先进、产品有竞争力,如果将新技术、填补空白技术和先进技术三种类型的企业加在一起共有 39 家,占全部调查企业的 95%以上。②

为了能从数量上更好地说明外商投资企业和国内企业技术水平的差异,本书选取资产效率即工业增加值与总资产的比率这一指标来粗略衡量企业的技术水平。选取这一指标来衡量企业的技术水平,是因为特定的生

---

① 江小涓:《中国的外资经济》,中国人民大学出版社 2002 年版,第 52 页。
② 王志乐:《著名跨国公司在中国的投资》,经济科学出版社 2001 年版,第 91 页。

产技术和管理水平总是存在于资产中并能通过资产的运作发挥出来,所以可以用企业新创造的产值即增加值占总资产的比例来体现其技术水平。因为在我国FDI一直以来主要集中于第二产业,所以本书就我国工业部门考察外企和内企的技术水平差异。另外,把研究对象限定在国有工业企业,一方面,是受数据资料的限制;另一方面,是国有工业企业的增加值在我国工业增加值构成中占有明显的比重。

1. 时间序列分析

进入20世纪90年代,特别是1993年以来,由于我国市场经济体制的建立以及国内巨大的市场潜力,欧美等国的大型跨国公司来华投资取得突破性进展,使外资企业的技术水平得到了很大的提高。

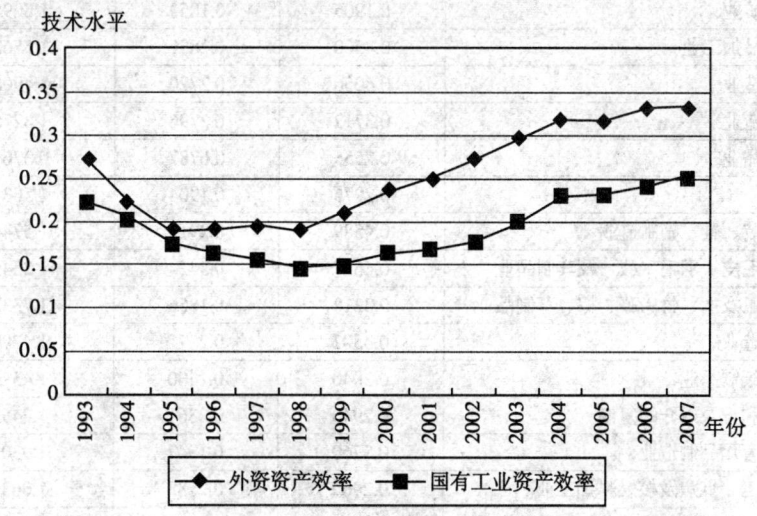

图5-1 中外企业的技术水平比较

资料来源:根据《中国统计年鉴》(1994~2008)数据整理计算。

从图5-1中可以看出,1993~2007年的15年时间里,外商投资企业的资产效率都明显高于我国内资企业的资产效率;从资产效率的平均水平来看,外资企业的0.2552明显高出我国企业的0.1924,高出32.64个百分点。所以,从总体上可以认为外资企业的技术水平高于内资企业。

2. 横截面分析

通过对时间序列的分析可以从总体上认为外资企业的技术水平高于内资企业的技术水平,但这一分析忽略了不同行业资本密集度不同这一条件，为了体现行业间资本密集度的不同从而使分析更具有说服力，本书又选取了2006年外商投资的39个国有工业行业来进一步分析比较中外企业的技术水平。

表5-2　　　　　　　2006年分行业中外企业技术水平比较

行　业	外资企业资产效率	内资企业资产效率	外资企业资产效率/内资企业资产效率
煤炭开采和洗选业	0.2294	0.2681	0.8556
石油和天然气开采业	2.2601	0.7401	3.0537
黑色金属矿采选业	0.3746	0.2077	1.8038
有色金属矿采选业	0.3907	0.3551	1.1003
非金属矿采选业	0.3400	0.2715	1.2521
其他采矿业	0.1905	0.1053	1.8095
农副食品加工业	0.4500	0.2855	1.5762
食品制造业	0.4056	0.2720	1.4908
饮料制造业	0.3712	0.2796	1.3275
烟草制品业	0.2555	0.6787	0.3764
纺织业	0.2976	0.1904	1.5634
纺织服装、鞋、帽制造业	0.4589	0.2915	1.5744
皮革、毛皮、羽毛（绒）及其制品业	0.4637	0.3424	1.3545
木材加工及木、竹、藤、棕、草制品业	0.3218	0.1856	1.7333
家具制造业	0.3507	0.2371	1.4791
造纸及纸制品业	0.2040	0.1400	1.4574
印刷业和记录媒介的复制	0.2940	0.2361	1.2452
文教体育用品制造业	0.3760	0.1947	1.9309
石油加工、炼焦及核燃料加工业	0.2967	0.2788	1.0639
化学原料及化学制品制造业	0.2932	0.1799	1.6296
医药制造业	0.3499	0.1901	1.8404
化学纤维制造业	0.2021	0.1646	1.2276
橡胶制品业	0.2804	0.1618	1.7329
塑料制品业	0.2904	0.1470	1.9755
非金属矿物制品业	0.2562	0.1464	1.7495
黑色金属冶炼及压延加工业	0.2904	0.2468	1.1767
有色金属冶炼及压延加工业	0.3463	0.2934	1.1800
金属制品业	0.3334	0.2543	1.3109
通用设备制造业	0.2900	0.2115	1.3708
专用设备制造业	0.3165	0.1911	1.6564

续表

行业	外资企业资产效率	内资企业资产效率	外资企业资产效率/内资企业资产效率
交通运输设备制造业	0.3214	0.2093	1.5361
电气机械及器材制造业	0.3592	0.2215	1.6213
通信设备、计算机及其他电子设备制造业	0.3749	0.1939	1.9338
仪器仪表及文化、办公用机械制造业	0.4227	0.2157	1.9599
工艺品及其他制造业	0.4384	0.1723	2.5439
废弃资源和废旧材料回收加工业	0.3172	0.1974	1.6070
电力、热力的生产和供应业	0.1823	0.1470	1.2402
燃气生产和供应业	0.1437	0.0963	1.4918
水的生产和供应业	0.0772	0.0839	0.9193
平均水平	0.3645	0.2381	1.5312

资料来源：根据《中国统计年鉴》(2007) 相关数据整理计算。

在表 5-2 中，从外资资产效率与内资资产效率的比值可以看出，只有煤炭开采和洗选业、烟草制品业、水的生产和供应业这三个行业外资的资产效率低于内资企业，其他 36 个行业外企的资产效率都高于内资企业，并且从 39 个行业的平均水平来看，外企的 0.3645 明显高于内资企业的 0.2381，高出 53.09 个百分点。在表 5-3 中，从外资资产效率与内资资产效率的比值可以看出，只有煤炭开采和洗选业、其他采矿业、烟草制品业、废弃资源和废旧材料回收加工业这四个行业外资的资产效率明显低于内资企业，其他各个行业外企的资产效率都高于或与内资企业相差无几，并且从 39 个行业的平均水平来看，外企的 0.3623 明显高于内资企业的 0.2645，高出 36.98 个百分点。所以，从总体上看，外资企业的技术水平明显高于内资企业。

表 5-3   2007 年分行业中外企业技术水平比较

行业	外资企业资产效率	内资企业资产效率	外资企业资产效率/内资企业资产效率
煤炭开采和洗选业	0.2326	0.2805	0.8291
石油和天然气开采业	1.7648	0.6515	2.7090
黑色金属矿采选业	0.3741	0.2548	1.4684
有色金属矿采选业	0.4095	0.4084	1.0027
非金属矿采选业	0.4742	0.3239	1.4640

续表

行　业	外资企业资产效率	内资企业资产效率	外资企业资产效率/内资企业资产效率
其他采矿业	0.1429	0.2143	0.6667
农副食品加工业	0.4444	0.3165	1.4040
食品制造业	0.4114	0.2505	1.6423
饮料制造业	0.3722	0.3131	1.1889
烟草制品业	0.2874	0.7781	0.3693
纺织业	0.3082	0.1864	1.6529
纺织服装、鞋、帽制造业	0.4947	0.3283	1.5070
皮革、毛皮、羽毛（绒）及其制品业	0.4919	0.3025	1.6265
木材加工及木、竹、藤、棕、草制品业	0.3570	0.2077	1.7185
家具制造业	0.3373	0.2522	1.3377
造纸及纸制品业	0.2094	0.1482	1.4127
印刷业和记录媒介的复制	0.2928	0.2743	1.0674
文教体育用品制造业	0.3873	0.1874	2.0672
石油加工、炼焦及核燃料加工业	0.2881	0.3065	0.9399
化学原料及化学制品制造业	0.3275	0.2039	1.6059
医药制造业	0.3751	0.2156	1.7403
化学纤维制造业	0.2354	0.1647	1.4292
橡胶制品业	0.2811	0.2282	1.2322
塑料制品业	0.3109	0.2245	1.3849
非金属矿物制品业	0.2641	0.1802	1.4660
黑色金属冶炼及压延加工业	0.3245	0.2354	1.3784
有色金属冶炼及压延加工业	0.3750	0.2879	1.3025
金属制品业	0.3568	0.2781	1.2830
通用设备制造业	0.2924	0.2025	1.4437
专用设备制造业	0.2854	0.2052	1.3907
交通运输设备制造业	0.3563	0.2343	1.5205
电气机械及器材制造业	0.3612	0.2382	1.5163
通信设备、计算机及其他电子设备制造业	0.3424	0.1984	1.7254
仪器仪表及文化、办公用机械制造业	0.4327	0.2282	1.8963
工艺品及其他制造业	0.4300	0.1618	2.6581
废弃资源和废旧材料回收加工业	0.2646	0.4391	0.6025
电力、热力的生产和供应业	0.1621	0.1647	0.9837
燃气生产和供应业	0.1772	0.1551	1.1424
水的生产和供应业	0.0933	0.0855	1.0917
平均水平	0.3623	0.2645	1.4069

资料来源：根据《中国统计年鉴》（2008）相关数据整理计算。

总之，从时间序列数据和横截面数据的分析都可以得出外资企业的技术水平高于内资企业技术水平的结论。

二、技术外溢效应的计量检验

（一）模型和方法

技术外溢是经济外部性的一种表现形式，因此如何选取合适的指标来衡量 FDI 的技术外溢效应是本书乃至目前国际投资学界的一个难题。综合国内外知名专家学者的研究，本书选取外资的资产比重来近似地反映外溢效应，原因是 FDI 是包含资本、专利、管理技术和生产技术等一揽子生产要素的结合体，而所有这些生产要素都是通过资产的运作来发挥作用的，所以 FDI 的总体外溢效果本书假定是可以近似地通过外资资产比重来衡量的。

经济增长理论表明，经济增长，尤其是长期的经济增长主要来自两方面：一是资本、劳动力、土地等要素投入数量的增加对经济增长的拉动作用；二是由于制度变革、技术进步等因素提高了要素使用效率、带来了更高的要素生产率，从而使得相同的要素数量投入能够得到更大的产出。FDI 的技术外溢效应对于东道国经济增长的促进作用主要是后者，即 FDI 的流入，外资企业先进的生产技术、经营理念、管理经验等通过与内资企业的前后向联系、同行业的竞争和示范、人员流动等途径，渗透到内资企业，促进内资企业技术水平的提高，使得技术外溢通过影响内资企业要素使用效率而最终影响经济增长。

在我国，FDI 长期以来主要集中于工业，所以评价 FDI 对我国的技术外溢效应可以通过对我国内资工业的考察来进行。

假设中国内资工业的生产函数为：

$$Y_d = A_d K_d^\alpha L_d^\beta \tag{5.1}$$

其中，Y_d 为内资工业企业产出，K_d 为内资企业资本，L_d 为内资企业劳动力，α 和 β 分别为资本和劳动的产出弹性，A 为全要素生产率，即要素使用效率提高对内资企业产出的作用。

假设 FDI 技术外溢通过改变各要素的使用效率，即全要素生产率 A 而影响内资企业的产出的，且两者之间存在指数关系：

$$A_d = Cd^{\delta SPILL} \tag{5.2}$$

其中，SPILL 为外资资产比重，0 < SPILL < 1；δ 是技术外溢系数，度量了外资企业对内资企业技术外溢效应的大小；C 衡量了除 FDI 技术外溢之外的其他因素对内资企业全要素生产率的影响作用。将（5.2）式代入（5.1）式，得到新的包含 FDI 技术外溢效应的内资企业的生产函数：

$$Y_d = Ce^{\delta SPILL} K_d^\alpha L_d^\beta \tag{5.3}$$

对（5.3）式两边取自然对数，并添加随机变量 u 后得到如下模型：

$$LnY_d = LnC + \alpha LnK_d + \beta LnK_d + \delta SPILL + u \tag{5.4}$$

在式（5.4）中，如果 δ > 0，则说明外资企业的先进技术外溢到内资企业，提高了内资企业的技术水平，从而促进了内资企业的产出增长。

（二）指标选取和数据说明

在式（5.4）中，Y_d 为内资工业总产出，用全部工业增加值扣除外资增加值来表示，L_d 为内资工业劳动力，用全部工业职工人数减去外资职工人数来表示，K_d 为内资企业资本存量，用全部工业资产减去三资工业资产来表示，SPILL 为外资资产占全部资产的比重。需要说明的是，对于资本存量，由于我国长期以来采用与西方国家不同的国民经济核算体系，因而很难找到西方经济意义上的资本存量。在以往的实证中，往往采用"固定资产净值年平均余额"加上"流动资产年平均余额"来代表资本存量。然而这一资本变量忽略了除固定资产和流动资产之外的其他资产形式，尤其是企业的无形资产。而此类资产正是内资与外资质量差异的关键所在，特定的生产技术总是存在于上述某种资产中并通过各种资产的共同运作发挥出来。因此，本书采用的是年鉴中提供的资产合计这一指标来代表资本存量，以求更准确地描述内资与外资间的差异性，以及由此产生的外溢效应。

从第二章的理论分析可以看出，FDI 的技术外溢效应都是发生在产业层次，因而应用目前国际上比较先进的面板数据（Panel Data）方法能够更好地反映外溢效应。由于我国是从 1995 年开始对外资工业进行分行业统计的，但 1995 年却没有外资分行业的职工人数，所以本书所取的面板数据时间范围界定在 1996~2007 年。

由于面板数据既包括时间序列数据又包括横截面数据，可能产生异方差性和序列相关性问题，从而使普通最小二乘法（OLS）失效，因此本书采用处理联立方程组时经常采用的似然不相关回归（Seemingly Unrelated Regression，SUR）方法进行检验，以消除异方差性和序列相关性的影响。

（三）模型检验及结果分析

应用 Eviews 软件，分别对 1996~2001 年、2002~2007 年和 1996~2007 年内资工业和外资工业分行业数据进行参数估计，得到表 5-4。

表 5-4　　　　　　　　　　　技术外溢的计量检验

	1996~2001 年估计结果	2002~2007 年估计结果	1996~2007 年估计结果
LnC	−1.4815* (−4.3726)	−1.3490* (−4.9965)	−1.5679* (−7.7430)
LnK_d	0.8729* (11.2958)	0.9573* (19.1627)	0.9680* (24.4537)
LnL_d	0.1242** (1.9973)	0.0135** (2.1978)	0.0219** (1.9951)
SPILL	0.0035* (3.4861)	0.0056* (3.9516)	0.0048* (5.6821)
R^2	0.8253	0.8927	0.8577
校正 R^2	0.8187	0.8810	0.8463
F 值	205.8328	339.0346	502.7617
样本数	210	175	385

注：① 表中的估计结果由 Eviews4.0 软件计算。表中括号内数值是该系数的 t 统计值。② *、** 分别表示在 1%、5% 的水平上显著。

在表 5-4 中，共进行了三次估计，三个回归模型的效果都很显著，并且所有解释变量在 5% 的显著性水平下都通过了检验。从回归结果中可以得到如下结论：

（1）资本的产出弹性远远高于劳动力的产出弹性，并且在 1996~2007 年的 12 年时间里，资本的产出弹性处于相对上升阶段，劳动力的产出弹性处于相对下降阶段，这说明资本增加对工业产出增长的贡献远高于劳动力增加对产出增长的贡献。这一结果与我国经济的实际情况基本吻合。我国是一个人口大国，劳动力相对过剩，国有企业中又存在着冗员问题，而资本则相对稀缺，因此工业产出增长最重要的源泉来自储蓄与投资的增加所不断形成的资本积累，而不是劳动力的增加。

（2）三个模型的回归结果中，变量 SPILL 的回归系数都为正，这说明外资企业对内资企业存在着比较明显的技术外溢效应，技术外溢提高了内资企业各要素的使用效率。也就是说，外资企业先进的生产技术、管理经验等通过外溢,的确提高了内资企业的技术水平,技术外溢是内资企业提高技术水平的一个重要途径。

第四节 技术外溢传导机制的实证分析

根据第二章的理论分析,技术外溢的作用机制主要分为产业间的联系、产业内的竞争和示范以及人员流动三种途径,本节就对我国技术外溢的传导机制进行实证分析,以验证我国目前情况下哪些途径比较显著地传导了技术外溢,哪些途径不显著。

如前所述,FDI 的技术外溢效应是通过改变内资企业各要素的使用效率,即全要素生产率 A 而影响内资企业的产出的,而技术外溢效应按传导途径又可分为竞争和示范效应、人员流动效应、联系效应,因此式(5.2)可变为:

$$A_d = Ce^{\delta_1 SPILL_C + \delta_2 SPILL_E + \delta_3 SPILL_F + \delta_4 SPILL_B} \tag{5.5}$$

其中,$SPILL_C$、$SPILL_E$、$SPILL_F$、$SPILL_B$ 分别表示竞争和示范、人员流动、前向联系、后向联系对内资企业全要素生产率的影响,δ_1、δ_2、δ_3、δ_4 分别为各效应的外溢系数。对模型(5.4)施加规模报酬不变限制,即 $\alpha + \beta = 1$,并将(5.5)式代入,得到新的估计模型:

$$Ln(Y_d/L_d) = LnC + \alpha Ln(K_d/L_d) + \delta_1 SPILL_C + \delta_2 SPILL_E + \delta_3 SPILL_F + \delta_4 SPILL_B + u \tag{5.6}$$

在模型(5.6)中,如果 $\delta_1 > 0$ 并且能通过显著性检验,即说明外资企业对内资企业存在着显著的竞争和示范效应,竞争和示范显著地传导了技术外溢;如果 $\delta_2 > 0$ 并且能通过显著性检验,即说明 FDI 通过人员流动对内资企业明显地产生了外溢效应,人员流动是技术外溢的显著传导途径;如果 $\delta_3 > 0$ 并且能通过显著性检验,即说明外资企业与内资企业存在着比较明显的前向联系,技术外溢明显地通过前向联系进行传导;如果 $\delta_4 > 0$ 并且能通过显著性检验,即说明外资企业与内资企业存在着比较明显的后向联系,后向联系也比较显著地传导了技术外溢。

如何选取合适的指标来代表模型中的各技术外溢变量仍然是本书的难点所在,在尽可能收集到数据的前提下,本书尝试着对模型进行估计。竞争和示范效应发生在产业内部,故本书采用行业内外资产出占全部产出的比重来衡量竞争和示范效应。理由是在一个行业内部,产出比重可以近似地衡量竞争程度,另外在内资企业和外资企业合理竞争的前提下,外资产出越大,就越有可能对内资企业产生竞争和示范效应。外资企业员工在由外企向内企跳槽时,其所具备的知识、技能、管理经验等都会随之在内企发挥出来,于是技术外溢就产生了。衡量这一机制,最好是使用企业层次的数据展开行业分析,也就是内资企业中有多少人员曾经就职于外资企业,但在我国,这方面的数据几乎无法找到,故本书采用某一行业内外企员工人数占这一行业全部企业职工人数的比例来代替。之所以采用这一指标,是因为一方面如果外企员工比例越大,发生跳槽的几率就有可能越大;另一方面这些外企员工与内企员工接触、沟通的几率也越大,因而技术外溢效应发生的几率也大。对于外资与内资企业的后向联系,从理论上讲,最适合的指标应是内资企业为外资企业配套提供了多少原材料、半成品等;而对于外资与内资企业的前向联系,从理论上讲,最适合的指标应是内企为外企提供了多少半成品的再加工、内企为外企提供了多少营销服务等,但在实践中要获得这些数据非常困难。所以本书采取了 Peretto (2002)[①] 的方法,采用反映产业间互相影响和感应的指标——影响力系数和感应度系数来近似地度量后向和前向联系。影响力系数度量的是一个产业对于其他产业的影响程度,用来近似地衡量外企和内企的后向联系;感应度系数度量的是一个产业受其他产业的影响程度,用来近似地衡量外企和内企的前向联系。

要获得感应度系数和影响力系数只能通过投入产出表来进行计算。我国是从 1982 年开始编制投入产出表的,目前只有 1982、1987、1992、1997 年和 2002 年的投入产出表,而 1982 年、1987 年和 1992 年的中国统计年鉴中又没有外资工业分行业的统计数据,所以本书只能选取 1997 年和 2002 年的统计数据进行分析。在数据处理上,先根据投入产出直接消耗系数求出 17 行×17 列的里昂惕夫逆矩阵,然后依据该矩阵计算某一产业的影响力系数和感应度系数。由于统计年鉴中投入产出表的行业分布和工业统计中的行业分布不一样,所以对于内资工业的职工人数、工业增加

---

① Peretto, P. and Smulders, S., Technological Distance, Growth and Scale Effects, *The Economic Journal*, 112, 2002, 603.

值、资产和总产值,外资工业的总产值和职工人数按照投入产出表的十大行业进行重新归类计算。

为了详细测量各技术外溢效应的系数,本书采取逐步回归法进行估计,具体结果见表 5-5 和表 5-6。

表 5-5　　　　　　　　　　1997 年技术外溢传导途径分析

变量	Ⅰ	Ⅱ	Ⅲ	Ⅳ	Ⅴ
LnC	0.8586** (1.9827)	0.9964*** (1.9087)	0.8745** (2.1543)	1.6657** (2.0493)	1.3520* (3.2847)
Ln (K_d/L_d)	0.7803* (6.0519)	0.7811* (5.4223)	0.7913* (5.0342)	0.6727* (5.7951)	0.8167* (5.6785)
$SPILL_C$		0.0012** (2.0361)	0.0027** (2.3541)	0.0017** (2.2650)	0.0017** (2.3547)
$SPILL_E$			0.0020 (0.3343)		
$SPILL_F$				−0.3692** (−2.5412)	
$SPILL_B$					0.8206** (2.2408)
R^2	0.8207	0.8222	0.8255	0.9144	0.9106
校正 R^2	0.7983	0.7714	0.7382	0.8716	0.8868
F 值	36.6255	16.1889	9.4603	21.3596	11.7913
D-W 值	1.9369	1.9964	2.0137	2.0252	2.0699

注:①表中的估计结果由 Eviews4.0 软件计算。表中括号内数值是该系数的 t 统计值。②*、**、*** 分别表示在 1%、5%、10%的水平上显著。

表 5-6　　　　　　　　　　2002 年技术外溢传导途径分析

变量	Ⅰ	Ⅱ	Ⅲ	Ⅳ	Ⅴ
LnC	0.9812** (2.1548)	0.7385** (2.5183)	0.8789** (2.1284)	1.0193** (2.2937)	0.7582** (2.3983)
Ln (K_d/L_d)	0.8089* (4.8566)	0.8131* (4.5918)	0.8619* (4.4978)	0.8079* (5.5380)	0.8335* (4.0281)
$SPILL_C$		0.0029* (3.9171)	0.0015** (2.2191)	0.0057** (2.1903)	0.0049** (1.9984)
$SPILL_E$			0.0045 (0.8195)		
$SPILL_F$				−0.3790** (−2.2857)	

续表

变量	I	II	III	IV	V
$SPILL_B$					0.4436** (2.6760)
R^2	0.7273	0.7460	0.7758	0.8682	0.8845
校正 R^2	0.6965	0.6992	0.7452	0.7923	0.8727
F 值	21.5790	9.7360	6.1298	12.5646	5.8843
D-W 值	2.3429	2.1984	2.0564	2.2800	2.1914

注：①表中的估计结果由 Eviews4.0 软件计算。表中括号内数值是该系数的 t 统计值。②*、** 分别表示在 1%、5%的水平上显著。

在表 5-5 中对 1997 年的样本数据共进行了五次回归，每一个回归方程中各解释变量基本上都通过了显著性检验，并且五个模型的回归效果都非常好，在 1%的水平下通过了检验。第 I 个回归方程是对我国 1997 年内资工业的人均资本和人均产出进行估计，结果表明人均资本每增长 1%，人均产出就将增长 0.7803%。在第 III 个模型中，变量 $SPILL_E$ 没通过显著性检验，所以在接下来的两个估计中都删去这一变量。在第 IV 个模型中，变量 $SPILL_F$ 虽然通过显著性检验，但回归系数为负，这说明在 1997 年外资和内资企业的前向联系并不显著，所以在第 V 个模型中删去这一变量。

在表 5-6 中对 2002 年的样本数据也进行了五次回归，每一个回归方程中各解释变量基本上都通过了显著性检验，并且五个模型的回归效果都非常好，在 1%的水平下通过了检验。第 I 个回归方程是对 2002 年我国内资工业的人均资本和人均产出进行估计，结果表明人均资本每增长 1%，人均产出就将增长 0.8089%，比 1997 年提高了 0.0286 个百分点。与 1997 年相同，在第 III 个模型中，变量 $SPILL_E$ 也没通过显著性检验，所以在接下来的两个估计中都删去这一变量。在第 IV 个模型中，变量 $SPILL_F$ 虽然通过显著性检验，但回归系数为负，这说明在 2002 年外资和内资企业的前向联系也并不显著，所以在第 V 个模型中删去这一变量。

综观 1997 年和 2002 年 10 个模型的回归结果，可以得到如下几点结论：

（1）2002 年我国内资工业的技术水平比 1997 年略有提高，提高了 0.0186 个百分点。

（2）变量 $SPILL_C$ 在所有的模型中回归系数为正，并且都通过了显著性检验，这说明同行业中外资企业通过对内资企业的竞争和示范，传导了技术外溢效应，提高了内资企业要素的使用效率。

（3）变量 $SPILL_E$ 虽然回归系数为正，但未能通过显著性检验，这说明通过外资企业的人员流动对内资企业产生的技术外溢效应并不显著，这与我国的现实情况相吻合，由于制度、待遇等多方面原因，在我国很少有外企员工流向内企或自主创业的。

（4）变量 $SPILL_F$ 的回归系数为负，这说明外资企业和内资企业之间的前向联系也不显著，前向联系没有明显地传导技术外溢。

（5）变量 $SPILL_B$ 的回归系数为正，并且在5%的显著性水平下通过检验，这说明在同一行业内，内资企业通过为外资企业提供配套产品等联系提高了技术水平，后向联系也显著地传导了技术外溢。

总之，通过对1997年和2002年技术外溢传导机制的实证分析，可以认为，在我国外资企业和内资企业间的前向联系和人员流动没有显著地对技术外溢进行传导，同一产业内外资企业对内资企业的竞争和示范、不同产业间内资企业和外资企业的后向联系是我国技术外溢的主要传导途径。

第五节 技术外溢效应的案例分析

上述实证研究的结果表明，外资企业和内资企业间的前向联系和人员流动所产生的技术外溢效应并不显著，外资企业对内资企业所产生的竞争和示范、内资企业和外资企业间的后向联系是我国技术外溢的主要传导途径。为了在现实中考察上述研究结果的真实性，本书选择了我国移动电话行业进行相应的案例研究。

移动电话制造业是近年来得到快速发展的行业，尽管起步较晚，但其具有别的行业所无法超越的发展速度。特别是相对于其他行业，移动电话行业代表新兴产业，具有高科技的特征，是如我国这样的发展中国家特别希望发展起来的行业类型，因此，也必然是考察外商直接投资溢出效应的重点行业。因此，笔者选择这一行业进行辅助的案例研究。

一、我国移动电话行业的发展及利用外资的状况

(一) 发展历史及前景

通信行业包括电信运营业和通信设备制造业,而移动电话制造业是通信设备制造业中的重要部分。我国的移动电话制造业是一个近十几年来新兴的并且发展迅猛的行业,它大致经历了三个重要时期。

(1) 起步期:1987~1994年。1987年我国在广州建立公用蜂窝式移动电话基站,开通第一部模拟移动电话(俗称第一代移动电话)。那时动辄几万元一部的移动电话,成为少数权贵的象征。这个时期的特点是:移动电话发展较缓慢,技术不成熟,基础设施不完善,而且使用费用高。从数字上看,1987~1994年只发展了150万用户。

(2) 成长期:1994~1998年,我国移动电话市场步入了稳步成长的阶段。随着国家"九五"期间对移动通信业的大力发展,邮电分离、电信改革的进行以及电信资费大幅下调和移动电话价格的一再下调,移动电话用户每年以100%的速度增长,用户规模由1994年的156万达到1998年年底的2500万,四年间增长了17倍。

(3) 高速发展期:1999年至今,移动电话裸机价格、电信资费的下调使得移动电话行业进入飞速发展期。目前,我国移动电话用户规模超过美国和日本,居世界第一位。移动电话已从昔日的"王榭堂前燕"飞入寻常百姓家,成为一种大众化的消费电子产品。国内市场也一改往日被国际产品占领市场的局面,国产移动电话近年来开始发起冲击,并取得了不俗的业绩。

业内专家认为,中国虽为全球最大的移动电话拥有国(2002年12月底我国移动电话用户已达到2.06亿,位居世界第一,并且还在以每年50%的速度增长),其实还远远没有发挥出其真正的市场潜力。

Ovum咨询公司最近对全球12个国家的移动用户在移动业务方面的使用特性进行了调查。这12个国家包括法国、德国、意大利、荷兰、西班牙、英国、美国、澳大利亚、中国、日本、韩国、新加坡。根据调查结果,Ovum认为,尽管现有的移动应用非常丰富,但是用户对于很多新业务的认知和使用程度并不高,移动运营商下一步需要解决资费昂贵、使用不方便等方面的问题。

Ovum 此次进行了大量调查,在澳大利亚、法国、德国、意大利、荷兰、西班牙、英国和美国,每个国家至少有 1000 名用户填写了调查问卷;在中国、日本、韩国和新加坡,每个国家至少有 500 名用户参加了调查。

被调查者的性别比例大约为 50:50。在年龄分布方面,所有的受访者都在 15 岁以上;36~49 岁的被调查者占整个样本的大多数,这个年龄段的被调查者在各个市场中的比例为 17%~33%。就职业分布来看,被调查者大部分是全职上班族,少部分是兼职人员、学生、家庭妇女及退休人员。

由于本次调查是在互联网上进行的,因此被调查者大多是新兴技术的最先使用者,这使得被调查者出现了一定的群体特征:大多数人拥有手机。例如,尽管中国目前大约 40% 的移动电话普及率低于西方一些国家,但是接受调查的中国用户的移动电话保有量高达 98%,这一比例甚至超过西方一些国家。各个国家的移动电话普及率以及被调查者的移动电话拥有率情况见表 5-7。

表 5-7　　　　　　　　　　移动电话普及率情况(%)

国家	法国	德国	意大利	荷兰	西班牙	英国
该国家的普及率	88	112	148	105	122	122
被调查者的普及率	93	95	99	95	98	96
国家	美国	澳大利亚	中国	日本	韩国	新加坡
该国家的普及率	85	105	40	79	89	125
被调查者的普及率	133	96	98	94	99	100

资料来源:http://market.c114.net。

由于所调查的大多数是成熟市场,因此大多数国家的移动电话普及率超过 75%。其中,普及率超过 90% 意味着有的用户可能有几张 SIM 卡。

与发达国家 80% 多的市场拥有率相比,我国不到 40% 的普及率还远远没有达到市场成熟的水平。因此,移动通信产品在中国具有巨大的发展空间,同时,市场也处在高速发展阶段,这对于生产商、分销商以及零售商都是极为重要的发展阶段,也是市场格局逐步形成的阶段。

(二) 移动电话制造业利用外资状况

移动电话制造业是一个典型的利用外资发展起来的行业,可以说,没有外资的进入,就没有我国移动电话行业的今天。从 1987 年该行业兴起开始，外资企业就开始了长达10年的垄断。在20世纪90年代中期以前，我国模拟移动电话市场几乎由摩托罗拉一家公司垄断，我国消费者以明显高于国际市场的价格，使用其生产的落后于国际市场的产品，这个时期，摩托罗拉在中国获得了丰厚回报。在移动电话制造业中，中国市场的高成长性和投资于这个市场的高回报率，吸引了更多的跨国公司来华投资。1994年中国数字移动通讯网建成后，诺基亚、爱立信开始迅速扩大其在中国的生产规模，摩托罗拉的垄断地位开始动摇，这三家企业一直在中国市场上进行着激烈竞争，市场份额此起彼伏、交错变化。其他几家制造移动电话的跨国公司也相继进入中国市场，到90年代末期，形成了摩托罗拉、诺基亚、爱立信、西门子、松下、三星等众多跨国公司相互竞争的局面。

目前，虽然面对着全球金融危机，手机销量开始下滑，但摩托罗拉正在加大在华投资，并不断快速调整自己的节奏，以应对国内外市场更为险恶的竞争形势。位于北京望京的研发大厦已成为摩托罗拉全球最大的研发基地，并位列全球三大电磁干扰实验室之一。摩托罗拉还把亚太的物流配送中心移到了天津，天津的会计中心的服务范围也扩张至全球范围。中国俨然已跃升成为摩托罗拉全球产业链的最核心环节。20岁的摩托罗拉中国已有三家独资企业、一家控股公司、16个研发中心、5家合资企业和22家分公司，一万多名员工，摩托罗拉在华总投资已达36亿美元，在英特尔完成耗资25亿元的大连芯片厂建设之前，外企在华投资冠军的宝座一直为摩托罗拉所拥有。可以说，移动电话制造业内的外商投资是与日俱增的，这和我国移动电话市场的表现十分吻合，是中国巨大的市场需求致使外国直接投资纷至沓来、形成气候。

二、我国移动电话行业的竞争分析与溢出效应的产生过程

（一）1999年以前行业的竞争分析与溢出效应的产生

如前所述，在外商进入该行业之前，国内不存在移动电话制造产业。而外商的进入，更多的是针对中国这样一个潜在的目标市场。虽然在这一阶段中国的本地市场上尚没有真正意义上的内资企业与之竞争，但外资企业的产品可以为中国市场所接受的主要因素是技术和价格。与此同时，技术和价格也是进入中国市场的外资企业之间竞争的焦点。其中，技术是移

动电话这一产品被市场接受的基本功能支持要素,而价格则决定了市场上有效需求的规模。

在技术方面,核心技术一直被国际上几大品牌生产商牢牢地控制着,技术外溢的情况非常少。虽然外资企业在中国也是本地生产本地销售,但他们在中国设立的企业均为面向中国市场的装配工厂,国产厂商通过合资的方式并不能从国外厂商中获得任何实质的技术。例如东方通信1992年就从摩托罗拉公司通过技术转让的方式获得了生产技术,但是更进一步的研究技术则始终掌握在摩托罗拉手中。由此可见,技术成为进入这一行业的国内企业的巨大障碍。

在价格方面,国际几大品牌生产商一方面依靠其全球的生产规模实现了采购成本的有效降低,另一方面,通过在中国的装配工厂避开了高关税,同时通过利用本地低廉的劳动力和各种优惠政策实现了生产成本的进一步降低。国际厂商这种基于大规模生产以及本地化优势而形成的资本与规模方面的优势无疑构成除技术以外的另一个巨大的进入壁垒。

此外,由于在这一阶段国外的移动电话制造商垄断了整条产业链,行业一体化特征程度很高,从而进一步加大了行业的整体性进入壁垒。在1998年我国政府针对这一行业的专项政策未出台之前,很显然对于我国任何一家国产厂商,在如此巨大的技术、规模、资本等方面的障碍面前,要依靠自身的实力进入这一行业是根本无法想象的。因此,从溢出效应的角度来考察,我们可以认为,这种太大的能力差距,阻止了本地企业对这一行业的进入,从而也无法从中获得相应的行业内溢出效应。

与此同时,由于外资企业在这一阶段通过合资或合作的方式建立了一些装配企业和供应商企业,从而使得一些内资企业开始介入这一领域的生产过程中,接触和学习到了一些相关的生产知识与技术,因此,我们有理由估计在这一阶段由于与外资企业发生上下游产业链的联系,这一行业中还是发生了一定程度的行业间的溢出效应。

(二) 1999年之后我国移动电话行业的竞争分析与溢出效应的产生

1. 政策、市场环境以及厂商经营模式的变化

(1) 政策出台。1998年底,为了扶持国产移动电话制造业,国务院以国办发〔1999〕5号文件明确了扶持国内移动通信发展的政策措施,主要

涉及市场准入、技术转让、市场控制、资金扶持、自主技术研究与开发等方面。

在市场准入政策方面：为避免厂商重蹈 VCD 生产之覆辙，大量盲目生产，开展价格战而导致血本无归的恶性竞争，信息产业部决定采用许可认证制度扶持重点企业。1999 年底，九家企业被确定为发展移动电话的重点企业（定点生产企业），其中包括东方通信、中国科健、厦华、TCL、中兴通讯、康佳、波导、海尔、南方高科。与此同时，国内于 1998 年底不再审批外商独资及合资的移动通讯产品生产企业，对 1994 年以后未经中央认可、由地方政府审批的合资企业（投资金额在 3000 万元人民币以下之企业）将由中央重新确认。

在技术转让政策方面，1999 年 11 月中央提出了强化独资及合资企业之技术转让制度，且外商须在国内设立研究开发中心。除了通过中外合资的方式让本地厂商得以分享利润与借机吸收国外厂商的生产、管理、研发能力之外，更通过内购比例的规定让移动电话组装厂成为架构当地移动电话零组件产业体系的一大助力，以培育产业链。

在市场控制政策方面，对进口移动电话采取限额，规定外商在大陆生产移动电话最大年产量为 150 万台，同时，对输入零组件的总量进行控制，由信息产业部及国家计划发展委员会审查国外厂商输入的零组件数量，鼓励外商本地采购以培育产业链。并进一步要求国外厂商提升产品的出口比例，2002 年在国内生产产品须有 40% 的外销比例，当地采购或生产的零组件须达 60%，以限制外商利用成本优势在国内倾销的可能性，从而为国产厂商提供了市场空间。

在资金扶持政策方面，国家从 1994 年起每年从固定电话的初装费中划拨 5% 作为国产移动电话的研究及产业化计划经费，1999 年起从移动电话网络的使用费中拨出 14 亿元人民币投入研发。1999 年底国家计划发展委员会则划拨国债 4 亿元人民币及提供 17 亿元人民币的银行融资预算来推动"数字移动通讯国产化计划"。

在国家技术研究支持政策方面，信息产业部的邮电科学院及电信所已构筑了数字移动通讯的仿真网络环境、电信网络设备数据库、检测系统，并设立了数字移动通讯研究中心，用以推动移动电话的国产化进程，缩小与国外技术的差距。政策公布后，对行业的影响巨大。从 1999 年至今，国内对于 GSM 生产执照的发放，仅开放 13 家国内厂商和 12 家国外厂商。

外商直接投资与中国经济增长

2001年上半年信息产业部表示不再发放外资在国内开设贴牌生产厂的执照，国家计委与信息产业部于2001年8月29日仅批准了19家CDMA移动电话生产企业，除了摩托罗拉以合资企业的名义赢得一张CDMA移动电话生产资格牌照之外，其余18张尽在国内移动电话企业的手中。垂涎CDMA这块大蛋糕的国际通信业巨头要想着来瓜分一块，便只有走"联姻"的道路，与这18家国内企业"捆绑"。

（2）市场环境的变化。随着移动电话产业的发展，移动电话的市场需求出现了多元化的趋势。与此同时，应用技术的推陈出新又进一步诱导了新的市场需求的产生，从而使移动电话市场呈现出一派日新月异的繁荣景象。

移动电话市场需求的变化非常明显。移动电话作为高科技新产品，初次上市时具有高价格的特点，但消费者更多的是注重这种新产品的质量和功能，对价格不是十分敏感，同时对外观等方面的要求也不高。随着移动电话核心技术的不断成熟，产品的基本质量和功能有了相当的保证，市场的消费需求开始出现了多元化的倾向，并且对价格的敏感性也大大上升了。

根据赛迪顾问公司（CCID）的一项调查结果，发现2001年国内移动电话消费呈现以下特点和趋势：展现个性与时尚。此次移动电话消费行为的调查显示30岁以下用户的比例持续增长，其中以21~25岁最为明显，由1999年的15.8%上升到2001年的23.4%，从而逐步成为一支重要的消费群；30岁以上的用户比例均有下降，截至此次调查下降到26.8%，31~35岁段的用户群已让位于26~30岁用户群，但在高龄用户群中仍占绝对的优势，35岁以下的用户占到整个用户群体的80%。总的来说，移动电话用户呈年轻化趋势。这种市场用户群体的变化显然对移动电话的选择因素产生了重要的影响。调查显示消费者购买移动电话时考虑的主要因素仍然是质量，所占比例为55.4%，但移动电话功能和外观也占了很大的比重，显示出消费者越来越关注移动电话的外观和新功能。

另外，消费者对价格的重视表现在国内移动电话市场上，2500元以下的中、低档移动电话是最受消费者欢迎的。约有70%的用户在使用这个档次的移动电话，其中低、中档移动电话用户各占约35%的比例。近两年来，移动电话价格呈现高台跳水的走势，无论是生产企业还是商家，都从这种持续降价的行情中看出了中、低档移动电话的市场潜力所在。

与此同时，技术的发展又进一步迎合并且诱导了新的市场需求的产

· 168 ·

生。从 WAP 到 GPRS，从短信到彩信，从语音到视频，众多新技术的出现使得消费者在功能和时尚上的追求都得到了进一步的满足，并且引发了消费者对体现自身个性化的功能和设计的进一步渴望。技术的发展除了吸引更多的新用户加入移动市场外，更推动了移动电话更换市场的发展，为移动电话厂商的发展提供了巨大的空间。同时技术发展带来的需求多元化的趋势也为移动电话产品差异化战略的实施提供了广阔的市场空间。

（3）厂商经营模式的变化。市场变化的同时，移动电话产业的价值创造过程也发生了明显的变化。为了迎合市场的多元化需求，原来一体化程度很高的价值创造过程出现了专业化分工发展的趋势。这种专业化分工的实现为我国从零开始的国产移动电话厂商创造了生机。

2. 新形势下的市场竞争与溢出效应的产生

我国移动电话市场需求的迅速扩大以及需求多元化的倾向使得移动电话厂商的竞争在多个细分市场和多个层面上展开。在我国政策扶持下诞生的国产移动电话厂商面对实力强大的国际竞争对手开始了艰难的追赶过程。由于本书所探讨的溢出效应是在中外企业的竞争与合作中产生的，因此，将首先探讨我国新生的移动电话生产企业与外资竞争的过程，探讨其在竞争能力方面与外资企业的对比以及在竞争中的变化，从而总结出溢出效应的产生状况。

（1）新形势下的竞争要素。针对移动电话这样一个新兴行业，技术毫无疑问是市场竞争的第一要素。从 1999 年以后的价值链结构以及中外厂商的运营模式可以看出，随着产业技术自身的发展和市场需求的不断变化，技术要素在这样的行业中体现为核心技术和应用层面的技术；除此以外，技术还包括开发层面的技术和生产制造层面的技术，这些不同的技术在最终产品上起着不同的作用。从中外企业的运营模式上我们也看到，中外企业取得这些技术的渠道不同，但最终我们将从它们提供给市场和消费者的角度来比较两类企业在技术方面的能力差异。

移动电话产品的售价是移动厂商竞争的另一个重要方面。如前所述，移动电话产业经过一段时间的发展，随着产业核心技术的渐进成熟，人们对产品价格的注重程度显然提高了，因此相互竞争的厂商在开发、购置、生产、营销等各个方面的综合成本能力也是至关重要的。中外厂商控制成本的能力显然也是与其采用的生产运营模式紧密相关的。

除此之外，由于移动电话是一种大众消费品，因此，对于厂商来讲，品牌营销和渠道建设也构成了市场竞争的重要组成部分。

（2）技术能力的竞争。总体而言，国家的"市场准入政策"和"市场控制政策"为从零开始的国产移动电话生产厂商提供了市场空间；而全球范围内移动产业技术的发展以及产业价值链的专业化发展为我国移动厂商的崛起提供了外部环境；竞争和产业技术的发展加速了本地企业的技术成长过程。

①国产厂商技术能力的获得。从技术战略的角度来说，初进入市场的中国厂商不具有研发能力，而且全部技术靠自我研发也不现实。因此竞争的压力迫使国内厂商积极寻找各种可以和国外厂商竞争的技术和产品。而在这一时期，移动电话的核心技术已经不是仅仅把握在少数几家巨头手中，并且那些掌握了核心技术但又尚未进入中国市场的国外厂商又急于分享这一高速发展的市场可能提供的丰厚的利润，于是中外企业在技术方面的合作就成了现实的解决途径。通过和国外厂商合作、采购国外厂商的芯片模块，甚至是由国外厂商完成整个移动电话的设计和生产，国产移动电话厂在短期内迅速具备了和国外厂商竞争的技术实力。

②产业技术的发展与内资企业技术的不断提高。从移动电话行业的技术发展层面来看，可以将技术划分为核心技术和应用层面的技术。核心技术，主要是指 RF 模块、基带信号处理器及其软件。核心的技术一旦开发完成，其余的工作只是维护、补充功能、提高性能，一次开发成功后，对特定的通信标准，核心技术基本无须做大的更改。应用层技术，主要是指人机界面（MMI）软件和应用软件，实际上这部分软件与通信标准，或者说通信平台最具无关性，可以脱离目标板和通信平台进行开发和仿真，这方面韩国企业和日本企业做的是最好的，实际上韩国企业和日本企业基本上并不掌握核心技术知识产权，但是通过人机界面和应用程序的开发，其移动终端产品更有市场的引力。

从目前的发展来看，移动电话的主体核心技术相对成熟，厂商之间核心技术的同质化程度较高，核心技术所表现出来的通话质量相差不是很大。而市场需求外部化的倾向使得应用层面的技术显得特别重要。

通过技术合作，目前国产移动电话的设计水平大多达到了结构外观、应用层软件的开发层次。在应用层面的技术开发上，总体来看，移动电话的开发设计大概有两个层次：半散件组装（sack knock down）与基于模块和移动电话芯片的全散件组装（completed knock down）方式。全散件组装

第五章　外商对华直接投资的技术外溢效应分析

大致又分为两个层次：一种就是买 GSM 或 CDMA 模块进行开发和装配。这种模块通常已做好基带部分和射频部分等移动电话的基本软硬件，可直接利用，只缺天线、智能卡、电池、扬声器、麦克风、显示屏等部件。这些外围部件与模块的接口设计工作和应用软件、人机界面的开发就由移动电话制造商来完成。另一种全散件组装方式是基于参考设计进行移动电话的开发和生产。在这种方式下，一些企业是从 ADI、TI、飞利浦、摩托罗拉、科胜讯等移动电话芯片（或平台）供应商那里购买完整的参考设计，另一些企业则从专门提供通用设计方案的公司，如新加坡 Mobilelink 公司（现被美国博通公司收购）、英国 TTPCom 公司等，购买参考设计。然后，移动电话企业需要对这些参考设计进行性能和成本上的优化，增减一些功能，并完成应用软件的开发，然后做成印制电路板，使其产品化并具备可生产性。在这几种模式中，基于半散件组装方式的开发和生产模式的成本太高，几乎没有什么下降的空间；而基于第一种全散件组装方式，国产移动电话企业很多可以从 Wavecom 公司、萨基姆公司、西门子和三星等公司购置模块。虽然模块的设计采购成本下降的空间也不大，但其推出机型速度很快，开发周期约为三个月，可以满足快速上市的要求。而基于全散件组装方式，由于设计已到芯片级层次，采购成本可大大下降，而且研发人员可从参考设计中逐渐学习和掌握底层射频电路、基带电路的开发。不过采用这种方式后，产品开发周期还需要六个月左右。

最初，国内 GSM 移动电话厂商多是基于半散件组装（引进部件组装）方式的开发和生产，但由于其成本较高的明显弱点使企业在价格竞争中难以取胜，后来大多都转向了全散件组装的方式。目前在采用全散件组装模式中，由于国产移动电话企业之间技术的发展水平和实际情况存在差异，从平均程度上看，全散件组装模式中采用基于模块设计方式的比例要高于采用参考设计开发的比例。但随着国产移动电话企业规模的扩大以及技术实力的提升，特别是在竞争的压力下参考设计开发的方式将得到更多的采用。从采用半散件组装方式到采用参考设计开发的全散件组装模式，对于国产厂家来讲，显然是技术上的进步过程。以波导为例，1999 年初与法国萨基姆公司签订了合作协议，引进这个公司的产品技术和生产工艺，并于 1999 年 7 月贷款建成了第一条移动电话生产线。2002 年，知识产权属于波导公司的移动电话，成功打入了欧洲市场，成为中国移动电话技术研发从半散件组装模式发展到全散件组装模式的成功案例。另外，根据赛迪

· 171 ·

网报道，目前，国产品牌移动电话企业已从贴牌生产进入了核心技术研发层面，在技术开发方面和世界先进水平的距离正在缩短。

③"本地化"知识在竞争中的作用。底层核心技术和人机界面软件等应用技术的分离为国产厂商的发展提供了很好的技术环境。国产厂商在了解市场需求后，在自身不能实现的情况下，可以从外部及时获取针对此项需求的技术服务，迅速推出满足市场需求的产品。这大大增强了国产厂商的竞争力，使国产厂商可以根据市场的潮流及时推出自己的产品。善于把握中国移动电话的流行趋势、更快的速度和更准的对中国市场流行的感觉是国内很多移动电话厂商的特点。很显著的例子是：一些欧洲品牌移动电话厂商在中国主推欧洲人喜欢的直板机，但是市场的选择却是国产厂商主推的折叠机。而且，技术的进步和多渠道的外部技术来源也促进了国内厂商推出新款移动电话的速度，国产移动电话的推出速度已经和国外品牌不相上下，目前波导移动电话的款式已经可以达到一年推出16~20款。

④国际企业的技术更新。国内厂商本地化知识带来的竞争优势迫使国外厂商必须考虑中国本地市场的实际情况，而不是简单地把其他地区的需求特性和市场潮流搬到中国。为应对这种竞争，国外厂商纷纷在中国设立研究中心，加快设计本地化的进程。例如诺基亚推出的首个能手写输入汉字的6108型号移动电话，就是由诺基亚北京研究中心专门针对国内市场而设计制作的。摩托罗拉也加大了中国市场研发移动电话的力度。摩托罗拉现在在国内市场已经建立了16个研发中心，投资金额达到了36亿美元，在市场中销售不错的388系列就是由摩托罗拉个人通讯产品部北京研发中心研发的。此外，部分外商为弥补自身本地化设计的缺陷，也积极考虑采用外部设计服务，增强自身产品的竞争力。如摩托罗拉的CDMA V680产品就是由韩国厂商负责完成所有的设计和生产，交由摩托罗拉进行品牌推广的一款产品。西门子移动电话为了适应中国市场，推出的8088折叠形女性化移动电话，就是专门请中国台湾广达公司代工设计的。

国外厂商在本地化知识上的进一步掌握，迫使国产厂商必须加深自身对技术的掌握和对市场的理解，从而推动了国产厂商的技术进步，也为未来国产厂商进军海外提供了很好的本地化实施战略示范。

国产厂商的快速发展使得原本在竞争中占据绝对优势的外资企业感到了威胁，特别是，本地企业基于丰富的本地知识在满足需求多元化方面所显示出来的活力使得国际知名企业都无法小觑。国产厂商这种快速的跟进

第五章 外商对华直接投资的技术外溢效应分析

以及强劲的竞争迫使国外厂商为保持技术优势必须不断推出功能更新、技术更高的产品。而外国厂商新产品开发的加速,反过来又为国内企业设立了新的追赶目标,国内企业为了不在竞争中再次落后则进一步加速地进行追赶,国内外厂商这种为了争取市场优势地位而竞相推出新产品的行为带动了我国整个移动电话产业的发展。

⑤国内厂商向市场核心技术进发。市场竞争的加剧,移动电话价格的不断下降,逼迫国产移动电话制造商必须加强自身的技术实力,否则一味依靠外部合作方,成本始终无法降低,随着市场的进一步发展,必将被淘汰出局。为了能更好地应付未来的竞争,部分国产移动电话制造商积极向移动电话的最核心技术进发,通过多种方式获得核心技术。

华立集团收购飞利浦所属的美国圣荷赛 CDMA 移动通信部门(包括在美国达拉斯和加拿大温哥华的研发分部),一举成为国内首先掌握 CDMA 移动电话芯片设计、生产核心技术的企业之一。而中电信集团的下属中电东方通信研究中心有限公司则将获得与世界同步的移动电话研发资源,大大增强了其在 GSM/GPRS 移动电话核心技术方面的竞争力。同时,中电信集团也在移动通信终端产品领域形成了完整的产业链。熊猫电子与麦克赛尔的合作堪称"取长补短",麦克赛尔的设计技术将成为熊猫电子向上游产业延伸的重要一步。

⑥从技术能力的竞争看溢出效应的产生。从我国国产厂商技术能力的发展过程,我们可以清晰地看到溢出效应产生的过程。

第一,相对于 1999 年前的状况,很显然是我国的行业准入政策人为地为本地企业创造了进入这一行业的机会。同时,由于该行业技术的成熟与扩散,使得新进入的、本身没有技术能力的本地企业可以通过国际合作、购买等方式获得相应的技术,从而跨越技术的障碍,得以跻身于这一新兴的行业。这实际上也为本地企业能够在未来获得外资企业的溢出效应创造了基本条件。显而易见,如果没有上述条件,我国本地企业要靠自身的能力克服这一巨大的技术差距几乎是不可能的。

第二,进入了移动电话行业的内资企业在市场上承受了巨大的来自外资企业的产品的竞争压力。这种竞争压力最直接地挑战内资企业在获得的技术上迅速消化、不断提高的能力,因为这不仅涉及技术本身的跟进和对市场需求的反映,同时也直接涉及产品成本降低的可能性。巨大的竞争压力迫使内资企业不断地、迅速地学习,在实践中努力地把握参考设计开发的全散件组装模式,从而使自身的技术能力不断增强。

第三,经过一段时间的发展,内资企业生产的产品在技术上开始与外资企业的产品相接近,内资企业与外资企业在技术能力方面的差距也明显缩小。在此基础上,国内市场多元化需求的出现为内资企业的发展创造了新的契机。一方面,满足这种新的需求所需要的应用层面的技术并不是难以把握的;另一方面,内资企业相对丰富的本地市场知识使之能够相对于外资企业更加及时和准确地把握市场需求,从而利用可掌握的技术能力开发出满足市场的新型产品。因此,面对新的市场需求形势,内资企业的综合技术能力显然得到了迅速的提升,从产品的角度来看,内资企业的综合技术与国际企业的综合技术的差距则进一步缩小了。

第四,外资企业在中国市场上原本非常明显的技术优势,在内资企业综合技术能力迅速提高的情况下受到了威胁,为了维持其技术优势、保持其市场地位和经济利益,国际企业在内资企业的竞争压力下加速了自身的技术开发与技术转移的速度。

第五,外资企业技术开发的加速以及技术产品的不断推出,反过来又刺激了内资企业的进一步学习与追赶过程。目前正是这种内外资在技术方面的相互促进推动了我国产业的发展与繁荣。因此,从技术能力的竞争方面,我们可以清晰地看到在我国移动电话行业外资企业溢出效应的产生过程。

(3) 成本能力的竞争。从国内外厂商的商业模式可以看出,移动电话产业的成本主要包括研究和开发成本、芯片采购成本、生产成本、营销成本和融资成本等方面。中外厂商之间成本能力的竞争体现为上述各个方面综合能力的竞争。

①政府在研究和开发投入方面的支持对国产厂商至关重要。移动电话产业是一个高科技产业,无论是核心技术层面还是应用技术层面都需要大量的研究和开发投入以保障产品的技术性能、企业的长期发展以及其市场地位。

影响研究和开发成本的关键因素是技术人才和资金的投入。由于移动电话产业在我国国产厂商起步时期核心技术已经相对成熟并且可以从不同的国际厂商手中购买到,因此在进入这一行业时避免了大量的研究和开发投入。然而,作为新进入者,技术上从射频(RF)的设计、内部数字讯号处理器(DSP)、软件到各阶段测试,都需要相当的时间和投入去学习和调整,特别是为了真正在这一产业中立足还需要不断地研究和开发投入。在这方面我国政府产业政策的支持起到了至关重要的作用。政府在研究和开发资金方面的投入与对研究和开发的直接组织及参与不仅在技术上给予了企业重要的技术支持,而且大大降低了国产厂商的研究和开发成本。与我国新进入的国产厂商相比较,我们不难想象,外资厂商已经付出的、正在付出的以及将要付出的研究和开发投入都是非常巨大的,虽然外资厂商在全球范围的市场销售有助于其研究和开发成本的分摊,但这方面的成本仍然相当高。因此,相对于外资厂商,我国国产厂商在研究和开发成本的分摊方面目前暂时有一定的优势。

②产业的专业分工帮助国产厂商绕开规模性进入障碍。移动电话的生产存在非常明显的规模效应,从资金投入规模来看,国产移动电话项目最低投入要两亿元,最低销售盈亏平衡点是 50 万台。国产厂商自身开发一款移动电话至少要九个月,投入 2000 万元人民币。这一规模方面的进入障碍对于任何新进入者都是难以克服的。然而,由于世界移动电话产业的发展导致的专业化分工的出现,使我国国产厂商在进入时期有机会绕开这一巨大的规模障碍,而通过向韩国、中国台湾的厂商购买代工服务,同时向韩国、法国厂商直接购买模块、外观设计等方面的服务来帮助完成制造过程。当然,代工的移动电话不可避免地要缴纳 23.5% 的关税,但相对于从零开始自己生产所需付出的成本已经毫无疑问是走捷径了。

③市场规模主导采购成本与生产成本。首先,芯片采购成本,无论是对于国产厂商还是国外厂商,都具有极其重要的影响。根据对国内移动电话厂商的调查,就移动电话成本来分析,原材料及零组件的成本比重占 72%、研发费用的比重占 13%、销售成本约占 13%、其他成本占 2%;而在原材料及零组件中,芯片成本占的比重最高。国产移动电话厂商多不具备芯片研发能力,芯片主要依靠外部采购,因此市场规模决定了移动电话成本。就移动电话的成本结构而言,以 IC 所占比重最高,达到 70% 以上,包括基频 IC 约占 40%,中频和射频 IC 约占 30%,软件部分约占 2%(分摊)。另外,分立器件约占 10%,其他周边零组件,如印刷电路板、LCD、LED 和周边的天线、连接器、键盘和扬声器等约占 18%。

移动电话的组成零组件 IC,全为国外大厂所垄断,如得州仪器公司、朗讯、美国科胜讯公司、英特尔、西门子、飞利浦、摩托罗拉等,闪存(Flash Memory)则多来自欧美、日、韩等半导体大厂,如英特尔、AMD、日本电器、东芝、三星等。由于来源的多元化,购买本身并不会对国产厂商构成阻碍,但芯片的采购成本基本上是由采购规模决定的。由于国外厂商一方面具有全球市场规模上的优势,另一方面如摩托罗拉等国际企业早已在国内实现了本地化的生产和采购,因此国际企业相对于国产厂商在采购成本上处于绝对的优势。这种优势在市场上体现为洋品牌与国产移动电话的差价约为 20%~30%。

在生产成本方面,虽然作为起步,大范围的代工服务有助于国产厂商快速地进入这一行业,但随着行业内竞争的不断加剧,国产厂商几乎全面的代工方式相对于在中国自行生产的国际企业来讲毕竟成本高昂,在竞争中处于不利地位,因此,从代工走向自行生产是降低成本、提高竞争能力的必然方向。

多年来,我国国产厂商在这方面的努力是显而易见的,然而,生产技术的成熟还有赖于市场规模的支持,因为生产过程的管理以及生产过程技术的成熟都需要大量实践经验的积累和学习过程。据业内人士反映,在生产环节上,目前国外品牌移动电话生产的直通率达 98%,而国产移动电话只有 60%~70%,可见国产厂商虽然掌握了生产技术,但是在管理流程、控制流程上还存在着一定的差距。总的来讲,由于市场规模的差距,国际企业无论在采购成本还是生产成本方面都具有明显的优势。

对于国产厂商,虽然有国家的准入政策和市场控制政策的支持,但国际对手强大的规模与成本优势,迫使国产厂商必须竭尽全力去开拓市场。可喜的是,经过近几年的不断努力,国产移动电话的规模增长迅速,在市场中的份额也节节上升。2000 年底国产移动电话已形成 500 万部的年生产能力,当年国内 10 家移动电话生产厂共生产自有品牌移动电话 371 万部;2001 年国产移动电话数量为 1020 万部,市场所占份额为 12%;2002 年国产移动电话数量为 2615 万部,市场所占份额为 22.87%。随着国产移动电话生产数量的增大,国产移动电话的生产成本也有了明显的降低。最明显的证据是国产厂商随着规模的扩大,不断地在所有的移动电话领域发起了价格战,以争取更大的市场份额,从而促进企业规模效应的体现。波导移动电话从 2002 年 8 月中旬开始在全国范围内降价促销,一个半月内,连续发动三轮移动电话促销,TCL、熊猫、联想等企业也都纷纷跟进,大量抛出降价移动电话。价格战的最终结果就是 2003 年第一季度国产移动电话市场占有率超过了 50%,第一次整体上超过了国外品牌。

随着国产厂商规模的不断扩大，国外厂商同样也积极扩大在中国的生产规模，他们的目标不仅是针对中国一个市场，而是将中国作为了其全球市场的生产基地。从移动电话产业的发展规律看，100万台是"生死线"，300万台是"发展关"，1000万台则是全球移动电话第一方阵的"入场券"。目前，在全球移动电话业竞争中，规模效应已是必不可少，谁率先突破千万，谁将在未来的竞争中打下良好基础。国产移动电话第一名波导产量累计已突破千万台，这表明波导移动电话的产销量在国内移动电话制造业中率先突破千万大关。

工业和信息化部近日发布的《2007~2008年度中国手机市场分析报告》中称，在经历了2006年的衰退之后，国内品牌手机的出货量呈现上升趋势。2007年，国内品牌手机的出货量达到48%，占据中国手机市场的半壁江山。报告显示，2007年我国手机企业共生产手机5.49亿部，比2006年增长了14%。其中，国内市场出货量达到2.4亿部，同比增长23.5%。一组组数据告诉人们，我国手机市场正保持快速增长势头，从发展趋势来看，未来几年仍有很大的增长空间。

从《2007~2008年度中国手机市场分析报告》中能够发现，国内手机企业的排名出现了轮换现象，昔日国内品牌的领军品牌，如联想、CECT等在2007年的出货量呈下降趋势，而2006年以后进入手机市场的一些企业，如金鹏、江苏高通和步步高等后来居上，跻身国内手机市场前20名。没有具备足够实力的中坚力量，便无法从高处带动其他国产品牌，最终国产手机的整体实力仍难提高。从产品层面上看，国产手机虽然已经拥有一些独立开发能力，但其核心软件和手机芯片在很大程度上还是依赖进口，这样导致的结果是国产手机厂家推出新机型的速度总会比国外手机慢半拍，国产手机在消费者心里成了国外手机的"跟从者"，而这种状况将很难在短期内得到改善。

④中外企业资本成本暂时相当。移动电话制造业是技术、资金密集型行业，需要大量的资本投资，因而也需要支付大量的资本成本。一般而言，外资企业相对东道国本地企业具有资本优势，因为外资企业一方面可以借助国际金融市场融资，另一方面可以在其全球的分支机构之间进行调剂，因此外资企业具有资本雄厚且资本成本较低的竞争优势。在我国移动电话市场上运作的外资企业无疑具有相应的资本能力。然而，由于我国的产业政策对国产厂商在研究和开发投入等多方面的资本支持，加上国产移

动电话厂商大部分是国内的上市公司,由于国内资本市场不完善、所有者权利不到位等原因使得上市公司的融资成本很低,因此,就目前的现状来看,在资本成本方面国产厂商并不一定会高于国际企业。

⑤营销成本。市场营销,对于移动电话这样的消费品具有非常明显的影响,因此国内外厂商纷纷在市场营销上投入巨额的资金进行市场拓展。市场营销成本和市场定位、产品定位、营销渠道等有非常密切的联系。规模越大,投入越大,因此国外厂商市场营销成本相对高于国产厂商。以广告投放量为例,国外厂商由于巨大的市场份额和强力的品牌推广,广告成本一直远高于国产厂商。据北京中企市场研究中心广告监测网对全国618家平面媒体广告监测统计,2002年1~11月,我国移动电话广告投放总费用为80095.37万元,其中国外品牌广告投放费用为46431.96万元,占总费用的58%;而国产品牌的广告投放费用为33663.31万元,占总费用的42%。

从平面广告投放费用上看,摩托罗拉、诺基亚两个品牌的广告投放费用具有明显优势,远远高于在国内品牌投放中排名第一的TCL。总体排名第一名的摩托罗拉投放费用为13139.87万元,第二名诺基亚的投放费用为10436.38万元,第三名TCL的投放费用为8576.18万元,第四名厦新的投放费用为5242.83万元。

在2002年前的四个月,移动电话广告投放的品牌集中度比较高,前五个品牌的投放比重约占移动电话广告投放总量的62%,摩托罗拉、诺基亚、爱立信等广告总额远远高于TCL和东信等国内品牌。其中摩托罗拉以4511.34万元的广告额列居移动电话广告投放首位。

表5-8 主要移动电话厂商广告费支出排名

2004年排名	2005年排名	类别名称	2004年1~6月(万元)	2005年1~6月(万元)	增幅(%)
7	1	摩托罗拉	11.23	82.94	638.56
2	2	三星	32.27	50.61	56.83
1	3	诺基亚	44.18	47.40	7.29
3	4	联想	16.94	23.65	39.61
5	5	NEC	12.89	23.26	80.45
—	—	其他品牌	110.13	88.56	-19.59

资料来源:CTR市场研究提供。

⑥从成本竞争看外商直接投资溢出效应。与技术竞争相比较,成本竞争在我国外商直接投资产生溢出效应的过程中所起的作用是不同的。

第一,如前所述,移动电话行业不仅是一个技术密集型行业,而且还是一个资本密集型的行业。特别是在发展初期行业一体化程度很高的时候,资本的高额需求构成了进入障碍。同样得益于政府的准入政策,1999年后内资企业才能跨越这一巨大的进入障碍。与此同时,行业的专业化分工使刚刚进入行业的内资企业有可能借助代工方式进行初期的生产,从而又进一步降低了资本方面的进入障碍。从溢出效应的研究角度观察,我们认为,这两种外在条件帮助本地企业客观地缩小了内资企业与外资企业的资本差距,从而使内资企业有可能加入到"与狼共舞"的行列中。

第二,在这种高科技的行业中,研究和开发的投入是资本需求中最为重要的组成部分。面对与外资企业在技术能力方面的巨大差距,国家在研究和开发方面的支持政策给我国内资企业注入了巨大的活力,同时也与国家在资本方面的扶持政策一起有效地为企业进一步降低了资本的压力、缩小了与外资企业资本实力方面的距离。

第三,上述各种有利条件并不能保证内资企业在市场上的成功,但却毫无疑问地帮助企业有效提升了市场竞争力,并且帮助企业在巨大的竞争压力面前有能力通过不断的学习来达到提高效率的目的。正是迫于成本方面的巨大压力,内资企业在努力拓展市场的同时,从多方位的代工作业积极转向部分的自行生产,从而使生产技术以及相应的管理技术在此过程中不断提高,生产成本也随之而不断下降。

第四,原有市场规模的扩大和新型市场需求的出现使得内资企业获得了迅速扩大市场份额的机会。面对具有成熟的生产技术、广大的国际市场份额和显赫的国际品牌的国际企业,如果内资企业没有机会拓展市场份额,再多的支持性政策也无法帮助企业在市场上取得长久的生存空间。得益于国内外移动电话市场规模的不断扩大,特别是中国国内新兴市场需求的及时出现,已经具备了一定综合能力的内资企业依靠其敏锐的市场把握能力和销售能力,在较短的时间里迅速实现了市场规模的快速扩大,开始享有了规模经济的益处,有效地缩小了与外资企业在规模方面的差距。

第五,与技术能力的竞争相似,由于市场规模是中外企业竞争的核心要素,国内企业市场规模以及生产规模的不断扩大减小了与国际企业这方面能力的差距,威胁了国际企业在中国市场以至世界市场的份额,于是国际企业也相应地扩大生产规模,从而使内外资企业的规模竞争更加激烈。目前在国内外手机市场仍然迅速发展的环境下,内外资企业之间的规模竞争产生了良好的相互促进的作用。

由此,我们有理由认为:我国移动电话行业中的内外资企业在成本能力不断接近的条件下通过有效的竞争促使外资企业产生了充分的溢出效应,同时内外资企业之间也达到了相互促进的效果,从而促成发展中国家最希望看到的溢出效应的良性循环。

(4)品牌营销与渠道建设能力的竞争。

①正确的高端市场定位为国产品牌提供了快速发展的机会。如前所述,随着移动电话产业的发展,对产品的需求出现了多元化的趋势,这种需求特点的出现也为国产厂商的生存与发展提供了机会。目前移动电话市场有非常明显的高低端市场的区分,通常是功能越多、越新,价格越高,即功能是区分移动电话高低端市场的标准。对于高端产品,由于新功能的推出,国外厂商需要保持高价格以维持品牌形象和弥补巨额研发费用。国产厂商虽然可以通过外购技术实现新功能产品的推出,但是高昂的采购成本同样迫使国产厂商把价格维持在高位。此外,高端产品具有非常明显的差异化特征,价格战并不能吸引高端用户的购买,反而会损害产品和公司形象。因此,在高端市场,价格不是最重要的影响因素,个性化的设计和功能才是影响客户购买的主要因素。而对于中低端产品,则恰好相反,由于功能类似,所有的技术都是成熟的,产品的差异性非常小,同时中低端用户对价格非常敏感,因此价格成为中低端市场最重要的影响因素,进而成本也就成了中低端产品市场上厂商最核心的竞争能力的体现。

国产移动电话在国外品牌垄断中国市场之时,几乎无一例外地把市场定位于中低档产品。和其他行业的本地企业一样,国产移动电话厂商曾期望通过利用本地的低劳动成本以及零部件当地供应等当地优势来建立企业自身的优势。然而,这种最基本的认识对于移动电话这种非常国际化的行业实际上是不适用的。原因在于,国际上移动电话行业起步比我国早,进入我国的国际企业不仅在技术上占主导地位,而且一方面由于其拥有广大的国际市场而在综合成本上占据优势;另一方面也由于他们进入中国市场后广泛的本地化过程已经将中国本土的廉价劳动力资源优势化为企业自身优势,这方面已经与本地企业没有区别。因此,综合以上两方面,特别是加上国际企业在国际品牌方面先天的优势,国际企业在提供基本功能的移动电话方面,也就是在所谓的低端市场产品方面,几乎占尽了优势,国产企业完全无法通过价格战来与之抗衡。

然而在移动电话的高端市场情况却不同。与一些高技术产业的高端市场的概念有所不同,我国移动电话的高端市场是迎合人们对移动电话功能的多元化的需求产生的,而支持这种多元化需求的技术并不是属于移动电话核心技术的层面,基本上是基于应用层面。例如,可拍照移动电话只是在传统移动电话的基础上增加摄像功能、图像处理功能等,并不涉及核心技术的改变。与此同时,对移动电话产品的这种高端需求具有明显的本地特征,或者更准确地说,这种需求的出现和迅速发展是以我国为主要发源地的,不是从国际市场传入的国际流行趋势。这样一来,对于本地需求更加敏感的本地厂商立即把握了这种商机。相对于提供基本功能的低端产品,这种高端需求主要倾向于满足时尚的追求,而对时尚的追求则更注重于个性的张扬,从而把对价格的苛求看成了第二位的要素,因此,在这一细分市场上,只要国产厂商能够满足个性化这一第一需求,其在成本方面的劣势就可以在一定程度上得到缓解。与此同时,准确把握这种需求的变化,从而迅速作出反应以满足这种需求,是内资企业相对外资企业的优势所在。正是由于看到了高低端市场的这种需求特点的不同,面对外资品牌的步步紧逼,国产移动电话选择了高端市场定位的战略。据信息产业部相关数据表明,国产移动电话的定位节节攀升,集中到了中高端移动电话市场。国产移动电话在各条产品线中销售最好的是中高端的移动电话,价格在2200元以上的占60%。

②瞄准区域市场是国产厂商的另一片天地。在区域定位上,国产厂商也采取了和国外厂商完全不同的市场战略。国外厂商由于进入中国早,对市场的不熟悉要求外商必须借助国内的合作伙伴,采用代理的模式进行销售。而代理总是根据市场的利润空间做投入,因此在二、三线城市的力量比较薄弱。移动电话市场在国产移动电话制造商进入时,中心城市基本已经被国外厂商牢牢地控制,因此国产厂商把市场转向二、三线城市。由于国外厂商采用代理的制度,自身对销售终端的控制力度不足,因而在二、三线城市的品牌影响力和市场的控制力都不是很高,这就为国产厂商"乡村包围城市战略"的实现创造了条件。同时由于大部分国产移动电话厂商都是由家电厂商转变过来的,其对国内市场有非常深刻的认识,特别是表现在渠道的建设上。因此,我国厂商就依据这些本地知识和市场经验赢得

了大片的二、三线城市市场的份额。

③渠道竞争国产厂商优势突出。虽然赛迪顾问公司2007年移动电话消费行为调查结果表明消费者购买移动电话产品的渠道由单一化向多样化方向发展，但消费者仍将移动电话专卖店和通讯商店作为购买移动电话的首选渠道。调查显示，有75.6%和20.4%的消费者选择移动电话专卖店和通讯商店。因此销售终端的控制权对于移动电话厂商来说特别重要。

另外，近年移动电话销售渠道格局演变速度越来越快。这是因为移动电话市场竞争加剧使整个行业由高利润逐步向平均利润转化，这就需要生产企业不断降低产品成本。但是企业在制造成本方面降低空间较小，因此降低营销成本是企业着重关注的领域。而在营销费用中，渠道建设和维护是企业营销环节中较大的成本构成，所以渠道建设的好坏对于竞争至关重要。

以摩托罗拉、诺基亚为代表的国外品牌都实行代理制，而且大多是实行机型包销，即一个机型只授权给一个或有限几个代理商承包销售，然后再分给为数众多的省级或地区级代理商（二级批发商）；接下去，再将移动电话转批给第三级、第四级，最终到达零售商的手中。这种体制下，经销商层次太多，每一层的利润率微薄，并且销售体系混乱，批发商之间经常还会有串货和倾销大战；在信息流、物流以及市场终端控制方面成效也不显著。而且代理商往往热衷于产品销售，而对产品售后服务、信息反馈等方面表现不尽如人意。

我国移动电话厂商进入这一行业较晚，有机会认识到摩托罗拉、诺基亚在销售渠道方面的弱点，加上这些厂家具有多年的家电销售实践经验，因此在渠道建设上没有盲目地模仿国际企业的做法。在国内移动电话企业看来，移动电话最好的销售体制就是区域代理制。即在一个省级市场，主要发展一家实力大的代理，然后将各种机型和市场资源都集中在这家代理身上，使这家代理有实力直接供货到全省的多数零售店，这样，不仅使市场结构更加扁平化，也使生产商对零售终端的控制进一步增强，同时，这种主要发展一家代理商的垄断结构也有利于控制价格和利润。

进入移动电话市场的国内品牌，尤其是TCL、海尔、夏新、海信、康佳等家电品牌，都具有多年经营的营销网络和营销经验，特别是在二、三级城市市场，明显比国外品牌占有优势。这些品牌对中国消费者的熟悉程度高，市场信息反馈及时，渠道管理效率高，物流成本低，可以利用自己的渠道在推广产品的同时兼顾对客户的售后服务。以 TCL 领衔的国产移动电话制造商尝试渠道扁平化的做法，砍掉了外资品牌采用的全国总代理、一级代理（一般只有几个），直接寻找、设立十几个甚至数十个省级代理分销商。渠道的缩短一下子使利润分配空间充裕起来，而卖国产移动电话利润高也很快调动了经销商们的积极性。这一切都有效地降低了产品营销成本，提高了国产移动电话的市场竞争能力。可以说国内品牌市场份额主要是从二、三线外资品牌或是一线外资品牌不太关注的二、三级城市市场中抢来的。

同时，由于国内消费者在购买移动电话时仍未对特定品牌有特别偏好，那么销售人员的推荐与介绍便成为消费者决定购买与否的重要因素。为了能迅速占领市场，部分国产移动电话厂商给予销售人员的佣金十分高，有的甚至一部超过人民币 100 元，部分业绩好的销售人员，每月薪水及佣金可高达人民币 5000 元。国产厂商对待最末端的销售人员的这种激励措施在很大程度上保证了国产厂商的竞争力。

除减少环节、缩短渠道的优势以外，以 TCL、波导为首的国内厂商在渠道建设方面更深一层次的考虑是能够方便地兼顾客户服务。长期以来，在移动电话市场上，售后服务属于利润微薄而又麻烦的一块业务，经销商一般都不屑于做，并且做不做售后服务，也并不影响经销商的利润。然而售后服务对移动电话品牌的建设又影响很大。摩托罗拉、诺基亚等外国厂商都表示将把全国特约维修中心增至 100 家，500 家专卖店也兼有维修功能。但是卖则"专卖"、修则"特约"，这种维修环节利益主体的多元化难免带来售后服务的滞后。而国产移动电话厂商则可以在渠道中兼顾客户服务，这方面显然具有优势。

总体而言，国产厂商准确地把握了国产移动电话在市场上的战略定位，并且依托对本地市场的透彻了解，现已在渠道建设和售后服务方面明显强于国际企业，从而最终使国内厂商的综合竞争能力大大加强。

面对国产厂商的快速发展，在竞争的压力下，国外厂商也积极寻求对策。第一，减少全国总代理，实行区域代理制。国外移动电话厂商一直是大代理商伙伴和主要业务提供者，目前仍然支持大代理商发挥作用。但是由于国产移动电话咄咄逼人的进攻，让国外厂商不得不寻求更多的合作伙伴，以弥补大代理商网络之外的不足，比如对内地省份的覆盖，对三、四级城市的覆盖和管理等。2002 年 6 月以来，诺基亚在国内对自己的销售渠道进行了一场大规模的变革，在原来七家全国总代理的基础上发展出来了二三十家省级代理；摩托罗拉则选择全国总代理和大区制、大客户直销相结合的方式建立新的销售渠道。第二，保持中心城市的优势，积极开拓二、三线城市。诺基亚把原来一个市场营销经理负责几个省变成一人一个省，集中精力做好省内非中心城市的分销，从而加速进入二、三线城市。第三，加强售后服务网络的建设，提供新形式、高质量的服务。摩托罗拉把授权全质量服务中心的数量由20余家扩展到现在的40余家，遍布全国各地的各级维修服务网点数量也突破了500家。突破传统售后服务即维修的模式，售后服务中心集移动电话换机中心、快速维修中心、配件销售、增值服务和咨询服务中心五位于一体，为客户提供"一对一"的"一站式、全方位"服务。

④从品牌营销和渠道建设看溢出效应的产生。国内移动电话产业在品牌营销和渠道建设方面的竞争对影响外商直接投资溢出效应的产生作用是不同的。

首先，我们从前面对技术和成本与规模的分析可以看出，如果没有国家政策的各种支持，我国的移动电话企业完全不可能进入这一行业。如果我国的移动电话企业像1999年以前那样根本没有进入这一行业，那么也就不存在品牌营销和渠道建设方面的问题，即使内资企业这方面的能力强，对于争取获得溢出效应也没法起到相应的作用。

其次，当我国移动电话企业进入市场竞争中后，在强大的竞争对手的压力下，正确的市场战略对于我国企业的生存与发展确实起着至关重要的作用。试想，如果我国企业没有在激烈的竞争中选择适当的市场定位，就无法在较短的时间里取得市场规模上的迅速拓展，进而也就无法在短期内积累相当的技术知识和使综合成本的竞争能力有明显提高。由此，我们认为，在强劲的市场压力下，正确的战略选择和企业管理水平的提高是促使溢出效应产生的能力保证。

最后，在我国移动电话企业具备了与强大的外资企业竞争的基本条件的基础上，对本地知识和市场特点的透彻理解以及成功地建立在这些知识之上的营销渠道，毫无疑问地大大加强了国产厂商的综合竞争能力。国产厂商综合竞争能力的加强缩小了与国际企业综合能力方面的差距，从而迫使外资企业一方面反过来向国产厂商学习，另一方面将促使外资企业进一步加强竞争优势，即外资企业为了维持其市场地位，会更加迅速地向我国转让更加先进的技术或加快在我国的技术开发。这样一来，无疑增大了溢出效应的产生空间。

三、我国移动电话行业的未来发展趋势与溢出效应的潜力

(一) 技术的发展与溢出效应

1. 应用技术层面的竞争加剧将促进溢出效应的产生

如前所述，第二代移动通信技术发展到目前阶段核心技术已经进入了成熟期，主要的变化在应用层技术上，国内外厂商竞争的焦点也正在于此。虽然国际厂商在技术上仍有优势，但由于这一层面的技术易于跟随，加上国内厂商的本地知识相对丰富，更容易敏感地捕捉市场新需求，因此中外企业在这方面可以说实力相当。在这种状况下，面对仍然在扩展的市场需求，中外企业双方的竞争会更加激烈，而这种激烈的竞争必然会导致更多新技术、新功能的出现，从而使国内厂商有更多的机会获取溢出效应。

2. 国际企业在设计制造平台技术方面的竞争将创造更多的溢出效应的机会

2002年初，美国微软、英特尔、得州仪器三大企业宣布新型移动电话的合作开发计划。新计划将打破为各移动电话厂商定制设计的传统，而是开发所谓的"参照设计"，在移动电话市场建立一套生产标准。这种标准实际上会在很大程度上简化移动电话的生产过程。然而，在现实的市场中，爱立信等其他大的国际厂商各自都有自己的设计制造平台。为了维持其市场地位，这些大的国际厂商将加速对外的技术转让。例如，爱立信就成立了移动平台公司，并向TCL公司转让核心的移动电话制造技术。诺基亚公司在研发移动电话软硬件的参照设计，也准备向外发放技术许可。这种形势显然对我国的国产厂商是非常有利的，可以说，国际企业之间市场核心地位的竞争为溢出效应的产生创造了更多的机会。

3. 我国在第三代技术领域的地位为争取溢出效应创造了条件

中国的 TD-SCDMA 成为国际第三代移动通信的三个可循标准之一，也为国产移动电话制造商提供了提升技术的机会。区别于第一和第二代技术，我国在第三代技术领域与国际企业站在同一起跑线上，不存在不可逾越的技术差距。在这种情况下，我国一方面可用 TD-SCDMA 的专利来与国外公司拥有的专利交叉许可使用，从而较容易地获取需要的相关技术，

同时又可以因此而省去巨额的专利费用,这无疑大幅提升了中国在未来移动通讯市场的竞争力。因此,从技术层面上讲,由于我国国产厂商已具备了相当的实力,因此从溢出效应的角度分析,在未来的竞争与发展中,我们已经具备了进一步获取尽可能多的溢出效应的能力。

(二) 规模扩张与溢出效应

全球移动电话市场的激烈竞争要求生产厂商要进一步降低成本,由此,跨国公司纷纷扩大在中国的生产规模,这将给国产移动电话厂商造成更大的市场压力。

如前所述,虽然国产厂商近几年的市场规模在快速扩大,但相对于拥有全球市场的国际厂商仍有较大的距离;此外,由于我国已经加入了WTO,国家政策给予的市场保护政策,无论是关税还是市场控制措施,都会不断地削弱。因此,在国际企业不断扩大的规模面前,我国厂商将受到巨大的压力。在这方面过于残酷的竞争将有可能削弱国产厂商的竞争能力,同时对溢出效应的激发也会是有害而无益的。

国产厂商这方面的命运还有赖于国产厂商对国内市场的更进一步的把握和对海外市场开拓的努力。

(三) 对国内渠道与市场的把握是未来发展的关键

在技术能力相当、规模差距可能加大的前提下,对渠道和市场的把握能力成了未来竞争的关键。如前所述,当内外资企业的综合竞争实力相接近时,两类企业之间的竞争会更加充分,而且这种充分的竞争会有利地促使企业的相互学习,激发溢出效应的产生。但是一旦两者之间的竞争过于残酷,其结果则会适得其反,产生负面的结果。对于国产厂商而言,对渠道和市场的把握能力是基于国产厂商的相对优势,是基于国产厂商对本地市场和客户的理解,因此有可能有一定的可持续性,国产厂商只有牢牢把握并不断巩固这一优势,才能保持国产厂商在综合竞争能力方面的实力。对于溢出效应而言,保持与外资企业综合竞争实力的相当,才能在竞争中有实力争取溢出效应,而不是在竞争中被挫败。

四、案例研究的基本结论

从以上对我国移动电话行业溢出效应的产生过程的分析中我们可以得

出以下结论：

第一，我国移动电话产业的发展极大地受益于外商直接投资的进入，外商直接投资在这一行业中的溢出效应是我国本地移动电话厂商得以发展的重要源泉。

第二，在我国移动电话产业发展的初期，由于内外资厂商的能力差距巨大，内资企业显然无法依据自身的基础跨越能力的障碍，无法跻身于这一新兴产业，从而也无从获得所谓的外商直接投资溢出效应。

第三，我国政府对本地企业的相关扶持政策对于我国本地移动电话厂商的崛起起到了至关重要的催化作用。这些政策的作用集中体现为帮助内资企业缩小了与外资企业的关键性能力差距，从而使内资企业得以在较短的时间内获得了与外资企业竞争的能力。

第四，当内资企业在政府政策的扶持下具备了与外资企业竞争的基本能力时，市场竞争对溢出效应的产生就起到了关键性的作用。从我国移动电话行业内外资企业复杂的竞争状况中可以看出，竞争是在多个方面、多个市场上展开的，无论是在低端市场还是高端市场，无论是技术、成本还是品牌和渠道，两类企业之间充分的竞争都从某种程度上激发了外商直接投资溢出效应的产生，促进了双方企业劳动生产率的提高。

第五，在上述复杂而激烈的竞争中，我们进一步发现，在内外资企业具备了基本的竞争能力的条件下，两类企业的综合竞争能力的较量决定了溢出效应产生的程度。在这方面，内资企业对本地市场知识的把握、对本地销售渠道的把握以及在此基础上准确的市场定位与战略选择对一定程度上弥补技术与成本方面的缺欠、增强企业的综合竞争能力显然意义重大。

第六章 FDI、技术外溢与中国经济增长的实证分析

第一节 计量分析

一、产品品种增加模型

如前所述,新经济增长理论的开拓者们从不同角度来探索技术进步对经济增长的作用机制,产生了各种形式的理论模型,其中产品品种增加模型是公认的比较成熟、影响比较大的模型,其主要思路是将技术进步表现为中间产品品种数目的扩大。

(一) 基本模型

在产品品种增加模型中,一国经济分为中间产品部门和最终产品部门两个部门。中间产品部门生产的产品为资本品,最终产品部门生产的产品为消费品。资本品生产者花费固定成本研制出新产品并拥有垄断权,可以获得超额利润,从而使其有动力研制和生产新的资本品。消费品生产者利用所有的资本品生产消费品。

构建经济增长模型的关键在于如何规定生产函数的形式。为了体现中间产品数量和种类的增加对于最终产出的影响,罗默等采用了如下的生产函数:

$$Y_i = AL_i^{1-\alpha} \sum_{j=1}^{N} (x_{ij})^\alpha \qquad 0 < \alpha < 1 \qquad (6.1)$$

式中,A 是外生的环境因素(如体制、政策等),Y_i 是第 i 个最终产品

生产者的产量，L_i 是所用的劳动投入，x_{ij} 是厂商 i 所用的第 j 种中间品的数量，N 是目前拥有并使用的中间产品的总数。

由上式可以推论，中间产品品种 N 的增加会提高最终产品生产者的生产率，因此产品多样化对中间产品生产者来说是一种外部经济。在这一模型中，以产品品种增加为表现形式的技术进步是经济实现内生增长的动力。

假定中间产品可以采用共同的物质单位来衡量（即为同质可衡量的产品），并且其各自的使用量相同，则 $x_{ij} = x_i$，生产函数可写为：

$$Y_i = AL_i^{1-\alpha}(Nx_i)^\alpha N^{1-\alpha} \qquad 0 < \alpha < 1 \tag{6.2}$$

罗默认为，这一生产函数为内生经济增长提供了基础，如果 Nx_i 的增加采取给定 x_i 而增加 N 的形式，就不会造成报酬递减，以连续增加 N 为形式的技术变迁避免了报酬递减的趋势。并且，为了方便起见，可把种类数目 N 理解为连续。其实，如果把 N 视为代表性企业生产过程的技术复杂性或其雇佣的生产要素的平均专业化程度的一个指标，则 N 在这一广义的概念上就应是连续而非离散的。因此，最终的生产函数可写为：

$$Y_i = AL_i^{1-\alpha} \int_0^N [x_i(j)]^\alpha dj \qquad 0 < \alpha < 1 \tag{6.3}$$

（二）加入 FDI 因素后推导出的产品品种增加模型

将式（6.3）的生产函数改造并动态化为总体生产函数：

$$Y_t = AH_t^\alpha K_t^{1-\alpha} \tag{6.4}$$

其中：$K = \left\{ \int_0^N x(j)^{1-\alpha} dj \right\}^{\frac{1}{1-\alpha}} \tag{6.5}$

$$N = n + n^* \tag{6.6}$$

式中，A 代表外生的经济环境因素（如制度的变迁、政策的变换，等等），H 代表人力资本存量，K 代表中间产品。K 为多种不同中间产品的集合，每一种中间产品用 x(j) 表示，国内共生产中间产品 N 种，其中 n 种为内资企业生产、n* 为外资企业生产的中间产品的数量。

设中间产品生产企业专门生产某种中间产品，并以一定的租金率把该中间产品出租（售）给最终产品的生产企业，该租金率以 m(j) 表示。根据现代经济学原理，对于使用某种生产要素的生产者来说，其使用该种生产要素的最优条件是边际成本等于边际收益。于是，出租中间产品 x(j)

的租金收益将等于这种中间产品的边际生产率：

$$m(j) = \frac{\partial y(j)}{\partial x(j)} = (1-\alpha) AH^\alpha x(j)^{-\alpha} \tag{6.7}$$

其中，$y(j) = AH^\alpha x(j)^{1-\alpha}$ (6.8)

对于发展中国家来说，假定技术进步主要来自垄断先进技术的跨国公司的技术外溢（不考虑本国自主研发对技术进步的影响），新资本品（先进技术）的采纳和吸收对东道国来说需要一定的技术支持，设该国资本品新品种的增加，即引进和生产新资本品需要一定的配套条件，也即一定的初始固定成本，用 C 表示，C 是目前东道国外资比例和东道国与投资国技术差距的函数。

如上所述，N 代表资本品总数，n 代表国内企业生产的资本品，n* 代表外资企业生产的资本品，则可以用外资企业生产的资本品 n* 占总资本品的比例 n*/N 来测量外资比例即 FDI 水平；如果我们用 N* 表示技术先进的外国生产的资本品，则可以用外国生产资本品与该国生产的资本品的比值 N*/N 来测量该国与外国的技术差距，N*/N 越大，东道国与投资国的技术差距就越大。

n*/N 越大，表示该国外资比重越大，相对来说利用外资越多，继续吸收技术外溢的成本越低，即初始固定成本越低，初始固定成本与该国的外资进入程度成反比。

N*/N 越大，表示该国与外国的技术差距越大，则模仿的成本越小，初始固定成本越小。则有：

$$C = C\left(\frac{n^*}{N}, \frac{N^*}{N}\right) \tag{6.9}$$

其中，$\frac{\partial C}{\partial (n^*/N)} < 0$，$\frac{\partial C}{\partial (N^*/N)} < 0$

也就是说，外资企业能够给东道国带来外国早已经使用的先进技术。其初始固定成本的大小取决于外资企业生产资本品占该国资本品总量的比重，也取决于该国与外国的技术差距。这一比重越大，外资企业之间的竞争以及技术的外部性等使初始固定成本降低；技术差距越大，引进技术越容易，技术发挥作用的机会越多，初始固定成本就越小。

除固定成本外，引进资本品新品种后，还需要一定的维护保养成本。设该资本品 x(j) 的边际成本为常数 1，利润率 r 也不变，则该资本品的生产者可得到的利润为：

$$R_{(j)} = \int_0^\infty [x(j)m(j) - x(j)]e^{-rs} ds - C(n^*/N, N^*/N) \tag{6.10}$$

其中，$R_{(j)}$ 为利润额。该式表示生产新资本品的企业获得的利润等于总收入减去初始固定成本。

依据式 (6.7) 的条件使式 (6.10) 利润最大化，可得到生产资本品 $x(j)$ 的均衡产出：

$$x(j) = HA^{\frac{1}{\alpha}}(1-\alpha)^{2/\alpha} \tag{6.11}$$

将式 (6.11) 代入式 (6.7) 中，可得到租金率的函数式：

$$m(j) = \frac{(1-\alpha)AH^\alpha}{[HA^{1/\alpha}(1-\alpha)^{2/\alpha}]^\alpha} = \frac{1}{1-\alpha} \tag{6.12}$$

从长期来看，由于存在激烈的竞争，市场可自由进入，故长期垄断利润不存在，则有：

$$x(j)m(j) - x(j) = x(j)[m(j) - 1]$$

$$= x(j)\left[\frac{1-(1-\alpha)}{1-\alpha}\right]$$

$$= x(j)\frac{\alpha}{1-\alpha}$$

$$= \frac{HA^{\frac{1}{\alpha}}\alpha(1-\alpha)^{\frac{2}{\alpha}}}{1-\alpha}$$

$$= HA^{\frac{1}{\alpha}}\alpha(1-\alpha)^{\frac{2-\alpha}{\alpha}} \tag{6.13}$$

令式 (6.10) 中的 $R(j) = 0$ 和 $\pi = \alpha(1-\alpha)^{\frac{2-\alpha}{\alpha}}$

则有 $C(n^*/N, N^*/N) = \int_0^\infty HA^{1/\alpha}\pi e^{-rs} ds = \frac{HA^{1/\alpha}\pi}{r} \tag{6.14}$

可得 $r = \frac{HA^{1/\alpha}\pi}{C(n^*/N, N^*/N)} = C(n^*/N, N^*/N)^{-1} A^{1/\alpha} H\pi \tag{6.15}$

其中，$\pi = \alpha(1-\alpha)^{(2-\alpha)/\alpha}$。

与其他内生增长模型一样，此模型最终也要回到某种约束条件下运用 Pontrygain 最大值原理求解拉姆赛于 1928 年提出的消费者效用函数。即从消费者的角度出发，使全体消费者的效用达到最大化，实现消费者均衡。拉姆赛模型的消费效用函数为：

$$U_t = \int_t^\infty \frac{c_t^{1-\delta}}{1-\delta} e^{-\rho(s-t)} ds \tag{6.16}$$

第六章　FDI、技术外溢与中国经济增长的实证分析

这一模型是在研究家庭消费规律基础上形成的，主要说明最优消费性质的经济增长路径。其中 U_t 表示消费效用，c_t 为消费者在 t 时刻的消费，ρ 为时间偏好率，表示人们对推迟现期消费的偏好程度，ρ 越大，表示与现期消费相比，人们对未来消费的评价越低。δ 为消费的边际效用弹性的负值，又称风险偏好率，当 $\delta > 0$ 时，该效用函数表示的是一种风险回避的情况；当 $\delta < 0$ 时，表示一种风险偏爱情况。

当利润率为 r 时，运用 Pontrygain 最大值原理，得到最优消费增长率为：

$$\frac{\partial c(t)/\partial t}{c(t)} = \frac{1}{\delta}(r-\rho) \tag{6.17}$$

在均衡条件下，消费增长率等于产出增长率（用 g 表示）。将式（6.15）代入式（6.17）中，可得到该国经济增长率函数式：

$$g = \frac{1}{\delta}\left[C(n^*/N,\ N^*/N)^{-1}\ A^{1/\alpha}\ H\pi - \rho\right] \tag{6.18}$$

在式（6.18）中，g 代表产出增长率，δ 代表风险偏好率，A 代表外生的环境因素（如体制、政策等），α 代表劳动的产出弹性，π 可由 α 推导出来，C 为初始固定成本，n^*/N 表示外资所占比重，N^*/N 表示技术差距，H 表示人力资本，ρ 为时间偏好率。其中 δ、α、π、ρ 为自然数。

该理论模型的结论表明，一国的经济增长除了与已知的环境因素 A、两个跨时消费决策指数（δ、ρ）和劳动的产出弹性 α 有关外，与该国的外资比重（用 n^*/N 表示）正相关，与该国的技术差距（用 N^*/N 表示）正相关，与人力资本正相关。

由此可以推论，FDI 可以通过技术外溢促进技术进步，从而提高东道国的经济增长率。东道国的经济增长与外资企业在国民经济中的比重正相关，即假定其他条件不变，FDI 越多，一国的经济增长率就越高；FDI 促进技术进步的作用还与该国的技术差距正相关，也就是说，该国技术与外国技术的差距越大，通过外商投资引进技术对经济增长的促进作用也就越大；引进 FDI 促进技术进步也与人力资本正相关，即一国拥有的人力资本越多，对先进技术的吸收能力越强，对经济增长的推动作用越大。简言之，FDI 可以通过技术进步促进东道国经济增长。

(三) 关于模型中几个变量的解释

1. 关于 FDI 比重 n*/N

模型中有三个变量至关重要，n*/N、N*/N 和 H 分别代表外资企业所生产资本品占该国生产资本品的比重、外国生产资本品与东道国生产资本品的比值和人力资本。其中 n*/N 被隐喻为技术外溢所导致的技术进步，即外商投资企业被假定比本国企业拥有更先进的生产技术，n*/N 越大，经济增长率越高。n*/N 能否代表技术进步，取决于 FDI 企业的技术水平是否高于本地企业，FDI 是否促进东道国有关行业的技术进步。

2. 关于东道国技术差距 N*/N

N*/N 代表东道国与投资国之间的技术差距，差距越大，经济增长率越高。理由是东道国与国外技术差距越大，FDI 导致技术进步的成本越低，越能促进技术进步，推动经济增长。在国外技术水平一定的情况下，东道国技术水平越低，比值越大，意味着两者之间的差距越大，FDI 对该国技术进步乃至经济增长的促进作用越大。这一推论还需要进行计量检验，因为从另一个角度考虑，东道国技术水平太低，对 FDI 所带来的技术的吸收、接受能力必然会很低，FDI 发挥作用的机会也就很小，对经济增长的促进作用也就无从谈起。

3. 关于人力资本 H

人力资本是经济增长的主要源泉之一，在其他条件相同的情况下，人力资本越大，经济增长率越高。在这里本书需要做的是用中国的数据对人力资本对经济增长的作用进行计量验证，并考察人力资本与 FDI 的联合效应。

二、FDI、技术外溢与中国经济增长的计量分析

(一) 中国时间序列数据的计量分析（1983~2007）

根据上述产品品种增加模型，产出增长率主要依赖于：制度的演进 A，人力资本存量 H，引进、吸收、模仿先进技术的效率 C 和时间偏好率 ρ 的大小。与人力资本存量呈正方向变化，与吸收、模仿技术所需的固定成本及时间偏好率呈反方向变化。因此，人力资本部门的生产效率越高，人力资本存量越大，经济增长率越高；吸收 FDI 的数量越多，与先进技术的差距越大，吸收新技术所需成本越小，则经济增长率越高；现时的储蓄

率越高（即人们推迟消费的耐心程度越大），则经济增长率越高。依据此模型，构建分析 FDI 的技术外溢效应与中国经济增长之间关系的经济计量模型：

$$LnGDP_t = a_0 + a_1 FGDP_t + a_2 H_t + a_3 FGDPH_t + a_4 GZ_t + u \quad (6.19)$$

其中，

$LnGDP_t$ 是年人均国内生产总值的自然对数，为被解释变量。

$FGDP_t$ 为每年 FDI 占 GDP 的比重，用于考察 FDI 的外溢效应。按照上述理论模型，这一比例可以近似地代表 FDI 企业生产的资本品品种数量占全部资本品品种数量的比重，即 n*/N，所以从理论上讲，$FGDP_t$ 与 $LnGDP_t$ 应呈正相关关系。

H_t 为人力资本数量，在中国目前尚未有权威的关于人力资本存量的计量方法，本书以大学毕业人口占其总人口的比例来近似代表这一变量，从理论上讲，如果人力资本对经济增长起到促进作用，H_t 与 $LnGDP_t$ 应呈正相关关系。

$FGDPH_t$ 为 $FGDP_t$ 与 H_t 的乘积，用于检测 FDI 技术外溢效应的发挥是否需要与一定的人力资本相结合。

对于制度变量 A，依据各国的具体情况采取不同的制度变量。本书主要计量检验和实证研究 FDI 的技术外溢对中国经济增长的作用，所以本书选取了每年国有工业总产值占工业总产值的比重 GZ_t 来粗略地反映我国的体制环境如市场化程度等，GZ_t 越小表示我国市场化程度越高、经济增长越快，所以从理论上讲，GZ_t 与 $LnGDP_t$ 应呈负相关关系。

u 为随机扰动项，a_0 为常数项，a_1、a_2、a_3、a_4 分别为待估的各解释变量的系数。

应用上述模型对中国 1983~2007 年的时间序列数据进行回归，得到如下模型：

$$LnGDP_t = 9.0363 - 0.0204 FGDP_t - 1.6835 H_t + 3.0996 FGDPH_t - 0.0329 GZ_t$$
$$\quad\quad (9.8326^*) \quad (-0.1252) \quad (-0.2301) \quad (1.2469) \quad (-2.8763^*)$$

$R^2 = 0.9382 \quad F = 72.0598 \quad D-W = 0.878 \quad *表示 5\%水平内显著$

由 $R^2 = 0.9382$ 和 $F = 72.0598$ 可知，模型总体回归效果显著，在 1%的显著性水平下通过了检验。$FGDP_t$ 的回归系数为-0.0204，说明 FDI 的技术外溢效应对我国的经济增长并未起到正向的推动作用，造成这一现象的原因有可能是 2005 年、2006 年、2007 年以当年汇率计算的 FDI 流量在减

表 6–1 中国 GDP 和 FDI 相关数据表

年份	$LnGDP_t$	$FGDP_t$ (%)	H_t (%)	$FGDPH_t$ (‰)	$FGDPH_t^m$ (‰)	GZ_t (%)
1983	6.36	0.3056	0.0326	0.01	0.37	73.35
1984	6.54	0.4611	0.0276	0.01	0.54	69.08
1985	6.75	0.6415	0.0299	0.02	0.78	64.86
1986	6.86	0.7588	0.0369	0.03	0.99	62.27
1987	7.01	0.7196	0.0492	0.04	1.00	59.72
1988	7.21	0.7959	0.0504	0.04	1.12	56.80
1989	7.32	0.7565	0.0511	0.04	1.02	56.06
1990	7.40	0.8986	0.0537	0.05	1.18	54.60
1991	7.54	1.0744	0.0530	0.06	1.37	52.94
1992	7.73	2.2770	0.0515	0.12	2.91	48.08
1993	7.99	4.5759	0.0482	0.22	5.95	46.95
1994	8.27	6.2248	0.0531	0.33	8.01	37.33
1995	8.49	5.3575	0.0665	0.36	7.24	33.97
1996	8.63	5.1078	0.0686	0.35	7.20	36.32
1997	8.71	5.0385	0.0671	0.34	7.87	31.62
1998	8.71	4.8048	0.0665	0.32	8.18	28.24
1999	8.79	4.0678	0.0674	0.27	7.21	28.20
2000	8.87	3.7680	0.0750	0.28	6.84	47.33
2001	8.94	3.9886	0.0812	0.32	7.59	44.43
2002	9.01	4.1674	0.1041	0.43	8.44	40.78
2003	9.12	3.3778	0.1452	0.49	7.16	37.53
2004	9.42	3.3182	0.1839	0.61	6.68	35.24
2005	9.55	2.8426	0.2346	0.67	6.02	33.28
2006	9.69	2.7795	0.2872	0.80	5.90	31.24
2007	9.85	2.2784	0.3389	0.77	6.08	29.54

资料来源：根据《中国统计年鉴》(1984~2008) 相关数据整理计算。

少，因为我国实行有管理的浮动汇率以来，2005年、2006年、2007年汇率变动很大，升值明显，导致以当年汇率计算的FDI流量减少；人力资本的回归系数为负，表明以大学学历为衡量标准的人力资本对我国的经济增长并未发挥作用；反映FDI是否与我国人力资本相结合的变量$FGDPH_t$回归系数为正，但在5%的显著性水平下并未通过t检验，这说明FDI在我国与以大学学历为衡量标准的人力资本相结合效果并不显著，发生这种情况的原因很可能是长期以来流入我国的FDI主要是以加工贸易业为主，而加工贸易业多属劳动密集型行业，对劳动者教育程度要求不高，因此具有高等教育程度的劳动者并未能够很好地与 FDI 结合在一起。制度变量 GZ_t 的回归系数为负，说明中国市场经济体制的改革越完善，我国的经济增长越有潜力。

为消除有可能汇率变动造成的影响，将数据集的时间定为 1983~2004 年，再次进行回归，模型结果明显改善：

$LnGDP_t = 7.8287 + 0.2035FGDP_t + 13.8773H_t - 0.8026FGDPH_t - 0.0247GZ_t$
　　　　(7.8186*)　(1.131)　　　(1.437)　　　(-0.279)　　　(-2.212*)
$R^2 = 0.9403$　$F = 66.9361$　$D-W = 0.671$　* 表示 5% 水平内显著

模型总体回归效果显著，在 1% 的显著性水平下通过了检验。$FGDP_t$ 的回归系数为正，说明 FDI 的技术外溢效应对我国的经济增长起到了正向的推动作用；人力资本的回归系数为正，表明以大学学历为衡量标准的人力资本对我国的经济增长发挥了积极作用；制度变量 GZ_t 的回归系数为负，说明中国市场经济体制的改革越完善，我国的经济增长越有潜力。反映 FDI 是否与我国人力资本相结合的变量 $FGDPH_t$ 回归系数为负，并且在 5% 的显著性水平下并未通过 t 检验，这说明 FDI 在我国与以大学学历为衡量标准的人力资本相结合效果并不显著。

为了检验 FDI 在我国是否与具有中等教育程度的人力资本相结合效果显著，用新变量 $FGDPH_t^m$ 对原有模型变量 $FGDPH_t$ 进行替换，再次进行回归，结果如下：

$LnGDP_t = 7.9916 + 0.1661FGDP_t + 6.5833H_t + 0.2370FGDPH_t^m - 0.0223GZ_t$
　　　　(15.164*)　(1.714*)　　(3.539*)　　(3.854*)　　　(-2.954*)
$R^2 = 0.9680$　$F = 128.531$　$D-W = 1.057$　* 表示 10% 水平内显著

替换这一变量后，模型有明显改进，原有变量回归系数的符号都未发生改变，新增加变量的回归系数为正，这表明在 1983~2004 年这段时间里，在我国，FDI 与具有中等教育程度的人力资本相结合效果显著。

（二）中国横截面数据的计量分析（2007）

改革开放以来，受国家经济发展战略的影响，东部沿海的一些地区享受了许多的政策优惠，无论是在外资引入上还是在税收征收等很多方面都处于有利的地位，为了反映这一政策的影响程度，将模型（6.19）增加一个新的虚拟变量 QY 来反映地域间的差异，得到如下线性化的计量模型：

$$LnGDP_i = a_0 + a_1 FGDP_i + a_2 H_i + a_3 FGDPH_i + a_4 GZ_i + a_5 QY_i + u \qquad (6.20)$$

其中，

$LnGDP_i$ 是各地区 2007 年人均国内生产总值的自然对数，为被解释变量。

$FGDP_i$ 为各地区 FDI 占 GDP 的比重，用于考察 FDI 的外溢效应对经济增长的作用。

H_i 为人力资本数量，以大学毕业人口占各地区总人口的比例来近似代表这一变量。

$FGDPH_i$ 为 $FGDP_i$ 与 H_i 的乘积，用于检测 FDI 的技术外溢效应的发挥是否需要与一定的人力资本相结合。

对于制度变量 A，在反映各地区体制环境变量 GZ_i 的基础上，又增加了一个虚拟变量 QY_i，用来考察地域间的差异。按享受优惠政策的程度，将全国的 30 个省、市及自治区（西藏除外）粗略地分为三个等级，西部地区为 1、中部地区为 2、东部地区为 3。从理论上讲，如果区域政策的差异的确造成了区域经济的发展差异，QY_i 应与 $LnGDP_i$ 呈正相关关系。

u 为随机扰动项，a_0 为常数项，a_1、a_2、a_3、a_4、a_5 分别为待估的各解释变量的系数。

应用 2007 年的数据，对模型（6.20）进行计量回归后，得到如下结果：

$LnGDP_i = 8.7949 + 0.0235 FGDP_i + 2.2170 H_i + 0.1548 FGDPH_i - 0.0067 GZ_i +$
$\qquad\quad (27.9308*) \quad (0.4284) \quad\;\; (1.6783*) \quad\;\; (0.6160) \quad\;\; (-1.9254*)$
$\qquad\quad 0.1280 QY_i$
$\qquad\quad (1.3794)$

$R^2 = 0.8584 \quad F = 29.1084 \quad *$ 表示 10% 水平内显著

从 $R^2 = 0.8584$ 和 $F = 29.1084$ 可以知道，模型总体回归效果显著。$FGDP_i$ 的回归系数为正，表明 FDI 的技术外溢效应对中国经济增长具有较为显著的正向推动作用；通过 $FGDPH_i$ 的回归系数为正，可以说明 FDI 的确是与人力资本相结合而作用于经济增长，与时间序列结果不同的是，2007 年横截面数据表明的是 FDI 与具有高等教育水平的人力资本结合效果显著。这一回归结果反映了我国利用外资的现状，在 20 世纪 90 年代中期以前，我国吸收外商投资的主要领域是纺织、服装、电子元器件和轻工业等劳动密集型产业，进入 90 年代中期以来，外商在资金、技术密集型行业的投资增长很快，这些行业所需的人力资本层次较高，因而 FDI 的技术外溢效应更多是体现在与具有高等教育水平的劳动者结合在一起。制度

变量 GZ_i 与 $LnGDP_i$ 呈负相关关系，表明我国市场经济体制的不断改革与完善对经济增长的确起到较为明显的促进作用；从反映区域政策倾斜的变量 QY_i 的回归系数为正可以看出，区域政策的差异是造成区域经济发展差异的一个重要原因。

综合时间序列和横截面数据的计量分析，不难看出，FDI 的技术外溢效应对我国的经济增长具有较为显著的正向推动作用，并且 FDI 的确是与人力资本相结合来共同推动经济增长的。时间序列和横截面回归表现不同的是，FDI 与中国人力资本相结合的层次不一样，时间序列数据表明的是与中等教育水平的人力资本相结合比较显著，而横截面结果表明的是与具有高等教育水平的人力资本相结合效果显著。两个模型的看似矛盾的回归结果既反映了我国吸引 FDI 的现实，也反映了我国吸引 FDI 的变化趋势，即由劳动密集型的加工贸易行业向技术比较先进的制造业转变。

(三) 中国面板数据的计量分析（1993~2007）

上述采用时间序列和横截面数据对 FDI 对中国经济增长的作用进行了计量分析，但这样的分析存在着一定的局限性。采用 1983~2007 年时间序列数据对我国现阶段的经济现象进行分析，样本空间太小；另外，我国幅员辽阔，地区间差异十分显著，采用全国性的综合数据，往往会掩盖这种十分明显的省际差异。采用省、市及自治区的横截面数据，虽然可以在一定程度上弥补时间序列数据不能反映地区间差别性的缺陷，但其只能静态地反映某一个时点的经济情况，而不能动态地从一个时段上描述经济现象的变化态势。为了避免这两种数据的缺陷和上述两个回归模型中有些变量未通过显著性检验的问题，本书又选取了目前国际上通常采用的面板数据进行分析。在具体年份的选择上，本书选取的是 1993~2007 年 15 年的面板数据，之所以从 1993 年开始分析，是因为 1992 年邓小平南方谈话之后，我国外资流入量发生了极大变化，同时，大型跨国公司开始在我国进行投资，这些都有助于技术外溢的产生。对《中国统计年鉴》（1994~2008）相关数据进行整理计算后，得到本部分所需的样本数据。由于面板数据既包括时间序列数据又包括横截面数据，可能产生异方差性和序列相关性问题，从而使普通最小二乘法 (OLS) 失效，因此本书仍然采用似然不相关回归方法进行检验，以消除异方差性和序列相关性的影响。

在模型 (6.19) 和模型 (6.20) 中，都未考虑不同的经济初始水平与经济增长的关系，为此在模型（6.20）的基础上增加一个新变量 $LnCG_{t,i}$ 来反映初始 GDP 水平，用来检验我国区域经济发展在现阶段是否呈现趋同性，得到如下计量模型：

$$LnGDP_{t,i} = a_0 + a_1 FGDP_{t,i} + a_2 H_{t,i} + a_3 FGDPH_{t,i} + a_4 LnCG_{t,i} + a_5 GZ_{t,i} + a_6 QY_{t,i} + u$$
(6.21)

其中，

$LnGDP_{t,i}$ 是每年各地区人均国内生产总值的自然对数，为被解释变量。

$FGDP_{t,i}$ 为每年各地区 FDI 占 GDP 的比重，用于考察 FDI 的外溢效应对经济增长的作用。

$H_{t,i}$ 为人力资本数量，用每年各地区大学毕业人口占各地区总人口的比例来近似代表这一变量。

$FGDPH_{t,i}$ 为 $FGDP_{t,i}$ 与 $H_{t,i}$ 的乘积，用于检测 FDI 技术外溢效应的发挥是否需要与一定的人力资本相结合。

$LnCG_{t,i}$ 为各地区初始 GDP 水平的对数值，用来检验我国区域经济发展在现阶段是否呈现趋同性。

$GZ_{t,i}$ 为每年各地区国有工业总产值与工业总产值的比重，用来粗略地反映一地区的体制环境，$GZ_{t,i}$ 在理论上应和 $LnGDP_{t,i}$ 呈负相关关系。

$QY_{t,i}$ 为虚拟变量，用来考察地域间的差异，与横截面模型一样，按享受优惠政策的程度，将全国的 30 个省、市及自治区（西藏除外）粗略地分为三个等级，西部地区为 1、中部地区为 2、东部地区为 3，从理论上讲，如果区域政策的差异的确造成了区域经济的发展差异，$QY_{t,i}$ 应与 $LnGDP_{t,i}$ 呈正相关关系。

u 为随机扰动项，a_0 为常数项，a_1、a_2、a_3、a_4、a_5、a_6 分别为待估的各解释变量的系数。

为了详细测量每一解释变量的系数，本书仍采取逐步回归法，也就是逐渐增加解释变量的个数并删除不显著的变量，具体结果见表 6-2。

在表 6-2 中共进行了九次回归，每一个回归方程中各解释变量基本上都通过了 5% 的显著性检验，并且九个模型的回归效果都非常好，在 1% 的水平下通过了检验。应该说，面板数据的应用解决了时间序列和横截面数据有些变量未通过显著性检验的问题，极大地提高了模型的回归效果，使模型的结果更具有解释力。在第 I 个回归方程中，只选取了 $FGDP_{t,i}$ 一个解释变量，从结果可以看出这一变量对 $LnGDP_{t,i}$ 有显著影响（在 1% 水

表 6-2　　FDI 与中国经济增长的决定因素分析

变量	I	II	III	IV	V
常数项	8.4730* (200.3046)	8.1540* (231.1203)	8.0898* (216.6442)	7.9921* (148.7029)	8.1681* (209.5234)
$FGDP_{t,i}$	0.0633* (8.2622)		0.0352* (6.1689)	0.0529* (5.8590)	0.0159** (2.4003)
$LnFGDP_{t,i}$		0.2326* (6.4614)			
$H_{t,i}$		4.9680* (16.3075)	5.1862* (17.5729)	6.6098* (10.3485)	3.8615* (10.0871)
$FGDPH_{t,i}$				0.2273** (2.1067)	
$FGDPH^m_{t,i}$					0.5780* (5.1558)
$LnCG_{t,i}$					
$GZ_{t,i}$					
$QY_{t,i}$					
R^2	0.3031	0.5797	0.5753	0.5834	0.6074
校正 R^2	0.2985	0.5770	0.5728	0.5795	0.6037
F 值	67.8449	221.3327	218.8361	150.3113	166.0505
样本空间	1993~2007	1993~2007	1993~2007	1993~2007	1993~2007
样本数	450	450	450	450	450
变量	VI	VII	VIII	IX	
常数项	8.3750* (111.0692)	7.0450* (41.0970)	8.8697* (30.7146)	8.7204* (30.5664)	
$FGDP_{t,i}$	0.1011* (5.4538)	0.0240** (2.2431)	0.0321* (3.2312)	0.0405* (4.0636)	
$LnFGDP_{t,i}$					
$H_{t,i}$	3.2397* (4.1708)	3.6854* (10.2420)	4.1653* (12.3237)	3.9502* (11.7725)	
$FGDPH_{t,i}$	0.0587** (2.4913)				
$FGDPH^m_{t,i}$		0.6041* (5.7447)	0.3985* (3.9551)	0.3818* (3.8682)	
$LnCG_{t,i}$		0.1706* (6.7055)	0.0215** (2.2306)	0.0108** (2.3589)	
$GZ_{t,i}$			−0.0125* (−7.5516)	−0.0105* (−6.1484)	
$QY_{t,i}$				0.1438* (3.8012)	

续表

变量	Ⅵ	Ⅶ	Ⅷ	Ⅸ
R^2	0.7781	0.6550	0.7063	0.7188
校正 R^2	0.7723	0.6506	0.7018	0.7135
F 值	135.5433	152.3436	153.9438	135.9103
样本空间	2000~2006	1993~2006	1993~2006	1993~2006
样本数	210	450	450	450

注：①表中的估计结果由 Eviews4.0 软件计算。表中括号内数值是该系数的 t 统计值。②*、** 分别表示在 1%、5%的水平上显著。

平上显著），并呈正相关关系。为了更好地分析 FDI 的增长效应，在第Ⅱ个回归模型中将变量 $FGDP_{t,i}$ 取对数值进行弹性分析，其系数估计值为 0.2326，表明在我国一地区的 FDI 年流量相对于其当年经济规模的比例每增加 1%，相应的人均 GDP 就将增加 0.2326%。在第Ⅳ个回归模型中，反映 FDI 技术外溢效应的发挥是否与以大学学历表示的人力资本相结合的变量在 5%的显著性水平下没有通过检验，这说明在 1993~2007 年这段时期内，FDI 技术外溢效应的发挥并未明显地与具有大学学历的人力资本相结合。长期以来我国吸引的 FDI 主要集中在服装、鞋类、电子元器件、箱包等劳动密集型加工工业，只是 20 世纪 90 年代中期以来大型跨国公司才开始将投资的重心转向微电子业、汽车制造、通信设备业等资金、技术密集型行业，而在这些资金、技术密集型行业，内资企业通过外资企业的技术外溢提升自身的技术水平还需要一定的时滞，所以具有大学学历的人力资本并未明显地与 FDI 的技术外溢效应相结合。而劳动密集型加工工业并不需要太高层次的人力资本，因而在第Ⅴ个模型中，用具有中等学历的人员占总人口的比重来衡量人力资本，结果表明在 1993~2007 年这段时间里 FDI 技术外溢效应的确是与具有中等学历的人力资本相结合比较显著。为了检验 FDI 的技术外溢效应与人力资本相结合的层次在近几年是否发生改变，在第Ⅵ个模型中本书将样本空间确定为 2000~2007 年，结果表明在近几年 FDI 的技术外溢效应与人力资本相结合的层次的确发生了改变，与具有大学学历的人力资本相结合效果已经显著。在接下来的第Ⅶ、Ⅷ、Ⅸ个模型中，依次加入了反映地区初始经济水平的 $LnCG_{t,i}$ 变量和两个制度变量 $GZ_{t,i}$、$QY_{t,i}$，在这些模型中各解释变量都通过显著性检验。

综观九个模型的回归结果，可以得到如下几点结论：

第六章 FDI、技术外溢与中国经济增长的实证分析

（1）FDI 在一区域内的比重对人均 GDP 的增长有着非常显著的影响。从表 6-2 的第 3 列可以看出，在我国一地区的 FDI 年流量相对于其当年经济规模的比例每增加 1%，相应的人均 GDP 就将增加 0.2326%。由于计量模型中的 R^2 最高只达到 77.81%，大部分位于 60% 左右，即模型中自变量的变化只能解释因变量变化的 60% 左右，这表明虽然 FDI 对我国经济长期均衡、稳定增长的作用不容置疑，但作为一个人口众多、幅员辽阔的发展中大国，在大力促进 FDI 技术外溢的同时，更要依赖本国的 R&D 和技术创新。

（2）人力资本存量在所有的模型中都通过显著性检验，这说明人力资本对中国经济增长的促进作用已经显现。

（3）人力资本对于 FDI 技术外溢效应的发挥有着至关重要的作用，与我国不同阶段 FDI 的产业分布和技术水平不同相适应，人力资本发挥作用的层次也不同。在 1993~2007 年这段时间里，具有中等学历的人力资本对于 FDI 技术外溢效应的发挥起到了显著的促进作用，而在 2000~2007 年这几年时间里，FDI 的技术外溢效应与人力资本相结合的层次发生了改变，具有大学学历的人力资本对于 FDI 技术外溢效应的发挥起到了促进作用。

（4）$LnCG_{t,i}$ 与 $LnGDP_{t,i}$ 呈同方向变化，这说明我国区域经济增长中，初始水平低的地区发展速度也较慢，即我国的区域经济发展在现阶段并未呈现趋同性，反而有扩散的态势。

（5）$GZ_{t,i}$ 变量在所有模型中也都通过了显著性检验，这说明我国市场化的体制转型对经济增长的效应是显著的。

（6）$QY_{t,i}$ 变量与 $LnGDP_{t,i}$ 呈显著的正相关关系，表明国家优惠政策在一定程度上影响着各地区的经济增长速度，事实上这也是区域间经济差异扩大的重要因素之一。

第二节　FDI 与 GDP 协整分析

一、协整分析的基本方法

（一）单位根过程

变量的平稳性是计量经济学分析的基本要求之一，传统的时间序列经济计量学在对经济变量进行研究时，通常都是假定所分析的数据满足平稳性要求，并在此基础上对经济计量模型中的参数作估计和假设检验，而一系列的分析表明，许多宏观经济时间序列数据并不满足平稳性要求，即是非平稳的。对非平稳时间序列使用传统的估计方法以及估计变量间的关系时可能会导致错误的论断。

1. 平稳过程

时间序列 $y_t \{t=1, 2, \cdots\}$，若 y_t 满足下列条件：

（1）$Ey_t = \mu$；

（2）$E(y_t - \mu)^2 = \gamma_0$；

（3）$E(y_t - \mu)(y_{t-k} - \mu) = \gamma_k$。

即它的均值、方差和协方差是与时间无关的，则称 y_t 为平稳过程。

2. 单位根过程

为了说明单位根过程，考虑下面 AR（1）过程：

$$y_t = \rho y_{t-1} + e_t, \quad t = \cdots, -1, 0, 1, \cdots \tag{6.22}$$

其中，e_t 是独立同分布的随机变量序列，$Ee_t = 0$，$De_t = \sigma^2$。

当 $|\rho| < 1$ 时，$y_t = e_t + \rho e_{t-1} + \rho^2 e_{t-2} + \cdots$，并且容易计算出：

$$Ey_t = 0, \quad Dy_t = \frac{\sigma^2}{1-\rho^2}, \quad Cov(y_t, y_{t-k}) = \frac{\rho^k \sigma^2}{1-\rho^2}, \quad k = 1, 2, \cdots$$

$$Corr(y_t, y_{t-k}) = \rho^k, \quad k = 1, 2, \cdots$$

这意味着 y_t 确实平稳，因此，把 $|\rho| < 1$ 作为平稳性条件，将式（6.22）写成：

$$\varphi_1(B) y_t = e_t$$

其中，$\varphi_1(B) = 1 - \rho B$，B 是滞后算子，$\varphi_1(B) = 0$ 的根是 $B = \frac{1}{\rho}$，当 $|\rho| < 1$ 时，$\varphi_1(B)$ 的根的绝对值大于 1。$\varphi_1(B)$ 有单位根 [AR(1) 有单位根] 的充分必要条件是 $\rho = 1$，在这种条件下，平稳条件不满足，具有单位根的 AR(1) 过程是非平稳的。

3. 单位根检验

进行单位根检验常用的有三种方法：Dickey-Fuller 检验法、扩展的 Dickey-Fuller 检验法（ADF 检验法）、Phillips-Perron 检验方法。由于 ADF 方法适用的广泛性以及本书应用的也是 ADF 检验法进行单位根检验，所以下面主要对其进行介绍。

扩展的 Dickey-Fuller 检验法（Augmented Dickey-Fuller Test），简称 ADF 检验法，将检验单位根的 ADF 方法推广到一般的单位根过程，其中的随机扰动项 e_t 是平稳过程。进行 ADF 单位根检验的具体步骤分为：

(1) 估计模型 $\Delta y_t = \alpha + \beta t + \varphi y_{t-1} + \sum_{i=1}^{\gamma} \theta_i \Delta y_{t-i} + e_t$。

(2) 利用 Φ_3 检验 $(\alpha, \beta, \varphi) = (\alpha, 0, 0)$，备选假设 $(\alpha, \beta, \varphi) \neq (\alpha, 0, 0)$，如果零假设不被拒绝，直接进行第 (5) 步。

(3) 如果零假设被拒绝，则：

或者 $\begin{bmatrix} \beta \neq 0 \\ \varphi = 0 \end{bmatrix}$ 或者 $\begin{bmatrix} \beta = 0 \\ \varphi \neq 0 \end{bmatrix}$ 或者 $\begin{bmatrix} \beta \neq 0 \\ \varphi \neq 0 \end{bmatrix}$

下面利用 t-统计量检验 $\varphi = 0$，临界值可取自于标准正态表。当 β 是非零时，取自于标准正态的临界值是适合的。如果 β 是零，临界值是非标准的，但要小于那些来自于标准正态的临界值。这样，使用标准正态临界值接受 $\varphi = 0$ 意味着使用非标准临界值接受 $\varphi = 0$。当使用正态表的临界值做检验时，如果接受零假设，则时间序列有单位根；如果拒绝零假设，那么有下面可能：

$\begin{bmatrix} \beta = 0 \\ \varphi \neq 0 \end{bmatrix}$ 或者 $\begin{bmatrix} \beta \neq 0 \\ \varphi \neq 0 \end{bmatrix}$

(4) 在 $\varphi \neq 0$ 的情况下，序列没有单位根，因此可利用传统的检验程序对 $\beta = 0$ 进行 t-检验。如果不拒绝这个假设，序列就是平稳的且不具有线性趋势，但可能有常数项。如果还希望检验常数是否为零，可用传统的 t-检验。如果拒绝 $\beta = 0$ 的零假设，序列是平稳的且具有线性趋势，可能有常数项,传统的 t-检验可再用来检验这个常数项是否为零。

(5) 如果不拒绝零假设 (α, β, φ) = (α, 0, 0),则序列有单位根 (φ = 0),且没有趋势 (β = 0),但可能有常数项。为了支持 φ = 0 的结论,在 β 假设为零的条件下,t-统计量的临界值是非常标准的。也可用 Φ_2 检验 (α, β, φ) = (0, 0, 0),如果 Φ_2 的检验结果是 α = 0,则序列是没有趋势的随机游动。否则,序列是一个具有常数项的随机游动。

在进行单位根检验时,一个重要的问题就是自回归阶数(或误差修正模型阶数)的选取问题。目前使用最广泛的方法之一是基于某种信息准则来决定滞后长度,主要的准则有 AIC 准则、FPE 准则、SC 准则和 HQ 准则等。

(二) 协整分析

如果对于一个非平稳的时间序列,即 I (1) 序列,直接用于回归就容易产生伪回归,例如:

$y_t = y_{t-1} + u_t$

$x_t = x_{t-1} + v_t$

其中,u_t 和 v_t 都是相互独立的随机变量,这样 y_t 和 x_t 就是两个相互独立的随机游动,应该是毫无关系可言。但若以观察的数据作回归,很容易得到一个回归方程,这就是伪方程。

20 世纪 80 年代初,Granger 提出的协整(Cointegration)概念是处理非平稳时间序列间长期均衡关系行之有效的方法。协整的经济意义在于两个变量,虽然它们具有各自的长期波动规律,但如果它们是协整的,则它们之间存在一种长期稳定的比例关系。例如,居民收入 Y_t 与消费 C_t,如果两者各自都是一阶单整,并且它们都是 0 阶协整,则它们之间存在着一个长期稳定的比例关系,这个比例关系就是消费倾向,也就是说,消费倾向是稳定的。

对于变量之间协整关系的检验,目前使用最广泛的有两种方法,Engle-Granger 两步检验法和最大似然估计法。

Engle-Granger 两步检验法首先假设变量之间存在一个协整向量,然后用 OLS 方法进行协整回归。若变量之间是协整的,则协整回归估计出协整向量,因而回归残差将是一个平稳的序列;反之,若变量之间是非协整的,则它们的任何线性组合都是非平稳的,因而回归的残差作为各变量的一个线性组合将是非平稳的,这样,就可以通过检验协整回归残差的平稳性来检验变量之间是否存在协整关系。

由于 Engle-Granger 两步检验法是在假设变量之间存在一个协整向量条件下的检验,如果变量之间存在多个协整向量时,两步检验法并不是一种满意的方法,它具有一定的局限性,基于此,Johansen 和 Juselius 提出了最大似然估计方法。

假设随机向量 X_t 服从一向量回归过程,且 X_t 为 n 维 I(1) 随机向量,
$$X_t = \prod_1 X_{t-1} + \cdots + \prod_k X_{t-k} + \varepsilon_t, \quad t = 1, 2, \cdots, T \tag{6.23}$$
设 $X_{k-1}, \cdots, X_0$ 给定,由此可将式 (6.23) 改写为:
$$\Delta X_t = \Gamma_1 \Delta X_{t-1} + \Gamma_2 \Delta X_{t-2} + \cdots + \Gamma_{k-1} \Delta X_{t-k-1} + \prod X_{t-k} + \varepsilon_t \tag{6.24}$$
其中,
$\Gamma_i = -(\prod_{i+1} + \prod_{i+2} + \cdots + \prod_k)$, $i = 1, 2, \cdots, k-1$; $\prod = -(I_n - \prod_1 - \prod_2 - \cdots - \prod_k)$。式 (6.24) 中的变量除 X_{t-k} 之外全为原变量的差分,而 $\prod X_{t-k}$ 的性质可由系数矩阵 $\prod$ 来决定,记矩阵 $\prod$ 的秩为 r,即 r = 秩 ($\prod$)。它有三种可能情况:

(1) r = n,即 $\prod$ 为一满秩矩阵,则意味着 X_t 为一平稳向量,即 I(0) 向量。

(2) r = 0,则 $\prod$ 为一零矩阵,即式 (5.24) 不存在 X_{t-k} 项,则式 (6.24) 为全统的差分向量自回归模型,这意味着向量 X_t 中各分量是不可协整的。

(3) 0 < r < n,这意味着 X_t 中分量之间存在协整关系,且协整秩 = r,即协整向量的个数为 r。

对于第 (3) 种情况 0 < r < n 是有实际研究和应用价值的,此时 n×n 矩阵 $\prod$ 有分解式: $\prod = \alpha\beta'$,其中 α 和 β 为列满秩的 n×r 矩阵。由此,检验变量之间协整向量个数 r 的问题就可归结为能否找到 n×r 矩阵 α 和 β 使得 $\prod = \alpha\beta'$ 成立,这里 β 对应协整向量,α 对应调整系数。

Johanson 给出了检验协整的协整向量 β 及调整系数 α 的最大似然估计方法,以及协整向量个数 r 的检验方法。使用 Johanson 检验方法需要注意的一个问题是向量自回归阶数的选取,Johanson 和 Juselius 使用的是对直接估计式的残差进行检验,满足要求的最小滞后阶数取作最后检验所用滞后值。

二、FDI 与中国 GDP 的协整分析

（一）$LnFDI_t$ 和 $LnGDP_t$ 的平稳性检验

由于大多数的经济时间序列是不平稳的，所以在分析 FDI 和 GDP 是否具有协整关系之前，首先对 FDI 和 GDP 时间序列进行平稳性检验。

图 6-1 是 $LnFDI_t$ 和 $LnGDP_t$ 的相关关系图，图 6-2 是二者一阶差分的

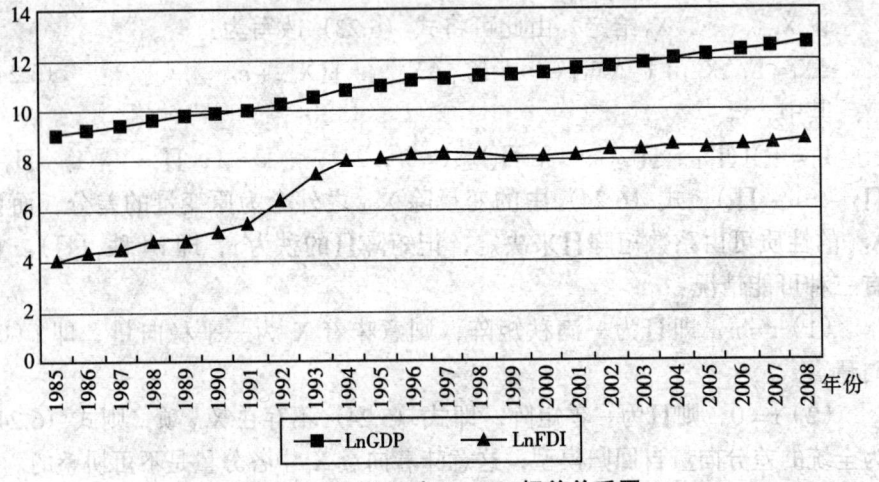

图 6-1　LnGDP 和 LnFDI 相关关系图

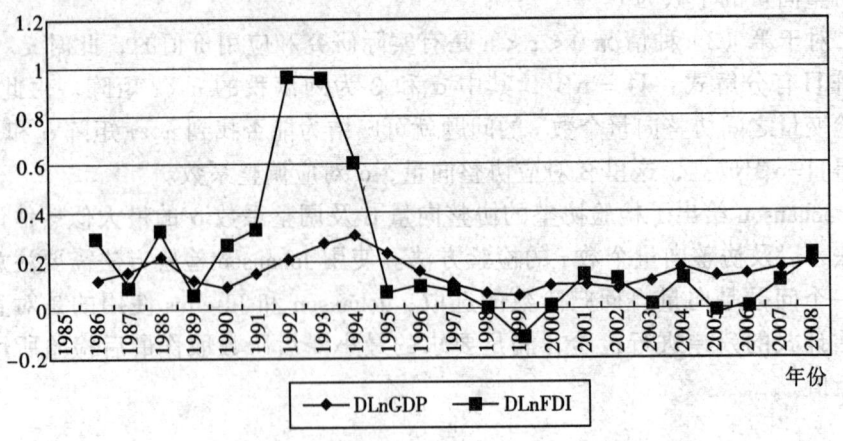

图 6-2　DLnGDP 和 DLnFDI 相关关系图

第六章　FDI、技术外溢与中国经济增长的实证分析

相关关系图。从图 6-1 中可以看出，$LnFDI_t$ 和 $LnGDP_t$ 两个变量都表现出非平稳的特征。其中，$LnFDI_t$ 在 1992~1994 年波动较大，这主要是由于 1992 年我国对外资政策进行了较大的调整。从图 6-2 可以看出，两个变量的一阶差分序列基本上均表现出平稳的特征。

为了进一步确定 $LnFDI_t$ 和 $LnGDP_t$ 是否为平稳时间序列，本书采用 ADF 方法，在检验过程中滞后项的确定采用 AIC 准则，检验结果如表 6-3 所示。

表 6-3　　　　　　　　　　ADF 检验结果

变量	检验形式 (C, T, K)	ADF 检验统计量	5%临界值
$LnGDP_t$	(N, N, 1)	2.3013	-1.9602
$\Delta LnGDP_t$	(C, N, 1)	-3.6065	-3.0400
$LnFDI_t$	(N, N, 1)	0.4153	-1.9602
$\Delta LnFDI_t$	(N, N, 1)	-1.9246	-1.9164

注：表中结果由 Eviews4.0 软件计算得出。检验形式（C，T，K）分别表示单位根检验方程，包括常数项、时间趋势和滞后阶数，N 是指不包括 C 和 T，加入滞后项是为了使残差项为白噪声，Δ 表示差分算子。

在表 6-3 中，首先是对 $LnGDP_t$ 进行单位根检验，ADF 统计量的值为 2.3013，超过 5% 的临界值 -1.9602，所以 $LnGDP_t$ 是非平稳的；接下来进一步检验 $LnGDP_t$ 的一阶差分序列是否为平稳序列，由 ADF 统计量的值 -3.6065 小于 5% 的临界值 -3.0400 可知，$LnGDP_t$ 的一阶差分是平稳的，所以 $LnGDP_t$ 是 I(1) 的。然后，对 $LnFDI_t$ 进行平稳性检验，ADF 统计量的值 0.4153 大于 5% 的临界值 -1.9602，所以 $LnFDI_t$ 是非平稳的；进一步判断 $LnFDI_t$ 的一阶差分的平稳性，由 ADF 统计量的值 -1.9246 小于 5% 的临界值 -1.9164，因此 $LnFDI_t$ 是一阶平稳的，即 $LnFDI_t$ 是 I(1) 的。

（二）$LnFDI_t$ 和 $LnGDP_t$ 的协整关系检验

为了考察 $LnFDI_t$ 和 $LnGDP_t$ 之间是否存在长期的稳定关系，即二者之间是否存在协整关系，本书采用 Johanson 和 Juselius 于 1990 年提出的最大似然检验方法，对 $LnFDI_t$ 和 $LnGDP_t$ 之间的协整关系进行检验。在进行协整检验之前，首先要确定每个无约束 VAR 模型的最优滞后期，本书采用 AIC 准则确定最优滞后期为 3，检验结果见表 6-4。

表 6-4　　　　　　　　　Johansen 协整检验结果

特征值	零假设 (H_0)	备选假设 (H_1)	似然比统计量	5%临界值
0.6348	r = 0	r = 1	17.1387	15.41
0.0011	r ≤ 1	r = 2	0.0183	3.76

注：表中结果由 Eviews4.0 软件计算得出，r 代表协整向量个数。

从表 6-4 中可以看出，在 5%的显著性水平下，没有协整关系的原假设的迹统计量 17.1387 大于临界值 15.41，所以拒绝原假设，即 $LnFDI_t$ 和 $LnGDP_t$ 之间存在一个协整关系；对于至多有一个协整变量的原假设，由于其迹统计量的值 0.0183 小于 5%临界值 3.76，所以接受原假设，$LnFDI_t$ 和 $LnGDP_t$ 之间至多存在一个协整关系。综合两个假设检验的结果可以得出，$LnFDI_t$ 和 $LnGDP_t$ 之间存在唯一的协整关系，估计出的协整关系所对应的长期方程为：

$$LnGDP_t = 0.150471 LnFDI_t + 8.632104 \quad (6.25)$$
$$(0.0293)$$

括号内的数值为回归系数的标准差，协整方程表明，从长期来看，$LnFDI_t$ 每增加 1 个百分点，$LnGDP_t$ 就会增加 0.15047 个百分点，这表明在中国 GDP 的增长中，FDI 的作用是非常重要的。

第三节　FDI 和 GDP 因果关系检验

一、检验方法和模型

基于时间序列、横截面和面板数据分析虽然可以证明 GDP 与 FDI 之间存在着同方向变化的正相关关系，但是并不能证明两者之间的因果关系，即 GDP 增长是由 FDI 引起的，或 FDI 增长是由 GDP 引起的；或两者互为因果，即两者之间相互促进。目前国际上解决这一问题使用最广泛的手段是格兰杰因果关系检验方法（Granger causality testing）。

格兰杰因果检验法的基本思想是：如果 x 的变化引起 y 的变化，则 x 的变化应当发生在 y 的变化之前。特别地，如果"x 是引起 y 变化的原因"，则必须满足两个条件。第一，x 应该有助于预测 y，即在 y 关于 y 的过去值的回归中,添加 x 的过去值作为独立变量应当显著地增加回归的解释能力。第二,y 不应当有助于预测 x,其原因是如果 x 有助于预测 y,y 也有助于预测 x,则很可能存在一个或几个其他的变量,它们既是引起 x 变化的原因,也是引起 y 变化的原因。

检验 x 是否为引起 y 变化的原因的过程如下:首先,检验 "x 不是引起 y 变化的原因" 的原假设,对下列两个回归模型进行估计:

无限制条件回归: $y_t = \alpha_0 + \sum_{i=1}^{m} \alpha_i y_{t-i} + \sum_{j=1}^{n} \beta_j x_{t-j} + \varepsilon_{1t}$ (6.26)

有限制条件回归: $y_t = \alpha_0 + \sum_{i=1}^{m} \alpha_i y_{t-i} + \varepsilon_2$ (6.27)

其中,ε_{1t}、ε_2 为白噪声系列,满足均值为零、等方差且非自相关。用各回归的残差平方和与 F 统计量的值,检验系数 β_1, β_2, …, β_n 是否同时显著不为 0,如果是,就拒绝 "x 不是引起 y 变化的原因" 的原假设。

然后,检验 "y 不是引起 x 变化的原因" 的原假设,做同样的回归估计,但是交换 x 与 y,检验 y 的滞后项是否显著地不为 0。总之,要得到 x 是引起 y 变化的原因的结论,必须拒绝原假设 "x 不是引起 y 变化的原因",同时接受原假设 "y 不是 x 变化的原因"。

二、中国 FDI 与 GDP 因果关系检验及结果分析

在分析 FDI 与 GDP 之间的因果关系时,为了满足模型中对变量的要求,只能从它们的增长效应来进行分析,即 $\Delta LnGDP$ 和 $\Delta LnFDI$ 之间是否具有因果关系,为此,构造模型如下:

$$\Delta LnGDP_t = a_1 + \sum_{i=1}^{m} \alpha_i \Delta LnGDP_{t-i} + \sum_{j=1}^{n} \beta_j \Delta LnFDI_{t-j} + u_{1t} \quad (6.28)$$

$$\Delta LnFDI_t = a_2 + \sum_{j=1}^{m} \gamma_j \Delta LnFDI_{t-j} + \sum_{i=1}^{n} \delta_j \Delta LnGDP_{t-i} + u_{2t} \quad (6.29)$$

其中,a_1 和 a_2 是常数项,u_{1t} 和 u_{2t} 是误差项,n 和 m 分别是 $\Delta LnFDI_t$ 和 $\Delta LnGDP_t$ 的最大滞后期数。

在进行 Granger 因果检验时首先要确定滞后期,本书根据 AIC 准则确定滞后期为 4。利用 eviews 软件包对模型进行检验,结果如表 6-5 所示。

表 6-5　　　　　　　　　Granger 因果关系检验结果

零假设	F 统计量	概率值
ΔLnFDI_t does not Granger cause ΔLnGDP_t	16.1713	0.0012
ΔLnGDP_t does not Granger cause ΔLnFDI_t	4.3559	0.0040

注：本表所有结果均由 Eviews4.0 计算。

从表 6-5 可以看出，在 1% 的显著性水平下，ΔLnFDI_t 不是 ΔLnGDP_t Granger 原因的零假设和 ΔLnGDP_t 不是 ΔLnFDI_t Granger 原因的零假设都被拒绝，这表明 ΔLnFDI_t 和 ΔLnGDP_t 之间存在着双向的因果关系，ΔLnFDI_t 是 ΔLnGDP_t 的原因，ΔLnGDP_t 也是 ΔLnFDI_t 的原因，即中国 GDP 的增长吸引了外商来华投资，吸引的 FDI 又促进了中国经济的进一步增长。

第七章 提高技术外溢效应促进经济增长的政策启示

第一节 FDI 对我国经济增长的影响

一、FDI 对中国经济增长的积极影响

(一) 促进资本形成,改善资产质量

20 世纪 70 年代末,我国实行对外开放政策以后的较长时期内,我国利用外资最直接的目的,是将其视为一种补充性的资金来源。当时我国经济处于全面短缺状况,有大量的投资机会,国内投资能力不足,因此,外资作为弥补资金不足的重要来源,作用不断加强。由表 7-1 可以看出,改革开放以来,外商直接投资流量占中国资本形成的比重在 2002 年前基本呈上升趋势,从 2003 年开始呈下降趋势,1993~2002 年一直保持在两位百分数以上。

自 20 世纪 90 年代中期以来,我国国内大部分产业的生产能力已经过剩,且过剩范围不断扩大,程度不断加深。同时,国内储蓄能力较强,资金总量缺口已经不复存在。此时,利用外商直接投资对资本最重要的作用,是改善资产质量,包括存量资产和增量资产质量的改善两个方面。因为提高资产质量所需的创造性资源如人力资本、技术水平、技术开发与使用能力、国际市场开拓能力、管理能力、对客户需求的理解能力等,都会随着跨国公司的投资一同进入国内。利用外资改善我国资产质量的积极作用,主要表现在以下三个方面。首先,外商投资设立新企业,可以形成高

表 7-1　　　　外商直接投资流量占中国固定资产投资的比重

年 度	全社会固定资产投资		实际使用外资金额	占固定资产投资比重
	（亿元人民币）	（折合亿美元）	（亿美元）	（%）
1992	8080.10	1465.22	110.08	7.51
1993	13072.30	2268.71	275.15	12.13
1994	17042.30	1977.34	337.67	17.08
1995	20019.30	2397.23	375.21	15.65
1996	22974.00	2763.22	417.26	15.10
1997	25300.00	3059.97	452.57	14.79
1998	28457.00	3437.29	454.62	13.23
1999	29876.00	3608.00	403.18	11.17
2000	32619.00	3944.26	407.15	10.32
2001	36898.00	4458.11	468.46	10.51
2002	43202.00	5223.94	527.43	10.10
2003	55118.00	6664.81	535.05	8.03
2004	70073.00	8466.20	606.30	7.16
2005	88604.00	10816.30	724.06	6.69
2006	109870.00	13782.51	727.15	5.28
2007	137239.00	18048.26	835.21	4.63

资料来源：http://www.fdi.gov.cn/pub/。

质量的资本增量。其次，外商投资企业通过与我国企业的合资行为，可以将国内已有的低质量资产变成高质量资产。最后，促进关联产业改善资产质量。

（二）引进先进技术，促进技术进步

改革开放以来，中国关于引进外商直接投资的主导思想主要有两点：一是引进国外的资源，促进国内资本形成，即通常所说的弥补"储蓄缺口"和"外汇缺口"；二是引进先进技术和管理经验，促进中国的技术进步。在整个 20 世纪 80 年代，外商直接投资以港、澳、台中小投资者为主，占我国外商投资总额的 75% 左右。即使美国、日本、欧盟等国家和地区的企业在华投资，也以中小型项目为主。总体上看，这些企业的技术水平并不比我国企业特别是国有企业的平均水平高。在 80 年代末期，我国外商投资企业中，被认定为技术先进企业的仅为 2% 左右，技术先进企业的投资额也仅占全部外商直接投资额的 5% 左右。总体技术水平不高是这个时期外商在华投资的主要特点之一。因此，经常可以见到"外商投资企业的技术水平不高、不符合我国引进外资目的"的批评。的确，这一时期中国引进外商直接投资对于技术进步的效应并不明显。

20世纪90年代中期以来，随着大型跨国公司在华投资的增加，外商投资企业的技术水平明显提高。截至2008年底，世界排名前500名的制造业跨国公司，已有490家来我国投资，设立研发机构超过1160家。来华投资企业从以中小型企业为主向以大型跨国公司为主的转变，使外商投资企业的技术水平明显提高，也使外商直接投资促进中国技术进步的作用日益明显。

从跨国公司在我国投资的实践看，几乎所有的跨国投资都与某种形式的技术转移联系在一起，跨国投资主要通过以下途径引进先进技术。

第一，引进先进技术含量较高的资本货物和加工工艺，并高效率地使用这些资本货物和工艺，提升了国内产业的技术水平。20世纪90年代，外商投资企业在投资项目下的资本货物进口，占外商实际投资额的比重在11%~40%，其中大部分是先进的加工设备。

第二，引进新产品，使符合需求、高技术含量和高附加值的产品在我国制造业产出中的比重增加。例如我国汽车工业中轿车比例的上升，外商投资企业就做出了突出的贡献。

第三，引进研发能力。过去几年，外资在中国受到的主要批评意见之一，是其在中国投资形成了较大规模的制造能力，但并未将技术开发能力带进中国。这种现象随着外资在华技术战略的变化在近几年有明显改变。20世纪90年代中期以来，外商在华建立的研发机构增加较快，在华研发不断上规模、上水平。

第四，引进能够高效率使用先进技术的管理能力。跨国公司在引进先进技术的同时，也引进了能够高效使用这些先进技术的管理能力。它们的先进管理技术不仅使其引进的先进技术能够高效率地使用，也向国内其他企业提供了"眼见为实"的学习机会，使他们了解先进的管理技术如何为企业提供改进效率的途径。

（三）提升产业结构

产业结构的提升取决于多方面因素。从需求决定论的观点看，产业结构的转变最终取决于消费需求结构的转变，但推动产业结构转变的直接因素是劳动力、资本和技术进步等生产要素在不同产业部门之间的配置与再配置，其中由投资决定的新增固定资产和存量资本的再配置是最重要的影响因素，因为其他生产要素总是伴随着投资结构的转变或资本再配置而流动。

在20世纪80年代和90年代初期，外商在我国重点投资的行业主要是服装、鞋类、电子元器件、箱包、塑料制品、皮革制品等劳动密集型加工工业，对我国产业结构的升级没有明显的带动作用。

20世纪90年代中期以来，大型跨国公司的投资项目大多数进入我国产业结构升级过程中正在大力发展的产业。跨国公司投资最密集的行业有微电子业、汽车制造业、家用电器业、通信设备业、办公用品业、仪器仪表业、制药业、化工业等行业，都是技术、资金密集型的行业。500强在华投资的行业主要集中在电子及通信设备、机械、交通运输设备、化学原料及化学制品等资本、技术密集型行业，500强在以上四个行业的投资项目合计486个，占500强在我国投资项目总数的40%；投资规模合计

表7-2　　　日本、德国30家公司在华投资项目行业分布

行　业	投资项目数
农、林、牧、渔	0
能源矿产加工	5
食品烟草	3
纺织服装	2
轻工	15
家用计算机	23
化工橡胶	18
医药	4
电子	48
通信设备	17
机械	17
汽车	28
电气	16
科研、设计	17
贸易、服务	7
投资管理	11
合计	231

资料来源：王志乐主编：《世界著名跨国公司在中国的投资》，中国经济出版社1996年版。

第七章 提高技术外溢效应促进经济增长的政策启示

166.10亿美元，占500强在我国的投资规模的55%。在纺织、服装等劳动密集型行业投资较少，500强在纺织服装行业的投资，只占其在华投资总额的2%。2007年，中国实际使用外商直接投资金额达747.7亿美元，其中第一、二、三产业吸收外商投资金额分别为9.2亿美元、428.5亿美元、309.7亿美元，所占比重分别为1.23%、57.31%和41.46%。

对跨国公司进行行业和国别研究能更清楚地看出外商直接投资对中国产业结构的提升作用。德国、日本30家大型跨国公司在华投资的231个项目中，投向电子行业的项目最多，为48项，占全部项目数的21%。其次为汽车行业，有28项，占全部项目数的12%。再次为家用电器项目，有23个，占全部项目数的10%。其余投资项目较多的行业有通信设备、机械、电气和化工四个行业。而以往中小型外商投资企业较多的纺织服装、轻工等行业，这些大型跨国公司较少涉及。总之，由于技术先进的大型跨国公司纷纷前来我国投资，对我国制造业的产业结构升级起到了举足轻重的带动作用。

大型跨国公司在我国投资，不仅能促进一些技术、资金密集行业的发展，而且推动着这些行业内部产品结构的升级。以汽车行业为例，在发达国家，乘用车占汽车总产量的比重一般在70%以上，但我国在很长时期内，汽车总产量中，载货汽车产量占汽车总产量的比重一直很高。在我国汽车工业开始大规模利用外资之前，这个趋势一直延续。如在1986年，载货汽车产量占汽车总产量的比重高达75%。经过十几年的引进外资，乘用车产量占汽车总产量的比重，1998年已经达到63.6%，对这个转变的形成，跨国公司的投资有着相当重要的作用。

（四）增加出口数量，提升出口结构

外资对中国对外贸易的带动作用集中表现在两个方面：一是外商投资企业进出口总额的快速增长，扩大了中国对外贸易的规模；二是外商投资企业进出口的增长推动了中国出口商品结构升级。2007年外商投资企业进出口总额为12549.28亿美元，占全国进出口总额的57.73%。其中，外商投资企业出口6955.2亿美元，占全国出口的57.1%；高新技术产品出口2874.32亿美元，占全国高新技术产品出口的86.67%。

1. 外商直接投资对中国出口总额的贡献

20世纪90年代，中国对外贸易保持较高的增长速度，进出口总额从

·217·

1991年的1357.01亿美元，增长到2003年的8509.9亿美元。出口额和进口额分别从719.10亿美元和637.91亿美元，增加到4382.3亿美元和4127.6亿美元。

中国20世纪90年代出口的大幅度增长，在很大程度上得益于外商投资企业出口的快速增长，外商投资企业的出口在全国出口总额中的比重大幅度上升。外商投资企业的出口额从1991年的120.47亿美元上升到2007年的6958.98亿美元，占全国出口额的比重从1991年的16.75%上升到2007年的57.13%。

表7-3 外商投资企业进出口额及占全国比重

单位：亿美元

年度	进出口			进口			出口		
	全国	外商投资企业	比重	全国	外商投资企业	比重	全国	外商投资企业	比重
1991	1357.01	289.55	21.34	637.91	169.08	26.51	719.10	120.47	16.75
1992	1655.25	437.47	26.43	805.85	263.87	32.74	849.40	173.60	20.44
1993	1957.03	670.70	34.27	1039.59	418.33	40.24	917.44	252.37	27.51
1994	2366.21	876.47	37.04	1156.15	529.34	45.78	1210.06	347.13	28.69
1995	2808.48	1098.19	39.10	1320.78	629.43	47.66	1487.70	468.76	31.51
1996	2899.04	1371.10	47.29	1388.38	756.04	54.45	1510.66	615.06	40.71
1997	3250.60	1526.20	46.95	1423.60	777.20	54.59	1827.00	749.00	41.00
1998	3239.23	1576.79	48.68	1401.66	767.17	54.73	1837.57	809.62	44.06
1999	3606.49	1831.33	50.78	1657.18	858.84	51.83	1949.31	886.28	45.47
2000	4743.08	2367.14	49.91	2250.97	1172.23	52.08	2492.12	1194.41	47.93
2001	5097.68	1590.98	50.83	2436.13	1258.63	51.70	2661.55	1332.35	50.06
2002	6207.7	3302.39	53.20	2951.7	1602.54	54.29	3256.0	1699.85	52.21
2003	8509.9	4721.70	55.48	4127.6	2318.64	56.17	4382.3	2403.06	54.84
2004	11545.5	6631.63	57.44	5612.3	3245.57	57.83	5933.2	3386.06	57.07
2005	14219.1	8317.26	58.49	6599.5	3875.16	58.72	7619.5	4442.1	58.3
2006	17604.0	10364.51	58.88	7914.6	4726.16	59.71	9689.4	5638.38	58.19
2007	21744.35	12568.52	57.8	9562.84	5609.54	58.66	12181.51	6958.98	57.13

资料来源：《中国统计年鉴》（1992~2008），中国统计出版社。

第七章 提高技术外溢效应促进经济增长的政策启示

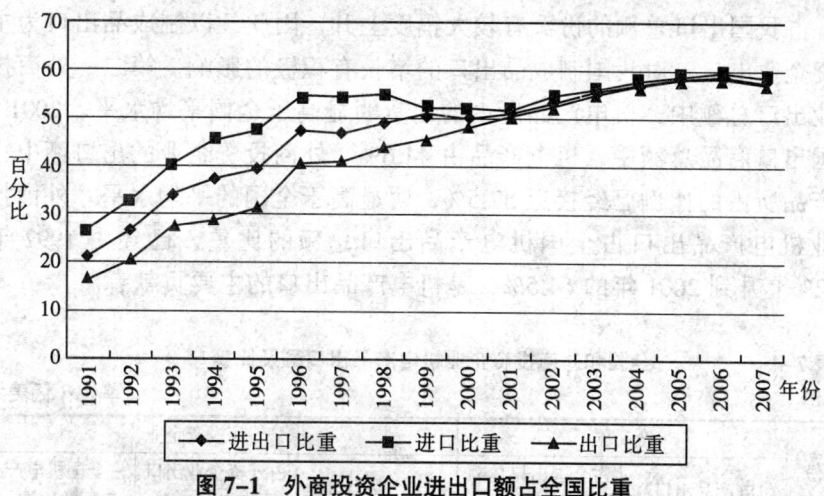

图7-1 外商投资企业进出口额占全国比重
资料来源：《中国统计年鉴》(1992~2008)，中国统计出版社。

外商投资企业之所以对我国出口有突出贡献，主要取决于两个因素：第一，外商投资企业的生产总量不断增加；第二，外商投资企业总产出中的出口份额较内资企业高。1996~1999年，内资工业企业出口额占其产值的比重一直低于1/10，而外商投资企业的出口额占其产值的比重一直高于40%。2007年，内资工业企业的出口额占其工业产值的比重有明显提高，但也仅为17.23%，同期外商投资企业出口额占其工业产值的比重高达41.41%。

2. 外商直接投资对中国出口结构升级的贡献

增加高附加值、高技术含量商品的出口，提升出口商品结构，是外商投资企业对出口更长期、更深远的贡献。外商投资企业之所以能够明显地提升出口商品结构，是因为外商投资企业能够引进我国原本不具备的稀缺要素，包括技术及应用技术的能力、国际市场营销能力等，从而改变了我国的要素结构和比较优势。与全国出口商品结构相比，外商投资企业出口商品结构呈现以下两个方面的显著特点：第一，外商投资企业工业制成品出口占其出口总额的比重，明显高于全国平均水平。20世纪90年代以来，工业制成品占我国出口总额的比重逐年上升，从1991年的77.5%上升到2003年的92.06%；初级产品比重则持续下降，占出口总额的比重从22.5%下降到7.94%。除少数年份外，20世纪90年代外商投资企业出口商品中，制成品所占份额高达90%以上。由于外商投资企业出口额增长很快，占我国出口总额的份额有较大幅度上升，因此，以制成品出口为主的外资企业出口，对我国制成品出口的增长有积极的影响。第二，外商投资企业出口总额中，机电产品所占的比重明显高于全国平均水平。2001年，全国出口商品总额中，机电产品占44.6%。外商投资企业的出口额中，机电产品所占的比例已经接近57.5%，明显高于全国的平均水平。外商投资企业机电产品出口占全国机电产品出口总额的比重，已经由1992年的31.2%上升到2001年的64.5%，是机电产品出口的主要贡献者。

表7-4　　　　　全国和外商投资企业机电产品出口额及比重

单位：亿美元

年份	全国		外商投资企业		
	机电产品出口额	占全国出口总额的比重（%）	机电产品出口额	占外资企业出口额的比重（%）	占全国机电产品出口额的比重（%）
1992	195.5	23.0	61.0	35.1	31.2
1993	227.1	24.7	83.9	33.2	37.0
1994	320.0	26.4	132.8	38.3	41.5
1995	438.6	29.5	206.2	44.0	47.0
1996	482.1	31.9	269.1	43.8	55.8
1997	593.2	32.5	343.3	45.8	57.9
1998	665.4	36.2	401.2	49.6	60.3
1999	769.7	39.5	464.2	52.4	60.3
2000	1053.1	42.3	667.3	55.9	63.4
2001	1187.9	44.6	766.6	57.5	64.5

资料来源：江小涓著：《中国的外资经济》，中国人民大学出版社2002年版。

（五）增加国内就业和财政收入

1. 较大规模地增加了国内就业

我国是典型的劳动力过剩经济，且大量剩余劳动力沉淀于农村。加快第二产业和第三产业的发展，扩大非农产业对剩余劳动力的吸纳能力，是解决农村劳动力过剩问题的根本途径，也是保持我国经济长期持续稳定增长和社会稳定的核心问题之一。外商直接投资对我国就业既能够产生直接影响——在外商投资企业内部提供就业机会，又能产生间接影响——在其他企业中创造就业机会，即通过外商投资企业广泛的后向与前向联系创造就业机会。总之，外商投资流入在促进我国经济增长的同时，也创造了大

第七章 提高技术外溢效应促进经济增长的政策启示

量的就业机会，直接或间接地促进了农村剩余劳动力向非农产业的转移过程。

1981~1985年，利用外商投资仅处于起步阶段，外商投资经济吸纳的新增就业人员只有6万人，占新增就业人员（7512万人）的比重不足1‰。1986~1990年，受规模所限，外商投资经济创造了60万个就业机会，占同期新增从业人员（14036万人）的比重提高到0.43%。1991~1996年，外商投资经济的吸纳能力大大增强。我国新增从业人员4051万人，其中外商投资经济新创造了375万个就业机会，比1986~1990年增加了6.25倍，约占新增劳动力的9.26%，成为我国新增就业机会的重要来源之一，在一定程度上弥补了国有经济和集体经济吸纳能力大幅度下降造成的就业缺口。1997年以后，受东南亚金融危机的冲击和国内结构性矛盾凸显的影响，我国经济发展进入结构调整期，国有经济对劳动力的吸纳出现深度负增长，1997~1999年其吸纳的绝对数量减少了2672万人，集体经济吸纳的

表7-5　　1992~2007年以外商投资税收为主的涉外税收情况

单位：亿元人民币

年度	全国工商税收总额	增幅	其中：涉外税收总额	增幅	占全国
1992	2876.10		122.26		4.25%
1993	3970.52	38.05%	226.56	85.31%	5.71%
1994	4728.74	19.10%	402.64	77.72%	8.51%
1995	5515.51	16.64%	604.46	50.12%	10.96%
1996	6436.02	16.69%	764.06	26.40%	11.87%
1997	7548.00	17.31%	993.00	29.96%	13.16%
1998	8551.74	13.30%	1230.00	23.87%	14.38%
1999	10311.89	13.40%	1648.86	34.05%	15.99%
2000	12665.00	12.66%	2217.00	34.46%	17.50%
2001	15165.00	19.74%	2883.00	30.04%	19.01%
2002	17004.00	12.13%	3487.00	20.95%	20.52%
2003	20461.60	20.34%	4268.00	22.40%	20.86%
2004	25723.00	25.70%	5355.00	25.47%	20.81%
2005	30866.00	20.00%	6391.34	19.35%	20.71%
2006	37636.00	21.93%	7976.94	24.81%	21.19%
2007	49451.80	31.39%	9972.60	25.02%	20.17%

注：来源于外商投资企业的税收占涉外税收的98%以上。
资料来源：http://www.fdi.gov.cn/pub。

绝对数量也减少了1034万人，而外商投资经济在该期间吸纳就业人员72万人，占同期新增从业人员（1199万人）的比重为6%，在一定程度上缓解了就业形势。

随着外资规模的不断扩大，外商投资企业吸收的劳动力数量逐年增加。外商投资企业中直接就业人员在1985年仅6万人，而2007年超过4200万人，是1985年的700多倍。

2. 增加财政收入

我国98%左右的涉外税收（不包括关税和土地税）是外商投资经济创造的税收。作为改革开放的成果之一，外商投资经济已经成为我国不可缺少的重要税收来源。

1982年，我国工商税收总额623.17亿元，其中国有经济478.4亿元，集体经济133.41亿元，个体经济11.33亿元，包含涉外税收在内的其他税收只有0.03亿元，几乎可以忽略不计。到1985年，我国工商税收总额增加到1197.7亿元，其中国有经济增加到868.78亿元，集体经济287.17亿元，个体经济27.32亿元，包含涉外税收在内的其他税收上升到14.43亿元，占工商税收总额的比重也只有1.2%。因此在利用外商投资的起步阶段，包含涉外税收在内的其他税收虽然增长很快，但其规模相对有限，对我国工商税收增长的影响是有限的。

1986~1991年，我国利用外资规模和外商投资经济规模快速扩大，涉外税收增长较快，但受扩大利用外资税收优惠政策的影响，包含涉外税收在内的其他经济税收增长低于其他经济工业产值的增长，其在工商税收总额中的比重由1986年的1.21%提高到1991年的2.85%，增幅只有1.64个百分点，远低于同期其他经济工业产值4.8个百分点的增幅。

1992年以后，我国利用外商投资进入高速增长期，外商投资经济规模迅速扩大，涉外税收总额从1995年的605亿元提高到2000年的2217亿元，年均增幅为56.6%，远高于同期工商税收总额的平均速度。涉外税收占全国工商税收的比重从10.96%上升到18.3%。"九五"时期，来源于外商投资企业的涉外税收累计为6838亿元，外商投资企业税收占全国税收的比重由"八五"时期的7.95%提高到该时期的12.5%。涉外税收总额也由1992年的122.26亿元迅速增加到1999年的1648.86亿元，增长速度远高于同期工商税收总额的平均速度，其中外商投资经济税收由1993年的206.66亿元逐年递增到1998年的1166.95亿元；涉外税收在工商税收总额中的比重由1992年的4.25%逐年递增到1999年的15.99%,外商投资经济税收在工商税收总额中的比重由1993年的5.2%递增到1998年的13.48%。由此可见,涉外税收和外商投资经济税收已成为国内工商税收中增长最快的重要税源之一,外商投资对我国税收的积极作用正在逐步显现。

二、FDI对中国经济增长的消极影响

1. 侵蚀国有资产

我国各地曾普遍将招商引资规模作为当地官员政绩考核的重要指标,地方利益至上的观念在全国各地也普遍存在,这就引起了一些地方对外商盲目的追求,在国家制定的优惠政策之外,又规定了地方自己的优惠政策,不惜降低合资条件,在谈判中竞相压价,从而造成国有资产的流失。一些企业为了能够合资以获得优惠政策,对中方资产不按规定进行资产评估。低估甚至不计中方无形资产和土地,只按账面净值而不是按重置价值入股,使中方资产比例下降。据统计,1993年与外商合资合作的10000多家国有企业中,只有2100多家对国有资产进行了立项评估,有关部门对这2100多家企业进行检查评估后发现,其资产升值率平均高达75%。如果按照这个比率对未经评估的近8000家企业进行推算,1993年通过与外商合资或合作流失的固定资产就高达300多亿元。

进入20世纪90年代中后期,合资企业的外方通过种种手法增资扩股。在外方的增资扩股中,我国国有资产流失严重,不仅包括有形资产的流失而且包括无形资产的流失。①增资扩股中,由于原股东不按原有的股权比例增资,应首先对企业资产进行重新评估,确定股东股权价值。但是由于技术上存在的问题,导致对品牌、商标、专有技术、市场网络、市场信誉、销售渠道、健全的管理制度、熟练忠诚的职工队伍等无形资产的估价不足,造成国有无形资产流失。②外商在进入中国市场初期的亏损经营策略,掏空中方股份,占用国有资产(机器、设备和厂房等),还造成中方信贷资金因长期亏损而无力偿还,造成国有资产流失。③一些地方政府官员为突出政绩,当外商提出增资扩股,要求以各种方式收购可使其达到控股比例的中方股权时,往往采取积极支持的态度,力图先获取资金上项目,以突出政绩,而不考虑企业是否处于上升阶段,更不考虑追加投资后中方在外商投资企业中的控股地位,造成潜在的国有资产流失。

外商增资扩股有可能导致合资企业中中方的利润流失。这种流失主要

有两个方面：第一，合资企业创办初期，外方凭借其丰富的国际市场经营经验、强大的策划能力和财力物力，斥巨资用于广告攻势和公关活动，以强化公司形象，这笔开拓性费用则从企业盈利中扣除，结果企业市场占有率连年上升但经营业绩却呈亏损状态，导致企业开办前几年不仅无利可分，而且资本总额不断下降。此时，外商提出增资扩股，而中方无力增资时，正是企业开始成长盈利的阶段，造成中方"负亏不负盈"的利润流失。第二，外方控股后，必定要求合资企业的财务权和经营权。这样，外商可以运用其规避税收的惯用伎俩：转移定价，高进低出，混淆内外销产品进项税金等手段，使合同规定的按出资比例分配利润的规定变为一纸空文，本来正利润的经营成果化为乌有。

外商增资扩股限制了国有企业在国际资本市场的融资能力。外商利用我国企业在境外上市套现（即通常所说的"炒产权"、"炒国企"）造成了潜在的国有资产流失。外商增资扩股后，利用合资企业良好的经营业绩和中国经济发展的整体表现，提高自身的国际声誉，再在国外注册上市，发行"中国概念股"。在许多情况下，外商只拥有合资企业的部分股权，而在海外上市时却百分之百地利用了企业的业绩和效益，从而限制了国有企业在国际资本市场的融资能力，外商从中也大捞一把。例如轰动一时的"中策现象"就是中国策略投资公司已过半数股权控制太原双喜轮胎公司和中策杭州轮胎公司，并在美国百慕大注册由中策全资控股的中国轮胎公司，在纽约上市，共筹集资金1.037亿美元，扣除9%的发行费，公司实际获得资金9400多万美元，远大于其用于控股的2000多万元人民币。

2. 环境污染

关于外商直接投资对东道国环境保护和可持续发展的影响，很难从理论上做出简单判断。从我国的情况看，外商投资企业对我国环境保护既发挥了积极作用，又带来了不容忽视的负面影响。中国环境与发展国际合作委员会专题政策研究课题组2月底发表的一份报告指出，1995年投资资源消耗型、污染密集型产业的外商占外资企业数的30%左右，而到2005年，这一比例上升到84.19%。与此相比，环保产业的外商投资比例不到0.2%。

据1995年第三次全国工业普查资料的统计，对全部"三资"工业企业和生产单位的分析发现，外商投资于PIIS（指在生产过程中若不加以治理则会直接或间接产生大量污染物的产业）的企业16998家，工业总产值

4153亿元，从业人员295.5万人，分别占全国工业企业相应指标的0.23%、5.05%和2.01%，占"三资"企业相应指标的30%左右。其中，投资于MPIIS（指严重污染密集型产业）的企业有7487家，工业总产值1984亿元，从业人数118.6万人，分别占全国工业企业相应指标的0.10%、2.41%和0.81%，占"三资"企业相应指标的13%左右，但其占PIIS中相应指标的40%以上，这说明PIIS，特别是MPIIS是外商投资的重要产业，部分外商投资企业对中国环境的负面影响已是客观事实。

3. 冲击民族工业发展

外商控股控市，中国民族工业危机四伏。自从1992年4月香港中策公司拉开并购中国企业的序幕之后，许多跨国公司也继之掀起了并购中国企业的狂潮。其特点有：①参与并购的企业数目众多。目前排名世界前500名的跨国公司大多都已涉足了这场并购。如美国的摩托罗拉，德国的大众汽车、西门子，日本的松下、日立，法国的雪铁龙等。②速度快、规模大。从1992年4月起到目前为止，我国现有的近12000家大中型国有企业中，已有约5600多家被外资企业并购或与外商企业合资。这种状况仍在发展。啤酒行业60多家大中型工厂已有50多家与外商合资或将要合资；玻璃行业中最大的五家企业已有三家合资，另外两家企业正在合资；电梯行业最大的五家企业均被外方控股；家电行业中的18家国家定点企业已有11家合资；化妆品主要为150家外企控制；医药行业有1/6被外企控制；电子百强企业中外商投资占1/3，彩电行业15家显像管企业有14家合资；饮料工业产量估计30%以上已被外资企业占有；洗涤用品行业中大企业几乎全被外商合资。③跨行业、跨地区并购。例如香港中策公司先后在北京、山西、福建、辽宁、浙江、江苏、四川等地收购国有企业，涉及轮胎、橡胶、啤酒、电子、医药、食品、水泥等多个行业。西方跨国公司莫如此。④并购的基本做法就是控股51%或51%以上。如在家电合资企业中，外方控股企业占75%以上，股权比重一般为55%~60%。目前，中外合资企业中，外方控股企业占总企业的比例仍在急剧增加，中方控股比例急速下降。1995年，机械工业当年签约的外商控股企业占当年签约总数的46%，首次超过中方控股的企业数，而且在大项目中，外商控股的企业数更多，在1994年和1995年投资总额在1000万美元以上的项目中，外商控股的企业占83%，中方控股的企业仅有17%。由外商控股的企业均生产外国品牌，国内民族工业已变成了国外跨国公司的"生产车间",严重制约了民族工业的发展。

在外商直接投资企业的强劲竞争攻势下,许多中国企业纷纷落马,即使作为国家支柱产业的中国轿车工业、机械工业、电子工业等无一不正在走以合资为主的道路。国内某些行业已成熟的比较完整的工业体系正在经历着严峻的考验。据统计,1996年全国38万户独立核算的工业企业中,有26%的企业亏损,在7.16万户国有工业企业中,有45.7%的企业亏损。1996年全国工业中的亏损额比1995年上升了40%以上,主要是国有企业亏损额较大所致。国有工业企业在1996年第一次出现了净亏损,亏损额达34亿元。亏损行业除原来的煤炭、纺织、军工外,机械行业也出现了全行业亏损,亏损大户增加,而且亏损面有继续扩大的趋势。

4. 中国名牌大量丧失

随着外商直接投资规模的逐渐扩大,世界许多名牌纷纷在中国市场登台亮相,几乎充斥各行各业,国产名牌受到严重冲击。外商实施品牌替代有三种途径:一是外商以投资企业生产自己的知名品牌,或投入巨额资本进行广告宣传,扩大其品牌的知名度与国产品牌展开激烈竞争,国产品牌在竞争中逐渐自我萎缩,"自然死亡"。例如"活力28"集团公司过去是我国洗涤用品行业的龙头企业,其名牌产品"活力28"超浓缩洗衣粉的销售量占国内市场的一半以上,面对P&G、汉高、利华、花王等力量雄厚的跨国公司,本来就在竞争中处于弱势,又由于财税重、拖欠税多、假冒严重,市场占有率下降到不足5%。如中国的照相机行业,经过多年的努力,已经建成了独立的生产体系,并形成了海鸥、东方、凤凰等国内名牌。但是近几年来,随着跨国公司对照相机行业投资的增加,而且它们均采用国外品牌,中国的照相机生产企业无力同它们竞争,大多数已经被挤垮,许多品牌逐步被挤出市场。二是许多跨国公司凭借其资金和技术的优势,合资时期明确要求或由于外商在合资企业中处于控股的支配地位提出生产的产品使用他们的品牌,国有品牌"被迫死亡"。例如国内洗涤行业的名牌精品"熊猫"、"双猫"、"菊花"、"加佳"中已有三家分别被美国的宝洁公司、英国的利华公司、日本的花王公司给"吃掉"了。三是外商收购国有品牌打入"冷宫",用自己的品牌取而代之,国产品牌"安乐死亡"。像"霞飞"化妆品、"金鸡"鞋油、"天府"可乐、"孔雀"电视等国内知名品牌均在合资后销声匿迹。如天津汉高公司的天津佳美洗衣粉是深受中国消费者喜欢的国产品牌,合资后其产量占全厂产量的90%,而且销售状况很好，效益不错。但是合资企业到处宣传的是外商的宝莹洗衣粉，对天津佳美洗衣粉的宣传明显不足，这实际上是用天津佳美赚的利润来为宝莹做广告。

名牌作为无形资产，其价值是无法估量的，名牌的数量是一国经济实力的标志，拥有了世界驰名商标，就等于拥有市场竞争的王牌。国外品牌的大举进攻并且垄断某些行业的市场，使中国品牌大量丧失，不仅造成了无形资产的巨大流失，而且不利于中国品牌的成长，为塑造中国名牌增加了难度，更不利于民族工业的发展与其参与国际市场竞争。

第二节 我国利用 FDI 存在的问题

我国利用外资经过 30 年的发展和探索，应该说已基本形成了一套具有中国特色的引资经验。但是，我们也应当看到，由于种种原因导致的工作失误，在吸引和利用外商直接投资的过程中出现了一些不容忽视的问题。从总体情况看，当前利用外商直接投资工作中存在的问题主要表现在以下几个方面。

一、关于利用外资与我国经济发展关系的认识仍存在一些误区和偏差

关于利用外资与我国经济发展关系的认识是不断发展和更新的。有的观点认为，利用外资对我国经济的发展具有重大的促进作用，但也有一些观点存在误区和偏差，这对我国进一步扩大利用外资是不利的，这些误区和偏差主要表现在：

1. 在 20 世纪 80 年代以前主要是外商直接投资是姓"资"还是姓"社"的困扰

改革开放初期，对外商直接投资而言，主要是姓"资"还是姓"社"的问题曾长期困扰人们甚至一些高层决策者们的思想，这在一定程度上对当时我国利用外资产生了一些负面影响。

对此问题，邓小平同志以无比巨大的勇气和创新精神果断地提出了"三个有利于"的标准，精辟地论述了外资的定义和利用外资的作用。邓

小平同志曾明确指出:"搞社会主义,中心任务是发展社会生产力。一切有利于发展社会生产力的办法,包括利用外资和引进先进技术,我们都采用。"邓小平同志多次强调:社会主义的本质是解放生产力,发展生产力。坚持社会主义的发展方向,就要肯定社会主义的根本任务是发展生产力。社会主义的优越性归根结底是体现在它的生产力比资本主义发展得更快一些、更高一些,并且在发展生产力的基础上不断改善人民的物质文化生活,为实现共产主义创造物质基础。实行改革开放政策,是发展社会主义社会生产力,壮大和发展社会主义经济的必由之路。作为对外开放基本国策的重要内容,利用外商直接投资正是为了有效地补充和更快地发展社会主义社会的生产力,使社会主义公有制经济的实力得到增强,赢得社会主义与资本主义相比较的优势,这是我们首先应当认识清楚的。

2. 20 世纪 90 年代主要是利用外资是否会冲击民族经济的大讨论

20 世纪 90 年代以来,随着中国对外开放的进一步深化,特别是利用外商直接投资规模的急剧扩大,"外资冲击民族工业"、"外资吞并中国"的担忧则是国人最为关心和最感困惑的问题,对当时的外资引进工作造成了一定的影响。

认为利用外资会冲击民族经济的理由主要有:一是随着外资进入的增加,特别是以占领中国市场为主要目标的外资的进入,必然会导致某些领域中国产品市场份额的降低,这最终会导致民族工业的萎缩;二是随着中国开放领域的不断扩大,外资进入的壁垒将越来越小,由于外资企业有着技术和资金上的优势,在与中国企业的竞争中必然处于优势,中国产业特别是那些处于发展初期的产业,将面临更多外资的强烈挑战。另一种观点认为,民族经济是个复杂的、综合的概念,它包括哲学的、政治的、社会的、经济的多个范畴。就利用外资而言,主要涉及两个方面:一是经济安全,二是幼稚产业保护。

当今世界是一个开放的世界,经济全球化不断加快,任何一个国家都无法脱离世界经济进行发展,中国也不例外。利用外资与保障民族经济发展的目标并不是对立的,而是完全可以很好地结合起来。我们应该在大胆开放和利用外资过程中发展民族经济,实现国家经济安全,而不是打着保护民族经济的牌子来全面否定利用外资的必要性、动摇对外开放的信心;世界贸易组织也并不反对各国采取合理措施来保护国家经济安全,相反,世界贸易组织还制定相应产业救济保障协定,我们可以充分地运用国际惯

第七章 提高技术外溢效应促进经济增长的政策启示

例及世界贸易组织的规则，为我国民族经济的发展创造良好的环境。

江泽民同志曾明确指出："从21世纪国际竞争日趋激烈的大环境看，我们搞现代化建设，必须到国际市场的大海中去游泳，虽然我们这方面的能力还不强，但是要奋力地去游，并且要力争上游，不断提高我们搏风击浪的本领。这对提高我国的国际竞争力、在国际综合国力的较量中掌握主动有利。"

总之，民族经济发展的关键是引入竞争机制，激发创新动力。国内企业通过与外资企业的竞争，会开拓自己的眼界，增强自身的实力。民族经济要想在国内甚至世界经济中占有一席之地，并进一步强大，最终还是取决于实力、先进的技术、一流的产品质量和一流的服务。因此，我们应用改革和发展的观点来看待民族经济的保护。

3. 加入世贸组织前后主要是给外资国民待遇引起什么后果的担忧

中国加入世贸组织后，给予外资以国民待遇已经成为必然，但对这一问题仍有一些误区。主要表现在：给予外资以国民待遇则意味着会使我国企业竞争力受损；实行国民待遇则意味着完全取消优惠；实行国民待遇则意味着完全取消对外资的限制等。

实际上，中国加入世贸组织对外资实行国民待遇，首先，就是要与国际经济惯例接轨，建立国内公平的市场竞争环境，取消外资企业享受的"超国民待遇"或"低国民待遇"，鼓励国内企业参与公平竞争，这不会损害我国企业的竞争力；相反，国内企业竞争力的提高不应靠政策保护来实现，而要通过竞争和创新来实施。其次，对外资实行国民待遇也不是完全取消现行的给予外资的优惠政策。给予外资国民待遇的含义是说东道国政府给予外国投资者的待遇在同等条件下不低于给予国内投资者的待遇，并不意味着一国不能根据实际需要依法给予外国投资者优惠待遇，即实行国民待遇并不需要我国取消给予外资的一切优惠待遇。当然，给予外国投资者以何种优惠待遇应当从我国国民经济发展的总体方向、国内市场主体平等竞争机制的建立以及吸引外资总体目标的实现等多种因素综合考虑。最后，对外资实施国民待遇并不等于完全取消对外资的限制。从国际法制角度讲，国民待遇只有外资进入一国市场以后才能享受，至于外资的进入权（即开业权或市场准入权）依然属于一国管理国内经济主权范围内的事项，也就是说一国完全有权依法决定哪些国内行业开放、开放的程度及开放的条件。因此，给予外资以国民待遇并不等于国内市场的全面开放；此外，从各国国民待遇实践的经验来看，对外资适用国民待遇已经成为普遍政策，但给予外国投资者的国民待遇并不等于国内市场无条件开放，无论是发达国家还是发展中家适用国民待遇原则的实践都是如此。加入世贸组织后，由于国民待遇只适用于投资设立后的外资企业，我国仍可以对关系国计民生的行业对外资进行限制；但同时也应注意，可以限制并不意味着尽量限制外资的进入，这同样对我国经济发展没有好处。

总之，对外资与我国经济发展关系的认识是处于动态发展过程的，要进一步扩大利用外资的规模，全力提高利用外资的质量和效益，积极推动外资参与我国全面建设小康社会的伟大实践，全国必须统一利用外资与我国经济发展关系的正确认识，否则就会影响有关部门决策的科学性、准确性和及时性，影响涉外政策的稳定性和连续性，最终将影响到外商直接投资规模的稳步增长、利用外资质量与效益的进一步提高。

二、我国利用外商直接投资结构不合理，影响了利用外资质量与效益的提高

1. 外商直接投资的资金来源结构不尽合理

如前所述，中国引进外资的资金来源结构表现出与其他发展中国家不同的特点，引进的外资不是以发达国家跨国公司的投资为主体，而是主要来自与中国内地有着紧密联系的中国香港、澳门和台湾地区，发达国家的直接投资所占比例较小。尽管这一状况在20世纪90年代以来有所改善，但目前外商直接投资的资金来源结构仍然表现出明显的结构失衡特点，这与当今全球对外直接投资中发达国家占主导地位的格局很不相称。究其原因，这里固然有我国目前投资环境尚不能满足发达国家跨国公司大规模投资需要的客观因素，但从主观上来讲，其主要原因是前一阶段我们对做好吸收发达国家外商来华直接投资工作重视不够、认识不够，思想观念还不够解放，胆子还不够大，具体的政策措施还不到位。事实上，在我国利用外商直接投资实现由数量扩张到注重质量和效益提高的今天，加大对发达国家直接投资的引资力度具有重要意义，因为从经济实力和国际竞争力上比较，发达国家在资金、技术和管理方面都占有较大优势，特别是发达国家对外直接投资以跨国公司为主体的特点，对于促进我国国有企业的重组和国际竞争力的提高将会起到较大的促进和示范作用。

2. 外商直接投资主体结构不尽合理

改革开放 30 年来，我国引进外商直接投资取得了巨大的成就，在 20 世纪 90 年代以前，对华直接投资的主体主要是来自发展中国家及地区的一些中小型企业，来自发达国家大型跨国公司的直接投资项目不是很多；20 世纪 90 年代以来，外商直接投资的主体结构有所改善，世界著名跨国公司来华直接投资显著增加，但这与中国对国外大型跨国公司的投资需求相比，仍然不够。这对我国利用外商直接投资在保持规模稳定增长的前提下，着重提高直接投资质量和效益产生了不利影响。

3. 外商直接投资的产业与行业结构不尽合理

外商直接投资仍主要集中于劳动密集型制造业和一般加工工业，对国家急需大力发展的农业、基础设施与基础产业、高新技术产业和新兴产业的直接投资偏少，而对服务行业直接投资的水平和层次普遍较低，主要集中在房地产和娱乐业。这种状况对我国利用外商直接投资的整体质量和效果产生了不利影响。在外商直接投资的产业与行业分布方面，尽管我国已出台并几次修订了外商直接投资产业导向目录，但在具体措施和办法上还有待进一步明确，以增强外商直接投资产业与行业的导向功能。

4. 外商直接投资的地区布局不尽合理

在过去的 30 年中，外商来华直接投资项目和资金的绝大部分分布在我国经济较发达的经济特区和东部沿海地区，经济相对落后的中西部地区吸收的外资所占比重很小。20 世纪 80 年代，90% 以上的外商直接投资分布在沿海地区，90 年代以来，虽然情况有所改变，但并没有根本性的改变，截至 2007 年，有 80% 以上的资金投资在东部沿海地区；而且，中西部地区外商直接投资企业占当地总产出的比重远远低于全国水平和东部地区的水平，吸引大型跨国公司投资的项目也相对较少，这不利于中西部地区经济的发展和区位优势的发挥，加剧了地区经济发展的不平衡性，同时对我国利用外商直接投资整体水平的提高也是十分不利的。目前，东部与中西部地区经济发展差距不断拉大，已经成为中国经济发展中的一个重要问题。

三、我国对外商在华直接投资管理中存在的一些问题

1. 政策透明度问题影响外商对华直接投资的信心

目前，我国政策透明度还有待进一步完善，主要是政策环境缺乏透明

度,稳定性差。许多外企反映,对国家政策法规特别是新出台的政策法规不了解或无从了解,一些新政策的实施缺乏过渡期和连续性,给企业做年度预算和正常经营带来诸多麻烦。政策透明度问题影响了外商对华直接投资的信心,特别是对追加投资产生了不利影响。

2. 部分地方政府为追求政绩,盲目引进外资

引进外商直接投资,就其本意来讲主要是通过引进外国的资金、技术和先进管理经验,来促进国内经济的快速发展,实现经济的后发优势和赶超战略。但是,我们的一些地方政府不重视引资的实际效果,将引资工作流于形式,把引进外资的多少作为衡量政绩大小的指标之一。为了追求政绩,好大喜功,盲目引进外资,过分热衷于经济开发区、高新技术开发区以及工业园区的建设,从而导致了一些低水平、同类型、高污染、假外资的引进,给我国利用外商直接投资整体战略的实施造成了不利影响。

3. 在引资中存在重数量轻质量、重引进轻管理的思想,影响了利用外资质量的提高

我国利用外商直接投资经过 30 年的发展,在规模上已达到相当高的水平,无论在世界还是发展中国家中都占有较大的比重。然而,在这样大规模的外资中,相当一部分仍属于技术水平比较低的劳动密集型一般加工项目,项目质量偏低,规模偏小,具有较大资金规模和较高技术水平的项目比较少。究其原因,除了与我国的引资环境有关外,一个重要的原因是在引资工作中仍存在"重招商轻管理、重签约轻落实、重承诺轻兑现、重宣传轻服务"现象,特别是有些地方政府长期存在"重数量、轻质量"的思想,"捡到篮子里便是菜","不管好坏,先引进来再说"。这种做法从长期来看,其负面影响是相当严重的,它有可能最终成为制约我国国民经济可持续发展的主要因素。与此同时,我们引资工作还存在重引进、轻管理的思想。对引进工作十分重视,对引进后的管理则视做可有可无,从而导致外商投资项目资金到位率不高,开业率偏低等问题的出现,同时引发了一系列与管理松懈有关的问题。

4. 对外资的公平待遇仍有待进一步改进和完善

一是超国民待遇和低国民待遇并存,影响了内外资企业的公平、平等竞争。为了吸引更多的外商投资,一方面,给外商各种各样的优惠政策,使之享受超过当地企业的许多待遇,从而使外商投资企业在与国内企业竞争中处于优势地位;另一方面,出于各种考虑,又对外商投资企业增加各

种各样的费用和摊派，增加其生产成本和负担。这些情况的存在，不利于为中外投资企业提供一个公平、公正、合理的竞争环境。二是"国民待遇"的随意性问题。有的地方和部门由于对"国民待遇"认识模糊，对外资企业随便实行"国民待遇"，用对内资企业的管理办法来管理外资企业，要求外企遵守各部门自行制定的规定和收费，否则就施行强制性罚款。

5. 管理队伍素质跟不上，业务水平有待提高

在引进和利用外商直接投资的过程中，特别是在外商投资企业建立后，管理具有十分重要的作用。在这一方面，我国通过30年的引资实践，已培养了一支比较有经验的管理队伍。但从实际需要来看，这支队伍的整体素质还跟不上外商直接投资发展的需要，业务能力和水平还需要进一步提高。其实，在我国利用外商直接投资的诸多方面，许多问题之所以发生，其根本原因是由于我们的管理跟不上而造成的，如外商投资企业产品国内销售比例过大、外资企业对民族品牌的冲击、合资中国有资产的流失等问题。因此，我们应当在今后的工作中高度重视管理环节的重要性，注重管理队伍政治、业务素质的培养和水平的提高，确保利用外商直接投资管理工作的健康、有序发展。

6. 对外企的监管服务技术手段显得滞后

目前，对外资企业的监管技术手段普遍落后的问题比较严重，这在吸收外资较多的东部沿海等经济发达地区尤为突出。如加工贸易出口特别是一些电子信息产品出口，升级换代很快，技术内涵也发生了很大变化，交货时日短，而现行通关方式尚不能跟上这种变化，给企业造成不便。

四、外商在华直接投资活动中存在的一些问题

1. 实际利用资金到位率偏低

根据《中国统计年鉴》(2007) 的相关数据可以计算得出，1979~2006年，外商对华直接投资的合同外资金额累计为14858.48亿美元，而实际到位的外资金额累计为6917.97亿美元，实际利用外资金额占合同外资金额的比例为46.56%。从各年情况看，1979~1984年外商对华直接投资的资金到位率仅有42.09%，1985年为30.89%，1986~1989年的到位率都在60%以上，但1992年的外商直接投资的资金到位率降到历史最低点，为18.94%。1996年以后，资金到位率逐步提高，1999年为97.81%，为历史最高水平。然而，2000~2002年资金到位率又大幅下降，为60%左右，

2003年以来仅降为30%左右（见表7-6）。可见，20世纪90年代以来，外商直接投资的资金到位率波动比较大。外商对华直接投资较低的资金到位率表明外商来华投资的不稳定性，这对我国经济的长期发展是不利的，它增加了我国经济宏观调控的难度。

表7-6　　　　　　1979~2006年外商对华直接投资资金到位情况

单位：亿美元

年　份	合同外资金额	实际利用外资金额	资金到位率（%）
1979~1984	97.50	41.04	42.09
1985	63.33	19.56	30.89
1986	33.30	22.44	67.39
1987	37.09	23.14	62.39
1988	52.97	31.94	60.30
1989	56.00	33.93	60.59
1990	65.96	34.87	52.87
1991	119.77	43.66	36.45
1992	581.24	110.08	18.94
1993	1114.36	275.15	24.69
1994	826.80	337.67	40.84
1995	912.82	375.21	41.10
1996	732.76	417.26	56.94
1997	510.03	452.57	88.73
1998	521.02	454.63	87.26
1999	412.23	403.19	97.81
2000	623.80	407.15	65.27
2001	691.95	468.78	67.75
2002	827.68	527.43	63.72
2003	1150.69	535.05	46.50
2004	1534.79	606.30	39.50
2005	1890.65	603.25	31.91
2006	2001.74	694.48	34.69
1979~2006	14858.48	6917.97	46.56

资料来源：根据《中国统计年鉴》（2007）相关数据计算。

2. 投资项目低水平重复，引进技术滞后

从我国外商投资企业的产业层次来看，绝大多数外商投资企业属于劳动密集型终端产品加工组装业,且在同一产品和类似产品领域中存在较严重的低水平重复现象。就是中国工业实力基础较强的上海市,其外商投资企业中也有80%属于劳动密集型产业,这些企业的技术档次普遍较低。从技术含量相对较高的机械和电子工业来看,外商投资企业生产中的零部件,尤其是关键零部件仍大多是由投资者母国或第三国生产,中方企业难以形成完整的生产体系,也难以掌握生产过程中先进的生产工艺和技术。在技术引进方面,外商向中方转让的多半属于非关键性技术,核心技术仍掌握在外商手中。一些跨国公司的研究与开发活动仍集中于其母公司总部,技术转让只是根据全球经营战略有步骤、有重点地向中国提供,并通过对技术转让方式和范围的控制来达到技术垄断的目的,以保持跨国公司对合资企业的控制和获取长期高额利润。

造成外商直接投资出现低水平重复和技术引进滞后的主要原因,一是因为我国所引进外资的大部分是来自以中国香港、中国台湾和东盟、韩国为主的发展中国家及地区,相对于发达国家,这些国家及地区投资的技术水平较低,其对外转移的产业和行业以本国或本地区淘汰的劳动密集型产业和行业为主;二是因为跨国公司对其先进技术实行严密的监控,不轻易向外部转让先进技术,以延长先进技术的寿命周期;三是因为中方在合资中对外方先进技术设备的转让、吸收和创新工作重视不够,在指导思想上重引进,轻消化、吸收和创新;四是因为部分地方政府在引资工作中缺乏经验,过多地追求数量目标,忽视引资质量和技术含量,从而导致技术滞后和低水平重复。

3. 外商投资企业利用转移价格逃避税收,损害中方利益

在三资企业的投资过程中,外方低价高报或高价低报其投入的实物资产与技术、商标、销售渠道控制权等无形资产价值,以达到逃避商检和关税的目的。从具体情况来看,外商在实物投资上的不实报价大致有以下几种情况:一是低价高报。这主要发生在改革开放初期,一些外商利用我国相关法规不健全、企业引资心情急迫、对国际市场行情不太了解的弱点,对投资的设备低价高报,有的把劣质甚至淘汰的产品引入我国,而按新设备报价。同时,由于当时参与合资的大多是一些国有企业,一些法定代表人的国有资产观念淡薄,致使大量的中方股权资产被这些不实的价值恶意侵占。更为严重的是,一些项目投产后,机器不能正常运转,生产线达不到生产目标,不能产生经济效益,以至于一批三资企业关门倒闭,给国家

和企业造成大量的经济损失。二是高价低报，取消进口免税后，外商投资机器设备的进口关税和增值税两项税负均有增加。于是，少数三资产业，尤其是独资企业中的外商，采取高价低报的方法逃避关税。三是想方设法逃避商检。在三资企业的国际贸易活动中，外商利用对三资企业的控制权（在合资企业中，这种控制权不一定是通过多数股权获得的，也可能是通过技术控制权、购销渠道控制权等获得的），提高在华子公司向国外关联企业购入原材料、半成品、技术、劳务等的价格，而压低其出口产品的价格，通过在华子公司的利润转移实现整体利润最大化。在劳务价格转移方面，一些跨国公司对在华子公司收取的市场调研、广告、雇员训练等服务费用远高于市场价；母公司提供的一些劳务因定价过高而不能使在华子公司实际受益；母公司对在华子公司劳务费用的收取存在重复收费现象等。在使用对方技术、商标等无形资产的价格支付方面，三资企业购买无形资产的价格高出正常价格的程度比购买一般商品和劳务更大。这主要是因为外商一向有利用无形资产转移利润的动机。无形资产具有无实体性、垄断性、不确定性和长期超额收益能力，其转让价格与一般产品和劳务的转移价格相比，更具有隐蔽性和不可控制性。外商来华直接投资中利用转移价格转移利润，直接导致了外商投资企业中方合资、合作者的利润被侵占，导致了我国税收收入的减少，降低了外商直接投资中的关联效应，不利于我国国际收支状况的改善。

4. 外资并购国内企业，有可能引起经济安全问题

20世纪90年代中期以来，著名跨国公司在我国进行了大规模的投资，世界500家最大的跨国公司中，除了少数公司因我国限制外资进入我国某些行业而不能在我国投资外，几乎都在我国进行了投资。随着跨国公司在华投资规模的扩大，跨国公司对我国企业的并购也显著增加，主要是通过并购我国非上市和上市公司两种方式进行。加入世界贸易组织以后，我国的市场将进一步对外开放，这为跨国公司并购中国境内企业提供了极大的机遇。虽然外资并购国内企业可以带来先进的科学技术和管理经验，解决中国国内企业资金短缺的问题，但外资进入我国并购的动机和我国自身发展战略通常是不一致的，它们关注企业的利润，更长久地占领市场份额，打击竞争对手，巩固自己的竞争优势，努力取得行业或市场的支配地位，最终形成垄断，如果没有相应的约束机制，最终会妨碍我国市场的公平竞争；与此同时，如果那些事关国计民生、具有一定战略意义的企业被外资

第七章 提高技术外溢效应促进经济增长的政策启示

并购和控制,则不利于国家对国民经济的调控,不利于产业结构的优化,还可能导致经济的动荡,并引发新的危机。实际上,企业并购看似是商业行为,但它往往会大大超出其商业意义,有政治的、社会的,甚至有军事的意味,对此要有充分的认识。

五、加入世贸组织后我国利用外商直接投资战略调整所面临的问题

21世纪初,我国利用外资水平与效益的提高将与扩大"全方位、多层次、宽领域"的对外开放新格局以及我国加入世贸组织后新措施实施同步展开,如何进一步调整我国利用外商直接投资战略,从而提高我国利用外资的质量和效益,仍面临一系列理论和实践上急需解决的问题。主要问题有:加工贸易项目将如何从制造劳动密集型产品为主向国际型产品开发制造基地转变;吸引外资如何从单纯设厂开店上升到鼓励跨国公司设立区域总部、投资公司及研发中心;利用外资将如何从制造业产业向金融贸易服务产业与智力投资倾斜;在外商直接投资的企业形式上,如何从全新企业为主拓宽纳入到推动国有企业战略性改组的总体框架之中;在间接外资的首要使用方向上,如何从购买稀缺资源及最终产品为主向着重引进高新技术商品转换;在间接利用外资的来源上,如何从国际金融组织与双边贷款为主向资产证券化和高档证券市场挺进;在"引进来"的同时,如何利用"以外拓外",全面实施"走出去"战略,实现从境内向境外辐射,推动我国企业昂首阔步走向世界。因此,这些问题的解决对进一步推动我国的对外开放将具有重要的理论和现实意义。

第三节 提高技术外溢效应促进经济增长的对策建议

本书在实证检验 FDI 技术外溢效应的基础上,分析了技术外溢的传导途径;并通过构建 FDI 技术外溢与中国经济增长的计量模型,分析了 FDI 对中国经济增长的贡献;采用比较先进的分析方法如协整理论和格兰杰因果关系检验法,对 FDI 与 GDP 之间是否具有协整关系和因果关系进行了

验证。本书的研究结论主要有以下几点：

第一，外资企业的技术水平普遍高于内资企业的技术水平。在1993~2007年的15年时间里，外资企业的资产效率平均高出内资企业近33个百分点；在2007年外资进入的39个工业行业中，只有煤炭开采和洗选业、其他采矿业、烟草制品业、废弃资源和废旧材料回收加工业这四个行业外资的资产效率明显低于内资企业，其他各个行业外企的资产效率都高于或与内资企业相差无几，并且从39个行业的平均水平来看，外企的0.3623明显高于内资企业的0.2645，高出40.69个百分点。

第二，外资企业通过行业内的竞争和示范与内资企业的后向联系等途径提高了内资企业的技术水平。对1996~2007年工业分行业的面板数据的计量检验表明，在我国FDI的确存在着显著的技术外溢效应。但是对1997年和2002年技术外溢传导途径的实证检验却发现，外资企业和内资企业间的前向联系和人员流动并没有显著地传导技术外溢。

第三，FDI的技术外溢效应对我国的经济增长具有较为显著的正向推动作用，并且FDI的确是与人力资本相结合来共同推动经济增长的。在产品品种增加模型的基础上，通过构建反映FDI技术外溢与经济增长的内生计量模型，并对时间序列数据、横截面数据和面板数据进行计量分析后，可以得出FDI的技术外溢效应推动了我国的经济增长。

第四，FDI与GDP之间存在着协整关系和格兰杰因果关系。FDI对中国经济增长的贡献是长期的、持久的，并且LnFDI每增长1%，LnGDP将增长15.047%；在1%的显著性水平下，ΔLnFDI和ΔLnGDP之间存在着双向的因果关系，即我国GDP增长的伟大实践吸引了外商来华投资，而吸引的FDI反过来又促进了GDP的进一步增长。

综合以上四点研究结论可以得出，技术外溢是目前我国在"双顺差"存在的情况下继续吸引FDI的主要原因。作为一个发展中国家，我国从1992年开始出现了"双顺差"，这就意味着我国不再存在制约经济发展的储蓄缺口和外汇缺口，那么我国为什么还要继续吸引FDI呢？通过本书的研究发现，FDI在我国存在着显著的技术外溢效应，并且这种技术外溢效应促进了内资企业技术水平的提高，从而促进了经济增长。因此，对于FDI，目前我国政府和企业首先要考虑的问题就是如何促使其技术外溢效应更好地发挥，以促进经济的持续增长。

一、完善利用外商直接投资的政策和法律

2001年12月我国正式加入WTO，为适应加入WTO的新形势，中国近年来全面充实、调整、完善了现行的外商投资法律、法规和规章，初步建立起符合社会主义市场经济需要，符合世贸组织规则要求，符合中国国情，统一、完备、透明的对外经济贸易法律体系。自2001年以来，中国吸收外商投资的主要政策法律变化如下。

（一）对外商投资法律法规进行了全面清理和修订

对其中不符合世贸组织规则的内容进行了修订，其中最主要的包括对外商投资的基本法律法规，即《中华人民共和国中外合资经营企业法》、《中华人民共和国中外合作经营企业法》、《中华人民共和国外资企业法》及其实施细则（或实施条例）的修订，取消了对外商投资企业的外汇平衡条款、"当地含量"条款、出口业绩要求和企业生产计划备案条款等。目前，修订工作已经完成，修订稿已颁布实施。

《外商投资产业指导目录（2007年修订）》（以下简称《目录》）已经国务院批准，自2007年12月1日起施行。新的产业政策和目录除了继续贯彻积极、合理、有效利用外资的方针外，也出现了一些新变化。

1. 传统制造业不再鼓励外资

新《目录》强调，在制造业领域，今后将进一步鼓励外商投资我国高新技术产业、装备制造业、新材料制造等产业。在服务业领域，新《目录》在全面落实我国加入世贸组织承诺的同时，积极稳妥扩大开放，增加"承接服务外包"、"现代物流"等鼓励类内容，并减少原限制类和禁止类条目。同时，对一些国内已经掌握成熟技术、具备较强生产能力的传统制造业不再鼓励外商投资，明确《产业结构调整指导目录》限制类条目适用于外商投资项目。

新《目录》发出明确的信号，经济增长要由主要依靠第二产业带动向依靠第一、第二、第三产业协同带动转变，由主要依靠增加物质资源消耗向主要依靠科技进步、劳动者素质提高、管理创新转变。

2. 不鼓励外商投资重要矿产

我国是一个人口众多、自然资源相对匮乏的国家，近年来，随着国民经济的快速发展，资源、能源的需求量明显增加，资源能源供应日益紧

张,而国际能源和原材料价格持续上涨,加重了我国企业的负担和生产成本。同时,由于我们长期以来实行的高投入、高消耗、高排放、低效率的粗放型发展模式,资源、能源的利用率不高,浪费严重,环境状况恶化,使得资源和环境问题更加突出,并反过来影响和制约了我国经济的发展。新《目录》在引进外资方面,鼓励外商投资发展循环经济、清洁生产、可再生能源和生态环境保护,鼓励外商投资资源综合利用,《目录》新增了相关鼓励类条目。对我国稀缺或不可再生的重要矿产资源不再鼓励外商投资。一些不可再生的重要矿产资源不再允许外商投资勘察开采,限制或禁止高物耗、高能耗、高污染外资项目准入。

3. 调整单纯鼓励出口政策

针对我国贸易顺差过大、外汇储备快速增加的新形势,新《目录》中,国家将不再继续实施单纯鼓励出口的导向政策。通过适当增加进口,有助于平衡中国的国际收支,加大对高新技术、高新设备的进口,促进中国企业技术水平和装备水平的提高。

4. 调整相关条目维护经济安全

随着对外开放的不断深入,世界经济对我国经济发展的影响越来越大。一方面,国际金融市场动荡冲击;另一方面,是发达国家经济优势的压力,维护国家经济安全的问题日渐突出。十七大报告中也提出要注重防范国际经济风险。在经济全球化加速发展的背景下全面提高对外开放水平,切实维护国家经济安全,构建有效的国家经济安全体制机制,对增强国家的经济安全监测和预警、危机反应和应对能力十分重要。因此,新《目录》中对部分涉及国家经济安全的战略性和敏感性行业,持谨慎开放的态度,适当调整相关条目,统筹国内发展和对外开放,以维护国家的经济安全。

(二) 出台和完善了一系列外商投资政策和法律法规

外经贸部、科技部和国家工商行政管理总局共同颁布了《关于设立外商投资创业投资企业的暂行规定》,借鉴和参考各国风险投资机制及国际通行做法,对外商设立创业投资企业,向未上市高新技术企业进行股权投资和为其提供创业管理服务进行规范。

证监会、外经贸部共同颁布了《关于上市公司涉及外商投资有关问题的若干意见》,明确了外商投资企业在境内 A 股市场、B 股市场上市的条件、程序，允许外商投资企业按照《外商投资企业境内投资的暂行规定》收购境内上市公司非流通股，允许含有B股的外商投资股份有限公司的非上市外资股在B股市场上流通。

外经贸部、财政部、中国人民银行共同颁布了《金融资产管理公司吸收外资参与资产重组与处置的暂行规定》，允许外资参与金融资产管理公司资产的重组和处置，并对向外商转让金融资产的范围、价值的评估和转让程序制定出相应的法律规范。

外经贸部还颁布了《〈关于外商投资举办投资性公司的暂行规定〉的补充规定（二）》，进一步扩大了投资性公司的经营范围，允许投资性公司为国内企业提供相关技术培训，允许其作为外商投资股份有限公司的发起人，允许其在国内外采购产品进行系统集成后在国内外销售，允许其从母公司进口少量与所投资企业生产产品相同或相似的非进口配额管理的产品在国内试销等。

外经贸部修订并公布了《外商投资租赁公司审批管理暂行办法》，下发了《关于扩大外商投资企业进出口经营权有关问题的通知》，允许年出口额在1000万美元以上的生产型外商投资企业收购非本企业自产产品出口，允许外商投资研发中心为进行市场测试进口部分高新技术产品。修订了《关于外商投资企业合并与分立的规定》，进一步规范了外商投资企业与国内企业的合并。

（三）完善了服务贸易领域吸收外商投资的法律法规

为促进服务贸易领域的对外开放积极、稳妥、有序地进行，中国还颁布了《中外合资、合作职业介绍机构设立管理暂行规定》、《中华人民共和国国际海运条例》、《关于印发鼓励乡镇企业利用外资加快结构调整的意见的通知》、《旅行社管理规定（修订）》、《中华人民共和国外资保险公司管理条例》、《外商投资电信企业管理规定》、《外商投资道路运输业管理规定》、《中华人民共和国外资金融机构管理条例》、《中华人民共和国外商投资国际货运代理业管理规定》、《外国律师事务所驻华代表机构管理条例》、《外商投资电影院暂行规定》、《中外合作音像制品分销企业管理办法》、《国务院关于修改〈中华人民共和国对外合作开采陆上石油资源条例〉的决定》、《国务院关于修改〈中华人民共和国对外合作开采海上石油资源条例〉的决定》、《中外合资、合作医疗机构管理暂行办法》、《外商独资船务公司审批管理暂行办法》、《设立外商投资印刷企业暂行规定》、《人才市场管理规定》、《出版管理条例》等服务贸易领域的法规。

加入WTO给中国引进外商直接投资带来的问题,中国以前没有遇到过,其他国家因为加入WTO的时间和WTO成员方对其要求的不同而没有可比性,没有现成的经验可借鉴。本书在前面根据中国的实际情况提出政府应当抓住世贸组织协议中允许的过渡期内继续实行非国民待遇政策,那么在这段时间里,鼓励与限制政策又得根据实施情况作出调整,综合前面各部分论述,本书提出如下建议。

1. 由立法机构组织专门研究小组,继续探讨中国法律与WTO法律体系接轨问题

根据现有中国外资法律、法规的实施情况和WTO的规则要求以及中国对外承诺,提出修改意见和修改时间表。重点是加强对外商投资地方性法规规章和相关政策措施的清理工作,使其与国家法律法规和世贸组织规则以及中国对外承诺相一致。在对现行法律法规进行清理、修订的同时,要特别注重保持外商投资政策法律的相对稳定性、连续性、可预期性和可操作性。

2. 鼓励外商投资企业采购国产设备

可采取全额或部分退还国产设备增值税的办法。若其采购国内不能生产或性能不满足需要的自用设备及其配套的技术、配件、备件,用于技术改造或研究开发,可给予关税及进口环节税优惠。

3. 鼓励外国企业向中国境内转让技术和外商投资企业向国内企业转让技术

对以上技术转让收入视技术的高新情况给予营业税优惠。符合国家产业政策的高新技术转让收入可免征营业税。

4. 为解决外商因母国执行税收抵免政策而享受不到优惠的问题,我国可以通过改进所得税优惠办法来解决

比如,将所得税先征后退,让外商投资企业用以扩大再生产、弥补亏损和增加职工福利。

5. 减轻外商投资企业的负担,国家有关部门应定期或不定期地检查对外商投资企业的收费情况

其中擅自设立收费项目、自行提高收费标准和任意扩大收费范围、不取消国家明令取消的收费项目、不落实国家给予的减免费用的优惠政策、

将有关政府职能转移到中介服务机构实行有偿服务收费、按照地方越权设立的收费项目或收费标准、以保证金和抵押金等方式收费及强制提供服务等乱收费行为要进行坚决处罚。各地价格主管部门应建立和完善投诉举报制度，鼓励外商投资企业投诉、举报。

6. 对于鼓励、允许、限制类产业要加大政策力度

（1）对鼓励投资产业可以实行低所得税、低关税、加速折旧、提取风险基金、一次性摊销技术使用费等综合优惠；对于国家重点鼓励的能源、交通等领域投资可由国内保险机构对投资者提供政治风险保险、履约保险、保证保险等保险服务。

（2）对允许投资产业实行单项优惠。若是外商投资企业注重技术开发，其当年的技术开发费（研究新产品、新技术、新工艺所发生的新产品设计费、工艺规程制定费、设备调试费、原材料和半成品的试制费、技术图书资料费、未纳入国家计划的中间实验费、研究机构人员的工资、研究设备的折旧、新产品的试制和技术研究有关的其他经费）比上年增长一定比例，经批准后，可部分抵扣当年度的应纳税所得额。这样可以鼓励外商投资企业在努力获得利润的同时，加大技术开发力度。对于鼓励或允许投资产业，这一优惠措施都可适用，对于鼓励投资产业中高新技术项目而言，这无疑是颇具诱惑力的。

（3）对限制投资产业不管是否为工业项目、是否超过10年、是否在经济特区，一律不实行优惠，而不再像以前一样把优惠大面积地给予外商投资企业，这样也才能显现出产业导向的政策力度。

（4）为了促进企业形成专业化协作关系，对于零部件等中间产品项目应实行更大的优惠。比如，可以考虑在增值税上对零部件项目降低税率，以鼓励形成专业化协作。

7. 在地区差别政策方面，要把重点放在中西部地区

（1）国家应采取相应的宏观调控措施，增加中西部地区人均收入水平，逐步缩小人均收入的东、西差距。因为市场的潜力体现在居民的人均消费能力，而中西部地区居民的人均收入较东部沿海地区低很多，这势必影响到中西部地区的市场购买力。因此国家在允许一部分人、一部分地区先富起来的同时，应使中西部和东部的收入差距逐步缩小，从而刺激中西部地区的消费水平，以达到激活市场的目的，从根本上产生吸引外商直接投资的动力。

(2)鼓励发达国家的企业参与中国中西部中小型国有企业的改造、重组。中国中西部大量的中小型国有企业经济效益低下，产品结构不合理，应该努力促使具有信息、技术和管理优势的发达国家企业参与这些中小型国有企业的重组、并购，从而盘活大量的国有资产存量。

(3)加强中西部地区交通、通信等基础设施的建设，改善外商投资的环境。为此政府可以采取以下一些优惠措施：①实行政府间接补贴。鼓励外商参与中西部地区的基础建设投资，如以低于市场价值的价格向外商提供土地、厂房、通信及水电供应等。②提供一系列的政府服务，包括外商投资企业的验资、项目管理、投资可行性研究、市场调查和货物采购等方面的信息服务，以及为技改提供技术设施和支持。③政府提供一定的市场优惠条件，比如政府优惠合同、提供市场进入保护、赋予市场垄断权等。

(4)加强对发达国家和企业进行中西部地区的资源、人力、市场、风土人情、发展前景、引资政策等方面的宣传，促使中西方文化交流，改变中西部地区较为落后的文化、经济环境。中国中西部对于美国、日本、德国等发达国家企业来说还是比较陌生的，它们对中西部地区的社会经济文化状况和引进外资的政策缺乏必要的了解，故而也影响到其对中国中西部地区的投资。而中西部地区由于所处地理位置等方面的原因，相对较为封闭，对外界的信息包括外商投资的意向不够了解，老百姓对西方文化的接受能力也较中国东部地区差很多，这也从另一方面阻碍了外商投资企业进入中西部地区。因此有必要在加强中西方文化交流方面加大工作力度，同时提高当地政府工作的效率及其政策的透明度，规范市场竞争秩序，保护知识产权，进一步完善吸收外商投资的软环境，从而更好地吸引发达国家企业到中西部地区投资。

虽然我国已连续多年为国际投资的主要目的地，在国际投资领域产生的影响日趋重要，但我国吸收外商直接投资的历史较短，比起成熟市场经济国家以及经济开放较早的发展中国家，我国在国际投资促进方面的差距还很大。我国全国性的投资促进机构（IPAs）尚在酝酿之中，地方性的机构也缺乏协调合作，加入世界贸易组织后，包括投资促进在内的贸易、投资宏观管理体制面临与国际规范接轨的挑战，迫切需要建立全国统一的外商投资促进体系，加强对各地方IPAs的指导与协调，推动各机构在工作模式、机制和专业队伍建设上与国际接轨。

当然，扩大和优化发达国家对华直接投资，不仅仅取决于中国方面的努力,对于国外方面来说,也应该有更加积极的态度和措施,比如由政府方面设立专门机构为企业提供中国的留学生;在影视节目中增加与中国改革开放和现代风土人情有关的节目等。国际直接投资是互惠互利的,并且有赖于投资国和东道国的相互配合。所以,中外双方均需加倍努力,使发达国家对华直接投资和中外经贸合作在21世纪取得更大的发展和成就。

二、采取积极措施,维护国家经济安全

(一)保护民族品牌

世界经济一体化、经济全球化是世界经济发展的趋势,我国的改革开放是适应这种发展趋势的必然选择。在改革开放中发生了外国名牌对中国名牌的冲击,也出现了不少民族品牌的消失,这都是正常现象。我们不能关起门来保护和发展民族品牌、创立中国名牌,而要借鉴外国经验,利用外国资本和技术保护民族品牌、创立中国名牌,特别是要在合资经营中实行正确的品牌战略。

品牌问题是一个重要的经济战略问题,它不仅关系到一个企业的命运,而且关系到一个行业甚至整个民族工业的命运。如果单从一个企业看,只要合资企业双方合作得好,风险共担,利益共享,即使用外方的牌子也照样可以使企业经济效益提高,企业资产增值。但是,一旦发生"不合作"情况,外方拿着牌子走了,中方就将失去市场,陷入无产品生产的绝境。因此,在创办合资企业时,中方企业要根据具体情况,实施正确的品牌战略。

1.在合资中用中国品牌的战略

我国在长期的经济建设中已经创造了许多国产名牌,利用外资应该是使原有国产名牌发扬光大,而不是削弱淡化,更不是使之逐步消亡。在合资中创造出中国自己的名牌,是对民族工业的巨大贡献。在合资中使用中国品牌有下面三种形式:

(1)中方名牌作价入股。实质上是将中方商标有偿转给合资企业。如广州洁银牙膏厂与美国高露洁公司合资,中方将"洁银"商标作价200万美元转让给合资企业。这种形式的优点在于中方可以得到合资企业的股份,企业的无形资产价值得到了某种程度的体现。但是这种方式存在重大隐患,即名牌的归属未定:名牌的所有权卖给了合资企业,名牌不再是中

外商直接投资与中国经济增长

方的无形资产,而是合资企业的无形资产。合资一旦终止,该名牌将被分配给某投资方,或拍卖给第三方。此外,如果控制权不在中方手里,外方有可能利用中方的生产能力和销售渠道,推出外方商标,逐步减少中方商标的使用或者将中方商标用在低档产品上。

(2) 将中方名牌有偿许可给合资企业使用。如广州浪奇股份实业有限公司将其在洗衣粉上的"高富力"商标的50年使用权以5000万元许可给合资企业使用,北京双合盛五星啤酒厂将"五星"商标有偿许可给合资企业使用(按销售量向中方支付商标使用费,每年约400万元)。这种形式的优点是商标所有权始终掌握在中方手里,并得到一定的收益。但要注意外方会利用中方驰名商标去推销其产品乃至商标。

(3) 在合资协议中明确规定生产的产品使用中方商标。如广州家具床垫厂与香港新鸿基珠江三角洲投资公司合资成立欧亚床垫工业公司,中方占75%股份,合资企业一直用中方"穗宝"牌商标。又如武汉东啤集团在与法国达能公司签订的合资经营协议中,明确规定合资公司啤酒销量的80%使用东啤集团的"行吟阁"商标。此举是在合资经营中如何维护民族品牌所进行的一次成功的探索。

2. 在合资中实行中外品牌嫁接并改造的战略

合资企业实行中外品牌嫁接是我国普遍采用的战略。其做法有三种:①中外双方各出一个商标组成新商标,如"长岭—阿里斯顿";②中方出企业名称,外方出商标,如"一汽大众";③中方出地名,外方出商标,如"上海桑塔纳"、"江西五十铃"。准确地说,后两种不能算是一个新品牌,而只能算是在中国某工厂或某地区生产的外国某品牌。合资企业采用品牌嫁接战略,是合资双方在品牌问题上妥协的结果。这种战略对中外双方都有好处,外方借此可以把自己的牌子顺利地打入中国市场,中方可在外国的名牌上记上自己的名字。中外嫁接的品牌必须进行改造,才能成为真正意义上的品牌。改造的方法有三种:①"美菱"法,开始用"美菱—阿里斯顿",借助阿里斯顿这个名牌,创出新名牌"美菱";②"海尔"法,开始用"琴岛—利勃海尔",逐渐演变成"琴岛—海尔",最后成为"海尔";③"江铃"法,江西和日本五十铃汽车公司合资,开始产品用"江西五十铃",慢慢演变为"江铃"。类似"江铃"的还有"庆铃"、"广日"等。实行中外品牌嫁接并改造创出的新名牌,其所有权属于合资企业,合资结束时,该名牌要作为合资企业的资产进行清算。

3. 在合资中共创新品牌战略

中外双方的牌子均不进入合资企业而另创新牌子。如广州罐头厂与美国可口可乐公司合资成立广美食品有限公司，中外方商标均不转让或许可给合资企业使用，合资企业以自己的名义注册"美津"、"卜卜星"商标。又如合资企业王朝葡萄酿酒总公司，外方是大名鼎鼎的法国人头马公司，本来合资企业可用"人头马"这个牌子，但合资企业坚持创"王朝"这个新牌子，经过15年的努力，现在"王朝"已经成为中国葡萄酒第一品牌。合资企业共创新的品牌是中外双方都可以接受的品牌战略。新企业、新品牌、新形象，实行这一战略的困难在企业创办的初期，企业要花相当数量的广告费来宣传新产品，才能使消费者对新的牌子逐渐熟悉。但用新品牌没有历史包袱，不需付商标使用费，也不受外方对商标的控制。由于新名牌是由中外双方共创的，更有利于中外双方的长期合作。

4. 在合资中采用外国牌子战略

在合资中直接用外国的牌子。如果外方是名牌企业，生产名牌产品，使用外方牌子，自己不用花巨额的广告费就可以直接受益，带来良好的经济效益。这当然是好事情。如果外方不是名牌企业，生产的产品知名度也不高，这时用外方的牌子，不会给中方带来多少经济效益，这就不是明智的选择。不管外方的牌子有名还是知名度不高，合资企业使用了外方的牌子，就要花大笔费用做广告，最终是洋品牌扬名，实际上是为人家积累无形资产。直接用外国牌子，这在品牌战略上应该说是下策。

上述各种品牌战略，各有利弊，作为合资企业的中方企业，应从发展民族经济的高度出发，根据本企业的具体情况作出正确的抉择。

（二）加强对外企"虚亏实盈"的控制

外商投资企业采用不正常的转移价格所造成的"虚亏实盈"使我国蒙受重大损失。有学者经研究得出结论，外商投资企业仅仅采取典型的高进低出转移价格方式，从我国暗中所赚取的利润就大大超过他们投入我国的资金额，可见其经营高亏实际上是高利。外商转移价格的另一个典型形式是外方作价投资的有形资产及无形资产的报价普遍高于实际价值。根据国家商检局估计，外商报价一般高出实际价值20%左右。有鉴于此，我国对外商投资企业应当依法加强管理，对其转移价格，更应借鉴他国经验，参照国际惯例，结合中国国情，进行正当管制。对我国反"虚亏实盈"现象、反价格转移、反逃税避税工作，本书提出如下对策和建议。

1. 制定一个专门管制转移价格的单行法律或法规

立法的指导思想主要包含：既要防止其避税，又要遏制其把我方应得利润转移出去；关联企业和关联关系的认定要以事实为依据，只要人为定价或通过控制价格转移利润并使我方蒙受了损失，即可进行相应调整；关于独立成交价格的确定，如国内有同类产品，按一定时期该产品的国内平均出口价认定；建立转移价格的事前审批制度；调整方法可参照美国的"可比利润区间法"，税务调整与账务调整必须同步；对严重偏离正常价格的除调整外，还应受到20%或加倍罚款的处罚。

2. 加强对转移价格的管理

可以考虑建立管理转移价格的专业机构，进行宏观协调管理。从我国情况来看，实行转移价格"合理避税"只是一个方面，更普遍更严重的是外商利用我方体制、管理、法制上的漏洞，直接把中方应得的利润转移到境外。因此，管制转移价格的主要工作不能仅由税务部门进行。建议各省市都建立外商投资企业信息服务中心，下设四个中心：①价格信息中心，要求定期公布主要商品高、中、低三个规格的国内企业进出口平均成交价或国际市场价；②企业评价中心，对最佳和最差的三资企业进行评估并予以公布；③企业档案中心，要尽可能收集世界各国跨国公司及其子公司的所有资料，重点建立我国外商投资企业及关联企业的档案；④外商投资企业统计中心，外商投资企业必须按我国《统计法》的规定，提供真实的数据。建立转移价格管制专项基金，主要用于管制方面，如出国查证及配套设备、聘请专家、培训人员、科研等方面的支出。基金来源主要考虑从通过转移价格调整而补增的税收中提取一定的比例作为基金。建立正常的检查、监督机制，变突击检查为专业化、规范化、长期化监控。从合同的谈判到外商投资企业业务的开展，每个环节都要注意不正常的转移价格。

3. 提高认识，加强宣传，提高管理人员的素质

绝大多数人不懂转移价格的概念，许多人对其严重性、危害性认识不足，只看到外商投资企业积极的一面，看不到外商唯利是图、不择手段的一面。一些地方求外资心切，把与外商谈成多少个项目、引进多少外资作为上级对下级考核的指令性指标，重数量、轻质量，重外因、轻内因，对外商的不正当做法缺乏基本的防范措施。这都是必须杜绝的现象。对外商投资企业中的中方管理人员进行转移价格防范措施培训。建议中方管理人

员的收入应与中方合营者所得利润直接挂钩,以促使他们维护中方利益。同时还必须培养大批合格的税务、审计、财会、对外经贸、法律人才。

4. 加强国际合作,共同控制转移价格

如建议建立关联企业情报交换制度;相互间为取证提供各种方便;建立类似国际刑警组织的机构;在与他国签订避免双重征税协议时考虑转移价格的因素,应增加第二次调整的条文。

外商投资企业的经营效益乃是我国利用外资政策成败的关键。目前存在的外商投资企业"虚亏实盈"或"零利润"现象是很不正常的,它严重侵蚀了我国利益,必须着力予以解决,并推动外商投资企业沿着健康的轨道发展。

(三) 控制国有资产流失

国有资产流失的原因,从企业内部看主要是中方董事和中方管理人员未发挥应有的监督作用,从外部看主要是政府有关部门缺乏有力监督。对解决国有资产流失问题,本书提出以下策略:

1. 切实解决国有资产监督的责任问题

合资企业国有资产的监督责任应当由谁来负、如何负,可以分为四个层次:第一个层次是中方股东单位,作为投资者负有监督责任。第二个层次是中方董事。中方管理人员属于公司的管理人员,直接参与企业管理,根据管理与监督分工的原则,不能主要负监督责任。中方董事负有对国有资产的监督责任,有权定期或不定期地检查企业的经营、财务、购销、投资等项活动,有权聘请注册会计师或其他中介机构,对企业进行全面或特定事项的审计。如果出现问题,中方股东应当对派遣董事追究责任。第三个层次为注册会计师。注册会计师每年都必须对合资企业的会计报表进行审计,因此,负有真实反映国有资产增值保值情况的法律责任。如果发现国有资产损失严重而注册会计师未发现或未披露的,国有资产管理部门应当对注册会计师起诉,国家有关部门应当从严进行处罚。第四个层次为国家有关部门,包括国有资产管理部门、财政税务部门、审计部门等。这些部门负责对合资企业的国有资产保值增值情况抽查和定期考核,对中方股东单位、中方董事和注册会计师进行再监督。

2. 必须依法办事

目前虽然政府有关部门规定了对国有资产要进行评估并获批准后才能

合资，对外商投资的资产要进行商检等，但实际执行中并不严格。这是对合资企业外部控制失效的表现，而中国对外方控制的优势主要在于法律法规。因为如果政府不能严格执法，中方股东更会贪图局部利益而损害全局利益。因此，对合资企业的执法必须严格。

3. 有关部门应提高专业监督水平

比如，税务部门对于外方转移价格的监督，技术部门对于外方技术出资价格的监督，商检部门对于外商财产的监督，社会中介组织对于国有资产的科学评估，注册会计师对于财务报表的监督，国有资产管理部门对于国有资产管理的考核，中方董事的专业监督等，都有一个业务技术水平高低的问题。跨国公司实施各种内部化战略已经多年，很有经验。而中国有关部门对外方的专业监督时间并不长，水平还较低，如果不提高业务水平，就难以控制外方。

4. 国家有关部门应当对大型合资企业派遣部分董事，加强对国有资产的监督

这可以解决中方股东监督不力的问题。中方董事必须具有与监督责任相符的专业技术资格，不能随意派遣。这个措施应当在国家有关法律法规中得到体现。

随着改革开放的深入，特别是随着我国成功地加入WTO，外商对我国的投资环境和市场状况越来越熟悉，投资信心得到进一步增强，近年来外商对华直接投资逐渐出现了"独资化"的趋势，这将对我国民族工业产生更大的冲击。因此，对于外商对华直接投资"独资化"这一新情况、新问题，我国企业界和政府有关部门应予以密切关注，充分评估其对我国社会经济发展的潜在影响，并采取相应措施，保护我们的民族经济。

在吸收和利用外商直接投资的过程中，除在以上几个方面要注意维护国家经济安全外，还有在产业政策调整和消除地区间过度竞争等方面也是如此。近年来外商直接投资的领域出现了越来越宽的趋势。不少行业的民族工业，仅仅因为出现资金不足等暂时困难而被外资收购或兼并。于是，外商直接进入的产业部门迅速扩大，民族工业占有的产业部门不断缩小。目前，我国有些部门、有些行业外资所占比重相当大，在某种程度上已经形成了垄断或行业控制局面。如果这种趋势任其发展下去，将会严重危及我国的经济主权和国家经济安全。外商投资发展到一定程度后，需要转变外商直接投资的产业政策目标，我们应当坚定不移地执行国家的产业政策

和外商投资的产业指南。我们还应该看到,决定外资大量流入中国的,除了中国发展的良好环境与前景外,是中国一些地方政府的无限制让利,而造成这种无限制让利的一个重要原因,则是地区间在争夺外资上的激烈竞争。除了不断改善投资软环境、硬环境和降低商务成本等正确做法外,地区间争夺外资项目的方法集中在税收减免和地价乃至其他种种让利上。因此,在外资大量流入中国的背后,是中国各地不断加码的过度的优惠政策,甚至不适当的竞争手段。外资利用了中国这种地区间竞争获得了超国民待遇和过高的优惠,再加上本来就容易发生的跨国公司转移利润行为也因为我们放松监管而更加严重,中国利用外资的效益被明显减少了。在这一问题上,关键是消除不合理的地区竞争,加强地区间的协调与合作,提高引进外资的效益。

三、进一步改善投资环境,加大我国对 FDI 特别是大型跨国公司的吸引力度,充分利用 FDI 的技术外溢效应

1. 进一步改善投资环境,积极吸引跨国公司来我国投资

加入 WTO 使我国进一步融入经济全球化的浪潮之中,这为我国吸引跨国公司来华投资提供了新的机遇。从总体上来说,我国应在下一阶段加快经济体制改革尤其是市场化改革的进程,使我国市场经济体制尽快与国际惯例接轨,为跨国公司提供一个更好的体制环境;按照中国政府加入 WTO 的承诺,增加市场的开放程度,减少市场准入的障碍;给跨国公司的投资以国民待遇和无差别待遇,另外,建议不再给华侨和港澳台同胞以特殊优惠,消除外资政策中的政治性因素,以利于优化投资环境。另外,加快服务业的对外开放有利于我国投资环境的进一步改善。掌握先进技术、着眼于全球战略的大型跨国公司,对东道国的服务业有较高要求。例如,分销系统是否有效率,能否提供良好的金融服务,有无国际标准的会计、审计、法律服务机构等,这些服务业的水平如何,是跨国公司评价东道国投资环境优劣的重要标准之一。目前,我国各类服务业的水平与世界先进水平相比尚有较大差距,更多地吸引掌握先进技术的服务类跨国公司前来投资,是改善我国投资环境的重要内容。

2. 结合我国产业结构调整的目标和方向,有选择地吸引具有较强联系效应和国产化倾向的跨国公司对我国进行直接投资

新兴工业化国家或地区如韩国、中国台湾地区的实践表明,具有良好

带动效应的汽车、电子和电气行业的跨国公司投资可以很好地推动东道国企业技术水平的提高。我国应该继续吸引那些具有较强产业联系效应的跨国公司进入我国，并积极引导其进行生产、经营与研究的当地化。这样有利于增加国内企业获得跨国公司新技术，特别是核心技术的机会。

3. 政府可通过采取一定的优惠措施激励具有基础科技创新能力的跨国公司进入我国，或鼓励跨国公司在我国设立研发机构

比如通过产业政策的倾斜，向这类跨国公司提供包括税收减免、市场准入等方面的优惠措施，以吸引其进入，并在此过程中推动国内科研部门与跨国公司的合作。国内企业与科研部门通过吸收跨国公司的基础技术扩散，可以在更高层次上实现新产品与新技术的开发与应用，提高我国产业技术水平。

四、培育产业群落带，形成产业链

第五章实证分析的结果表明内资企业与外资企业之间的前向联系效应尚未显著，造成这种局面的一个重要原因，就是在我国外企和内企之间并未形成产业链，因此如何形成外企和内企间的关联以带动内企技术水平的提高是目前迫切需要解决的问题。

产业群落带是指关联性较为紧密的若干产业相对较为集中的区域。形成产业群落带，首先有利于先进技术以及人才的共享。在第二章的理论分析中曾指出，人才流动是技术外溢的重要途径之一。关联度较高的产业间许多技术是可以通用或是借鉴的。因此，培育产业群落带的第一大优势就是充分利用人才资源，促进人才流动，提高技术外溢的效应。其次，产业群落带的存在，可以使该区域内的基础设施建设，特别是环境工程建设具有集约效应，并且对区域内的金融服务、基础教育、职业教育、大学R&D活动等辅助性第三产业或是社会活动来说，也可以积累丰富的产业内知识，提供更具专业化的服务，支持区域内产业群落带的持久发展。最后，培育产业群落带也有助于提高我国某些产业的总体谈判能力，促进地区间的协调发展。目前各地区为招商引资，滥用优惠政策、高筑"篱笆墙"的现实极大地破坏了我国某些产业的总体布局，影响了外商投资企业在中国的总体溢出效应。而产业群落带内较为集中的企业布局、行业分布，既有利于加强国内企业间的竞争、强化外商投资企业之间的竞争，也有利于培育外资企业和内资企业之间的前后向联系，形成产业链，从而提

高技术外溢水平。

培育中国合理的产业群落带，首先要求拆除地方保护主义的大伞，破除地方主义的观念。因为一个大产业群落带一般是跨地区存在的，任何一个区域都无法独立地完成产业群落带的建设。这个道理与核心竞争力原理是一样的。每个地区都发挥自我的核心竞争力，结成一个以区域为主体的大的产业链条，才能在国际竞争中获得胜利，才可以从根本上保证产业群落带内技术外溢水平的提高。其次在地区间采用比较优势的方法，结合现有的地区优势，规划产业群落带的分布，促进我国经济总体水平的提高，切不可以行政命令硬性规划，那样反而破坏了现有某些地区的产业群落基础。

五、在外资进入的产业领域积极培育真正意义上的市场竞争，通过竞争的压力迫使跨国公司加强技术的外溢

跨国公司拥有雄厚的资金与技术实力，有可能在我国市场上形成垄断，这意味着引进外资和引进先进技术的利益，以较高利润的形式被跨国公司所吸收。第二章的理论阐述和第五章的实证研究都充分表明，保持市场的竞争性，对外商在华投资企业的行为会产生深刻影响。有了足够强的竞争环境，外商投资企业出于竞争需要，会不断更新技术与产品，降低成本与价格，以保持在国内外市场的竞争力。

1. 形成国内竞争者

形成能够与跨国公司投资企业相竞争的国内企业，是保持市场竞争性的一个重要方面。在过去的十多年中，我国有相当一批企业在激烈的市场竞争的推动下，产品的技术档次和质量水平迅速提高，企业规模扩张很快，在国内、国际市场上有了一定知名度，这些企业的资产质量和技术水平也都跃上了新的台阶。目前这些企业在与外商投资企业的竞争中，有些方面的地位不平等，因此，需要为国内企业创造与外商投资企业平等的竞争环境。主要包括两个方面的内容：第一，政策环境平等。与外商合资中的做法、经验，国内企业相互合资、合作、兼并、收购时可以借鉴；给外商的优惠政策，可以给有实力的国内企业；招商引资的项目，对国内国外投资者应公开条件、一视同仁。第二，体制环境平等。要消除国内企业发展的体制障碍，加快国内企业改革，按照市场经济的要求，实现转机建制，使企业真正成为自主经营、自负盈亏的法人实体和市场竞争主体，这

样企业才会有长期求发展的内在激励,才能在"动力"这个深层面上与外商投资企业处在平等地位。只有进一步打破"条"、"块"分割,解除对国有企业产权重组的不当限制,促进资源按照市场原则合理流动,才能尽快形成一批大企业和企业集团,有能力在与外资企业的竞争中存在和发展。

2. 形成外商投资企业之间的竞争

有些领域,由于技术和资金壁垒很高,国内企业在短期内还不能具备竞争力,在这种情形下,一个产品领域中要引进多家跨国公司投资,使不同外商投资企业之间形成竞争。外商投资企业在国内市场上直接竞争的结果必然导致各方为了获得更大的市场份额和其他方面的利益,纷纷加快新产品与新技术的开发与应用,同时向国内企业转让比较成熟的技术。跨国公司之间的竞争缩短了先进技术扩散的时间,有利于国内企业保持技术相对的先进性。竞争是跨国公司向中国转让先进技术的真正推动力。

3. 形成与进口商品的竞争

较高的进口关税和过多的非关税措施,无论是对国内企业还是外商投资企业来说,都产生同样的保护作用。如果外商投资企业在我国国内缺乏竞争对手,又没有进口商品作为潜在竞争对手,企业就倾向于使用在国际市场上已经失去竞争力的技术和产品。因此,在一些由少数跨国公司投资企业居垄断地位的行业,降低同类产品的进口关税,使外商投资企业的产品与进口商品处于竞争地位,就能够有效地改变企业的行为。

4. 加快反垄断立法

一些大型跨国公司,有能力在我国市场上形成垄断势力,获取垄断利润。随着我国允许和鼓励跨国公司以并购方式在我国投资,大型跨国公司对我国某些市场进行垄断的可能性在增加。目前,我们主要通过行政办法处理与大型跨国公司的关系。随着中国的进一步开放,特别是加入WTO之后,行政干预的方法不能过多使用,需要加快反垄断法、公平竞争法等立法工作,使我们规范跨国公司在华投资行为的方式更加符合市场经济的要求。

六、提升内资企业的技术水平,提高技术外溢的吸收能力

在竞争日益加剧的市场环境下,技术能力成为东道国企业能否成为合格供应商的关键因素。技术能力还影响到供应商能够在多大程度上利用技术外溢所提供的机会来进一步改进其技术水平。越来越多的跨国公司要求

其供应商遵守诸如 ISO9000、QS9000 等质量标准。因此，内资企业的技术升级是我国政府和企业应优先考虑的问题。

1. 加快制定内资企业技术创新战略，增强技术创新能力

外商投资企业一般着眼于长远技术发展和全球技术竞争来安排在华的技术创新活动。而内资企业由于受传统因素的影响，往往缺乏系统的技术创新战略，一般根据实际市场或者生产的需要安排企业的 R&D 活动。一般来说，企业的技术创新有三种战略模式可供选择：主导型技术创新、跟随型技术创新和模仿型技术创新。内资企业可根据企业的自身实力、国际竞争态势和总体经营目标选择适当的技术创新战略模式。对于国内行业领先的企业，要紧跟国际技术的发展潮流，加大 R&D 投资力度，提高自己的技术创新能力，争取成为国际技术领先企业。对于技术能力不强的内资企业，要积极与外商投资企业开展技术合作，从模仿型技术创新起步，通过学习、消化和吸收，转化为自身的技术能力，不断提升技术创新水平。

2. 鼓励外资企业与内资企业进行合作开发

目前在全世界，已有一些政府采取措施，鼓励外资企业与内资企业进行合作开发并强化它们之间的技术合作。例如从 1991 年开始，巴西对那些将其当地销售额的至少 5%投资于研发，而且其支出的 46%是用于与巴西大学或研究中心的联合开发的信息技术公司给予财政激励。1993~1998 年，272 家公司（包括像摩托罗拉、爱立信、NEC 和康柏等主要跨国公司的分支机构）利用了这些激励。摩托罗拉利用这种激励建立了一个巴西半导体部件开发中心，并将其建成一个与当地大学合作的全球研究中心。另外，为促使外企与内企进行合作开发，建立跨国公司产业带动中心显得极为重要。该中心通过收集跨国公司与国内企业的详细信息，为国内企业寻求与跨国公司合作的机会，还可以帮助国内企业解决技术吸引过程中信息不完全的问题。

3. 向国内企业提供外部金融支持，帮助其解决技术吸收过程中资金不足的约束

政府可考虑通过国家开发银行等政策性银行或成立一个中方企业的技术发展基金，保证国内企业，特别是中小企业得到外部融资的支持。

七、加大人力资本投资，提高人力资本水平

从第二章的理论分析中可以看出，人力资本是制约发展中国家技术外

溢效应的一个重要因素。对我国进行实证分析的结果也表明，人力资本对于 FDI 技术外溢效应的发挥起到了非常重要的促进作用，并且以具有高等教育学历来衡量的人力资本对技术外溢的促进作用已经显著。

但是，长期以来我国一直存在着人力资本存量不足、人力资本发展水平低的问题。造成这种现状的原因是多方面的，其中一个很重要的原因就是人力资本投资不足。从国家公共教育经费支出占 GNP 的比重来看，东亚国家和地区（包括中国香港、韩国、新加坡、马来西亚、泰国等）1960 年教育支出占 GNP 的百分比平均为 2.5%，1989 年上升到 3.7%，一些欠发达国家同期的教育支出比率分别为 1.3% 和 3.1%，而我国的教育支出占 GNP 的百分比 1980、1985、1990、1995、2000、2003 年分别为 2.53%、2.52%、2.48%、2.08%、2.9%、3.3%，我国目前的公共教育支出比率才达到东亚国家和地区 80 年代末期的水平。①因此，加大人力资本投资力度、提高人力资本水平就显得尤为重要。

1. 发挥政府在人力资本投资中的主体作用，并带动社会人力资本投资

人力资本投资中存在负外部性，会导致市场失灵，造成投资不足，而政府的人力资本投资能够弥补投资不足，消除市场调节造成的种种缺陷，保证人力资本形成中的机会均等。当然，人力资本投资不能完全依赖财政拨款，受政府财政收入的限制，需要广泛吸纳社会资本进行投资。

2. 加强制度建设

普及扫盲教育和九年制义务教育、建立"先培训后就业"制度和在岗培训制度，建立和完善有关的教育法规、培训法规、就业法规、劳动法规，从法制上保证人力资源素质的提高和消除劳动力自由流动的制度性障碍。

3. 实行后发国家的人力资本"借贷策略"，获得人力资本投入与转移中的"后发利益"

通过创造优惠条件吸引吸纳各方人才，这可以节约实际投入成本，并产生递增的人力资本扩散和带动效应。

---

① 国外数据来源于统计局网站：www.stats.gov.cn，中国数据根据《中国统计年鉴》相关年份数据整理计算。

第七章 提高技术外溢效应促进经济增长的政策启示

八、建立通过促进人员流动获取技术外溢的机制

在技术外溢的传导途径中，人员流动应该是最重要的一个机制。但是，我国的实证分析结果却表明人员流动所产生的技术外溢效应并不显著，因此在目前情况下如何促进外企人员头脑中的知识向内企溢出，是通过技术外溢提高内企技术水平的关键问题之一。

1. 人员扩散机制

这是整个技术外溢扩散机制中最直接、最重要的环节，也是将 FDI 企业中人员拥有的知识存量转化为生产力最快捷的方式。但由于这一领域人员流动相对封闭，要促使其外流：第一，需要内资企业从内部提高效率，改善工作环境，为人力资源发挥作用提供良好基础。外资企业之所以能吸引大批人才进入，关键在于其灵活的用人机制和高效率的工作节奏，这一点是很多内资企业所欠缺的。但在外资企业工作也有其不利的一面，如竞争压力较大，职工福利无保障，雇用与被雇用关系不稳定，以及企业内部晋升机制对国内雇员有所排挤，最高领导层均由外方担任等。内资企业可利用这一点，通过提高职工福利待遇，完善保障体系，增加职工归属感，满足高级管理人员对非货币效用的追求等措施来吸引外资企业中的部分人员回流。第二，要大力完善我国的劳动力市场，增加信息的透明度。外商投资企业的聘用机制相对灵活，进入和退出壁垒较小，而国内的许多企业，像一些效益较好的私营企业、集体企业虽然也有这方面的优势，但由于严重的信息不对称问题，劳资双方搜寻成本过高，导致"市场缺位"。解决这一问题：一要建立和完善有关中介机构，促使双方信息交流；二要改进联络手段，降低搜索费用。通过以上措施，尽可能使外资企业中的一部分熟练工人、高级管理人员及技术人员，利用其在原企业中吸收的知识和经验为内资企业服务，产生技术的外溢效应。

2. 知识扩散机制

这里的知识扩散专指不通过人员的直接流动而间接起到外溢效应的机制。我国目前外资企业从业人员进多出少，而且这种特殊性会长时间存在，虽然通过上述人员扩散机制情况可能有所改变，但我们不能完全依赖这种直接方式。通过知识扩散，则能够使一部分先进技术和管理经验即时传递给国内企业，加上知识本身具有的非竞争性和非排他性特点，就可以在更大范围内发挥作用。简而言之，这一机制是一种"虚拟人员流动"，

主要以企业为中介进行的。首先，要加强双方的交流，内资企业可主动要求外企代为培训其技术人员和管理人员，双方直接开展项目合作，加强中外资企业之间的横向联合，等等，一方面能够加强外资企业对内企的技术渗透，产生"示范效应"；另一方面，通过沟通，能更直观地给内资企业以压力，迫使其建立"赶超意识"，更新观念，提高效率。其次，必须充分重视高校的作用。一方面，外方直接投资项目中的一部分是与高校直接合作进行的；另一方面，外资企业中的技术人员、管理人员与高校的联系和交流都比较多，部分人员还可能回到学校接受后续教育，而高校本身又具有较完善的知识转化机制和传播机制，因此，可利用其作为中转站，将外资企业的技术外溢到内资企业。

3. 地区扩散机制

目前外商在我国的投资有明显的地域性特点，而国内人员的流动又存在严重的单向性，所以上述两种扩散机制主要在经济发达地区比较可行，要使其作用到内陆地区则存在一定的时滞。因此，必须采取一种层层递进的战略：第一，让技术水平较高的内资企业以直接或间接的方式带动内地企业发展，帮助其培训管理人员、技术人员，采用虚拟 BOT 的方式投资，通过纵向合作对上游和下游关系企业进行渗透。第二，由于东南沿海一带的外商投资已达到一定规模，但工资却不断攀升，与中西部地区相比，其劳动成本优势已不太明显，而周边的发展中国家如越南、老挝等却在大量吸引外资，这在很大程度上影响着外商投资的选择，因此政府部门要尽量引导外商向内地投资，以充分利用当地更为廉价的劳动力成本和更为丰富的自然资源。第三，要努力改变内地的落后观念，提高劳动力素质，减少劳动力交易成本和地区间的流动成本。

上述三种机制是针对目前我国人员分布特点，围绕"人"以及"人身上蕴藏的知识存量"而展开的层次分明又互相补充的统一体系。由于中国目前的特殊性，完全通过人员流动来传导技术外溢效应是不现实的。知识扩散机制和地区扩散机制就是基于以上理由而形成的对人员扩散机制的补充，三者是严密的整体，目的在于突破人员单向流动对 FDI 技术外溢的限制，建立起一个较为实用的传导机制。

第八章 "走出去"战略与我国企业海外投资的政策选择

中国加入 WTO 后,对外开放的大门进一步加快了开启的速度。世界对中国敞开了大门,中国也对世界敞开了大门,国界对国际竞争的屏蔽作用越来越小。在 WTO 规则制约下,中国和成员国对对方的产品和投资互给最惠国待遇和国民待遇,相互开放市场降低关税,相互承担保护知识产权义务,特别是《与贸易有关的投资措施协议》和《服务贸易总协定》在各成员方之间的实施,使国内企业既面临着机遇也面临着挑战。挑战在于国外商品、服务和企业的"挤进来",而机遇在于中国产品、服务和企业的"走出去"。中国实施"走出去"战略实质是与"入世"后国外商品、服务和企业"挤进来"战略相对应,只有实施"走出去"战略才能充分抓住"入世"的机遇。由于中国"入世"谈判中对降低关税、非关税壁垒和扩大服务贸易市场准入出价相当高,国外企业挤压中国企业生存空间的力度加大了。同时,我国经济逐渐进入一个新的发展阶段。结构上的不平衡和短缺经济的结束引发了大多数传统产业的过剩,市场成为经济发展的第一大"瓶颈"。开拓国内外市场,培育新的经济增长点成为中国经济发展的关键。

第一节 我国企业海外投资的发展和战略意义

一、"走出去"战略的内涵、确立与实施

"走出去"战略有广义和狭义之分。广义的"走出去"战略包括产品、

服务、资本、技术、劳务的对外输出；狭义的"走出去"战略是指企业到国外投资办厂、办企业，带动各种生产要素向外输出，生产能力向外延伸。本章则集中探讨狭义的"走出去"战略，即对中国企业海外直接投资进行分析和研究。

"走出去"战略又称跨国经营战略、国际化经营战略、海外经营战略直至全球经营战略，等等。这些专业词汇意义相近，"走出去"战略则是对它们的一种更通俗、形象的表述。"走出去"战略是与"引进来"战略相对应的。改革开放初期我国的战略是以"引进来"为主的，以引进国外资金、设备、技术、管理、服务为目标，也引进商品，以便带动中国的商品"走出去"。在这个过程中，中国有效地利用了国外的资金和技术，弥补了工业化过程中的资金和技术缺口，大大加快了工业化和现代化的进程。中国的产业完成了"引进—吸收—扩大生产—扩大出口"的雁行发展历程，中国的经济实现了与世界经济的融合、中国的法律制度完成了与国际规范的逐步接轨。"引进来"战略为今天的"走出去"战略做了必要的铺垫。

我国实施"走出去"战略的最终明确，是在2000年10月召开的党的十五届五中全会上。全会审议并通过了《中共中央关于制定国民经济和社会发展第十个五年计划的建议》。该《建议》指出，在"十五"期间乃至更长的一段时期，一个很重要的内容，就是要实施"走出去"的开放战略。该《建议》为今后五年我国对外投资活动的发展指明了方向，为企业"走出去"创造了良好的政策环境。

为了配合"走出去"战略的推进，2004年10月国家颁布了《关于对国家鼓励的境外投资重点项目给予信贷支持政策的通知》，这个政策体现了中国促进对外直接投资具体配套措施。国家发改委和中国进出口银行共同建立了境外投资信贷支持机制。根据国家境外投资发展规划，中国进出口银行在每年的出口信贷计划中，专门安排一定规模的信贷资金用于支持国家鼓励的境外投资重点项目。此外，在境外投资日常管理方面，除了2002年10月原外经贸部先后颁布的《境外投资联合年检暂行办法》和《境外投资综合绩效评价办法（试行）》外，商务部于2004年11月下达了商务部关于印发《国别投资经营障碍报告制度》的通知。这三个文件共同规范了中国政府在境外投资方面的监督与服务工作。

在2005年10月召开的党的十六届五中全会上，《中共中央关于制定国民经济和社会发展第十一个五年规划的建议》指出，必须不断深化改革开放,实施互利共赢的开放战略。支持有条件的企业"走出去",按照国际通行规则到境外投资,鼓励境外工程承包和劳务输出,扩大互利合作和共同发展。

2006年,商务部抓紧贯彻落实"走出去"战略,继续完善对外投资合作相关政策法规,推进对外投资合作各项业务便利化。2006年10月,国务院常务会议原则通过了《关于鼓励和规范我国企业对外投资合作的意见》,这是自中央提出"走出去"战略以来第一个全面系统规范和鼓励对外投资的纲领性指导文件,为我国企业海外发展创造了良好的政策环境。

为促进对外劳务合作稳步发展,商务部代表我国政府与160多个国家和地区建立了包括贸易、投资、技术合作、经济援助在内的多双边经贸合作机制,签署了110多个双边投资促进和保护协定,建立了中日韩投资委员会、中非合作论坛投资合作机制、上海合作组织投资工作组等多双边协调和磋商机制。通过充分利用现有经贸合作机制、加强政府间的磋商和谈判,推动了投资便利化和国际工程、劳务市场的开放。通过与国外政府部门商签加强投资、基础设施建设和劳务等方面合作的协议,逐步建立了政府间互利经济合作机制,为企业"走出去"创造了良好的外部条件。

2007年,商务部将会同有关部门,搞好"走出去"的规划,明确重点,引导"走出去"健康发展。在投资、外汇、保险、税收等方面,出台鼓励政策。国家税务总局将从五个方面为国内企业对外投资创造良好的环境,中国将完善税收政策,促进中国企业对外投资。目前中国已经和世界上220多个国家和地区建立了经贸合作关系,形成了多元化的市场格局。截至2007年4月,我国已经与89个国家和地区正式签订了税收协定,与香港、澳门签订了避免双重征税的安排。其中82个协定和两个安排已经生效执行,这一切为促进我国企业对外投资创造了一个良好的国际税收法律框架。

二、我国企业海外投资的战略意义

从中央实施"走出去"战略以来,政府在财税、信贷、保险、外汇、国别导向等方面制定了一系列发展对外投资、承包工程、劳务合作等业务的政策措施,并初步建立起对外经济合作的促进体系、服务体系、保障体系和监管体系。实施"走出去"战略的政策推动效应日益明显,有力地推动了我国企业海外投资的快速发展。尤其是进入"十五"时期以来,我国企业海外投资进入新的发展阶段,对外投资的格局已初步形成,中国企业正逐渐成为全球海外投资领域的一支新生力量。深刻领会和坚决实施"走出去"战略,对于我们在新的历史条件下深化改革和扩大开放,全面建设小康社会具有重要的战略意义。

1. 实施"走出去"战略,是我国在经济全球化竞争中掌握主动权,打好主动仗的必由之路

面对21世纪,能否在充分利用国外资源和国际市场发展中国经济方面取得新突破,是关系到中国今后发展全局和前景的重大战略问题。经济全球化趋势的加速发展,是当今世界经济发展的重要特点和主潮流。当今世界的经济全球化是以发达国家为主导,以跨国公司为主要载体的全球市场经济化的过程,其核心是生产要素全球性流动与配置,产业结构全球性调整和转移,企业价值链和产业链在全球范围内布局和重组,并在全球范围内形成统一规范的市场运行规则。

经济全球化使越来越多的国家融入世界经济的整体运行之中,而且正在深刻地影响和改变着各国经济、政治和社会的发展。在当今经济全球化竞争中,实施"引进来"战略,尤其是引进外资是促进本国经济快速发展的重要途径,但仅靠引进外资参与全球分工体系,只能被动接受发达国家及其跨国公司全球战略布局,难以在经济全球化和全球分工格局中占据有利地位。只有主动参与国际分工,主动实施"走出去"战略,从全球视野考虑资源配置和经济发展空间,从全球范围开拓市场和利用市场,从全球范围促进经济结构调整、转移和升级,才能抓住经济全球化中世界产业结构调整转移的历史机遇,促进本国经济快速、健康、持续发展。因此,实施"走出去"战略,是我国在经济全球化竞争中掌握主动权,打好主动仗的必由之路。通过实施"走出去"战略,主动参与国际经济竞争和合作,从而不断增强我国经济发展的后劲,使我国在参与经济全球化中做到趋利避害,扬长避短。

2. 实施"走出去"战略,是促进我国经济国际化的必然进程

根据发达国家的经验,一国经济国际化发展过程存在其客观规律性。这种规律性表现为一国经济国际化通常要经历六个发展阶段:商品交换国际化阶段—资本国际化阶段—生产投资国际化(企业国际化)阶段—产业国际化(产业结构国际化和产业链国际布局)阶段—生产要素配置国际化阶段—经济政策法规国际化一体化阶段。

经过30年的改革开放，我国经济发展已进入了工业化中期阶段。短缺经济的结束引发了传统产业的普遍过剩。产品过剩、生产能力过剩已成为我国经济发展突出的矛盾和问题。开拓国内外市场，调整产业结构，寻找经济发展空间，培育新的经济增长点，已成为我国经济发展的关键。目前，我国引进外资与对外投资的比例为1∶0.15，大大低于发达国家1∶1.1的水平，这与我国的经济实力和经济发展阶段的变化很不相称。[①] 发达国家经济发展的成功经验表明，在工业化中期和工业化后期，推进企业国际化和产业国际化，积极发展对外直接投资，是经济持续发展的有效途径。目前我国正处于工业化的中期，推进我国剩余生产要素和剩余生产能力的国际流动与配置，并从全球范围引进我国经济发展所需的稀缺生产要素，对我国经济快速发展具有战略意义。改革开放使我国经济国际化程度大幅提高，我国已进入由商品交换国际化为主阶段向资本国际化和生产投资国际化过渡阶段。实施"走出去"战略，从全球范围配置生产要素，是遵循经济国际化规律，促进我国经济国际化深化发展的必然进程。

3. 实施"走出去"战略，是适应WTO规则，深化我国经济体制改革，发展开放型经济的必然要求

开放型经济本身就包括"引进来"和"走出去"两个重要方面，并且，二者是相辅相成，相互促进的。从世界范围看，没有一些国家、地区、企业的"走出去"，就没有另一些国家、地区、企业的"引进来"，但具体到每一个国家，由于其经济发展阶段、综合国力、经济结构、技术水平、开放程度不同，"引进来"与"走出去"的构成存在很大差异。发达国家，如美国在"走出去"方面占有先机，且与"引进来"紧密配合，形成了良性循环；而发展中国家，如中国在20世纪八九十年代处于工业化的初、中期阶段，中国的对外开放主要侧重点是"引进来"。可见，实施"走出去"战略是对外开放向更高层次发展的必然选择。我国已加入WTO，这标志着我国的改革开放已进入一个新的发展阶段：一是我国将从有限范围和有限领域开放向全方位开放转变，到2010年基本实现投资体制自由化，到2020年全面实现贸易投资自由化。二是我国根据加入世界贸易组织承诺的义务和国际规范，深化经济管理体制改革，遵循世界贸易组织规则和国际市场经济运行的统一规则。这意味着我国的国际经贸关系

---

① 根据《中国统计年鉴》(2008) 相关数据计算得出。

将从双边经贸合作关系为主向 WTO 多边经贸体系转变，我国将加快建立健全社会主义市场经济体制的步伐。同时，我国在向其他世贸组织成员履行承诺开放市场的同时，其他成员也向我国开放市场。因此，加入世贸组织后国界对企业国际竞争的屏蔽作用越来越小，国内竞争国际化，国际竞争国内化。国内企业不出国门也将面临外国企业、外国产品、外国资本的竞争。企业要在经济全球化和 WTO 规则下求生存、谋发展，就必须熟悉和适应国际市场经济运行规则，就必须具备跨国界配置生产要素的动力和能力。从发达国家经济发展的实践看，一个健全的开放型经济单靠"引进来"是远远不够的，必须建立一个双向循环机制，既要"引进来"，又要"走出去"，否则，如果长期偏重"引进来"，忽视"走出去"，势必会造成资金和技术的单向流动，长此下去容易造成对国外资金、技术的严重依赖，进而导致国际收支严重失衡，甚至引发债务危机。我们只有紧紧抓住加入 WTO 后的机遇，充分享受相应的权利，努力实现权利和义务的平衡，通过实施"引进来"与"走出去"相结合的战略，尤其是通过海外直接投资，设立海外企业，让企业直接"走出去"，变企业国内生产国外销售为国外生产国外销售，以带动货物、技术和服务的出口，提高国际市场占有率，才能在国际分工与合作中取得有利地位。从"引进来"到"走出去"是我国对外开放实现从"市场换技术"到"市场换市场"的战略转折点，也是我国发展开放型经济的必然要求和必然选择。

4. 实施"走出去"战略，是促进我国国民经济结构战略性调整的迫切需要

全球金融危机以来，党中央、国务院实施了积极扩大内需的政策，取得了良好的成效，保持了国民经济的快速发展，2008 年 GDP 增长 9%。目前，中国经济已进入高速发展但内需相对不足的阶段。进一步开拓国内外市场，调整经济结构，培育新的经济增长点，提高国民经济整体素质成为中国经济发展的关键。据统计，许多企业和行业的生产能力大量闲置，有近 500 种产品的生产能力利用率在 60% 以下，如，现在我国大多数轻纺产品生产能力已居世界第一，不少产品的年产量已超过世界年产量的一半，供大于求，年国内销量仅占生产能力的 1/3~1/2。这种状况使已建成的大量生产能力闲置严重，并使大部分轻纺业处于高亏损、高补贴、高负债、高库存的危机状态。据估计，纺织行业 4000 多万锭棉纺纱锭中，大约有 2000 万锭的"生产能力过剩"。实施"走出去"战略，有利于我国在更广

阔的空间里进行经济结构调整和资源优化配置，从而不断增强我国经济发展的动力和后劲，促进我国经济的长远发展。为此，我们必须从根本上调整我国在全球范围内的产业结构、资源结构、技术结构、投资结构、贸易方式。通过实施"走出去"战略，一方面可提高我国的对外依存度和生产国际化程度；另一方面有利于我国过剩的生产能力和夕阳产业生产能力向海外转移，从而促进我国国民经济结构的调整。在充分利用国际国内两个市场、两种资源和充分发挥比较优势的基础上，推动我国有条件的企业以成熟的技术和设备开展对外投资合作，增加我国国内市场的有效需求，进而拉动经济增长，缓解国内市场需求约束，实现经济快速增长和全面建设小康社会的宏伟目标，同时也有利于我国集中力量发展高新技术产业和新兴产业，提升和优化我国的经济结构。

5. 实施"走出去"战略，是实现我国国民经济可持续发展的必由之路

世界上任何一个国家都不可能拥有经济发展所需要的全部资源，都会遇到资源约束问题。经济发展所需要的资源既包括自然资源，也包括资本、技术、经济管理、经济信息、劳动力等生产要素。我国既是自然资源大国，但又是人均资源小国。人均资源占有量远远低于世界平均水平，且资源分布很不均衡，品位低，开发难度大。例如，我国已探明的矿产资源总量约占世界的12%，仅次于美国和俄罗斯，居世界第三位，但人均占有量低，仅为世界平均水平的58%，列世界第53位。我国淡水、耕地、森林等资源人均占有量不到世界人均水平的1/3，煤、石油等重要矿产资源也不足世界人均水平的一半。因此，我们面临的资源形势十分严峻，直接威胁着我国未来的可持续发展。利用国外资源，弥补国内资源不足，则是保证和促进我国国民经济稳步、持续增长的重要途径。我们不但要通过"引进来"，利用外资和其他国际资源，更要通过"走出去"，在国外进行直接投资和组织生产来利用国际市场和国际资源。只有实施"引进来"与"走出去"相结合的对外开放战略，才能充分利用国际国内两个市场、两种资源，这对于我国全面建设小康社会，实现现代化的第三步战略目标关系重大。改革开放以来，我们把对外开放的重点放在了"引进来"方面，这是与经济发展阶段相适应的，也是完全必要的。随着我国对外开放的不断深化，经济的快速增长，经济实力的不断增强，"走出去"就成为历史的必然选择。当代国际资本流动与经济贸易发展的规律表明，随着一国经济的发展，经济规模的扩大，经济结构层次的提升，开放经济在经济总量

外商直接投资与中国经济增长

中的比重不断提升。当经济发展到一定水平时,客观上需要扩大对国外的投资,以获取经济发展所需的原材料、资源、中间产品及稳定的海外市场。这也是更高层次地参与国际分工,是我国经济实现可持续发展的必由之路。

6. 实施"走出去"战略,是培育和壮大我国跨国公司的重要举措

目前,在经济全球化中起主导作用的是世界上著名的500家跨国公司,它们在世界经济发展中起着举足轻重的作用。中国要增强国际竞争力,就需要建立自己的跨国公司。不推动我国企业"走出去",不从事跨国经营和参与国际市场的竞争,我国就不能培育出有国际竞争力的跨国公司。因此,我国必须竭尽全力培养自己的跨国公司,创造自己的国际品牌。改革开放30年来,我国通过引进外商直接投资,不仅引进了资金、弥补了我国的资金缺口,而且引进了先进的技术和管理经验,推动了产业结构的升级和企业的发展壮大。

中国家电行业的排头兵——海尔集团在这方面做出了表率。海尔通过近20年的创业,已在世界各地建立了13家海外工厂、56个贸易中心、18个设计中心、5万多个营销网点,产品销往160多个国家和地区。2007年海尔销售额达到1180亿元,实现了融资当地化。海尔在美国南卡罗州坎姆顿市有一座占地600多亩的海尔工业园,它是海尔集团在国外的最大的生产基地。万向集团进入国际市场从"贴牌"生产开始,到打自己的品牌进行"反贴牌"销售,再到现在开发和组合品牌优势,实现了两个市场的连接。不仅海尔、万向一些有战略眼光的企业集团都将注意力转向国外,联想、中石油、中石化、国家电网、华为、一汽集团、中国中铁、上汽集团等在国际舞台上各显神通,并初具跨国公司雏形。在21世纪,中国企业要在经济全球化条件下加快发展的进程,更好地参与国际经济竞争和合作,就必须面向世界。通过实施"走出去"战略,与世界知名跨国公司结成战略联盟,一起进入世界市场。如上海汽车工业(集团)总公司借助了合作伙伴通用汽车在全球汽车资产重组中的实力和经验,斥资6000万美元,购入大宇汽车(通用汽车持股10%)股份,大踏步进入国际市场。这就要求我们在继续引进外商直接投资的同时,加快发展海外直接投资,开展跨国经营,在全球范围内优化资源配置,以强有力地催生和培育中国的跨国公司,加速中国跨国公司的成长壮大。

2008年7月10日,美国商业杂志《财富》最重量级的排行榜"世界

500强"榜单正式发布。中国创造了历年来最好成绩,联想等四家来自中国内地企业首次登上这个榜单,使得中国入围企业达到35户(包括内地企业26户、香港3户、台湾6户),其中19户为中央企业。中国石化以1592.6亿美元的年销售额排名第16位,成为500强中排名最靠前的中国企业,此外,入围的中国企业的排名较去年也有大幅提升。

第二节 我国企业发展海外投资的优劣势分析

为实施"走出去"战略,推动对外经济合作,商务部牵头与有关部门在财税、信贷、保险、外汇、国别导向等方面制定了一系列鼓励政策措施并组织实施,同时深化管理体制改革,推进"走出去"便利化,并初步建立起对外经济合作的促进、服务、保障和监管体系,实施"走出去"战略的政策推动效应日益明显,企业海外经营取得了丰硕成果,积累了一定的经验,涌现出一批成功的国际知名企业。如海尔、奇瑞、中石油、中石化等大型企业,更有一些民营企业不甘落后,千方百计走出去,如万向、远大空调、新希望等。

"十五"末,我国从事跨国投资与经营的各类企业已发展到3万家,对外直接投资额超过500亿美元,对外承包工程企业1800多家,对外劳务合作企业600多家。在"走出去"过程中,中央和地方大型企业发挥了主导作用,民营企业逐步成为生力军。华为、海尔等一大批研发能力强、掌握自主知识产权、管理水平高的大型企业,成为"走出去"战略的主力和核心。跨国经营企业的成长也非常迅速,到现在,我国已拥有2000多家国内母公司,境外企业6000多家,民营企业成为对外投资新的增长点。集群式海外投资初见端倪,境外经贸合作园区以企业的市场行为为主,部分园区已初具规模。

一、我国企业发展海外投资的优势分析

1. 发展速度迅速,初步形成规模

"十五"以来,我国海外投资实现跨越式增长。我国企业加快推进"走出去"战略,海外投资重点逐渐从港澳、北美转移到亚太、非洲和拉

丁美洲等广大发展中国家，投资领域涉及生产加工、贸易、资源开发、交通、建筑、农业及农产品综合开发、旅游餐饮及设计咨询等，海外投资实现跨越式增长。

（1）对外直接投资规模大、分布广。到2005年，中国对外直接投资额在1000万美元以上的国家（地区）有30个，累计投资额39.1亿美元，占股本投资总额的96%；其中投资额上亿美元的国家（地区）有六个，分别是韩国、开曼群岛、加拿大、澳大利亚、美国等。

（2）对外承包工程增长速度快，大型项目明显增多。"十五"时期，我国对外承包工程累计完成营业额726亿美元，年均增长24%，比"九五"时期增长一倍；对外劳务合作累计完成营业额173亿美元，年均增长6%，比"九五"时期增长49%。到"十五"末期我国对外承包工程企业数达1800多家，项目合同金额992亿美元，年均增长20%以上。同时投资合作大项目明显增多，如伊朗德黑兰的地铁、尼日利亚的铁路、马来西亚的电厂等。"十一五"开年，中国对外承包工程完成营业额300亿美元，同比增长37.9%。2007年第一季度，我国对外承包工程完成营业额74.1亿美元，同比增长23.9%；新签合同额113.9亿美元，同比增长38.1%。截至2007年3月底，我国对外承包工程累计完成营业额1732.1亿美元，签订合同额2632.9亿美元。

（3）对外劳务合作进展明显。"十五"期间我国对外劳务合作累计完成营业额173亿美元，年均增长6%，比"九五"时期增长49%；2005年末在外各类劳务人员达56万人，比"九五"时期末增加12.5万人。到"十五"时期末对外劳务合作企业数达600多家。"十一五"开年，我国对外劳务合作完成营业额和新签合同额分别达到52亿美元和50亿美元，比上年分别增长8.6%和17.8%；新派各类劳务人员34万人，同比增加6.6万人。2007年第一季度，对外劳务合作完成营业额14.1亿美元，同比增长42.4%；新签合同额13.2亿美元，同比增长7.3%；派出各类劳务人员7.32万人，比上年同期减少0.68万人；截至2007年3月底，我国对外劳务合作累计完成营业额424.1亿美元，合同额469.2亿美元，累计派出各类劳务人员389.3万人。

2. 多元化格局初步形成

伴随着经济高速增长和综合国力的不断提高，我国企业已经形成了一定的国际竞争力或从事海外生产的需要，一些大企业开始在海外投资，加入了国际产业转移的行列。中国对外直接投资在主体结构、行业分布、地域流向等方面都形成了多元化的格局。

从投资方式和水平看,"十五"时期中国对外直接投资由"绿地投资"向跨国并购等方式扩展,单个项目的平均对外投资额由2002年的281万美元增加到2004年的448万美元。2005年跨国并购已占投资总额的半数以上,2006年国内有竞争力的企业以并购方式实现对外直接投资47.4亿美元,占同期对外直接投资总量的36.7%。如中石化收购俄罗斯乌德穆尔特石油公司、中国蓝星集团总公司收购法国罗迪亚公司等。中国石油天然气集团通过其全资子公司中油国际与哈萨克斯坦国家石油公司签订股份转让交割协议,向后者出让中石油持有的33%的哈萨克斯坦PK石油公司股权。中石油宣布以41.8亿美元成功收购哈萨克斯坦PK石油公司,完成了这起迄今中国公司最大的海外收购。同时,一批境外研发中心、工业产业集聚区逐步建立。对外承包工程向EPC总承包、BOT等更高层次发展,大项目增多,技术含量提高。

从经营主体看,国有大型企业继续发挥主导作用,非公企业逐步成为"走出去"的生力军;有限责任公司所占比重超过国有企业,跃居投资主体首位。国有企业占境内投资主体的比重由上年的35%降至29%,而有限责任公司所占比重为32%,比上年增加了4个百分点。浙江省、广东省、山东省、福建省、江苏省、上海市、黑龙江省的境内主体数量占整个境内投资总数的62.5%,同时七成的私营企业投资主体来自浙江、福建两省。部分优势企业正在发展成集境内外研发、生产、销售、服务于一体的跨国企业。在美国《财富》杂志公布的按销售收入排名的2006年世界500强企业名单中,中国有20家企业入选,企业排名也有较大幅度提升,其中中石化由2005年的第31位升至第23位,中石油由2005年的第46位升至第39位,国家电网公司由2005年的第40位升至第32位。

从投资行业看,中国对外投资已从过去以贸易领域为主,逐步拓宽到以工业制造、建筑、石油化工、资源开发、交通运输、水利电力、电子通信、商业服务、农业等行业为主,并广泛涉及国民经济其他诸多领域如环保、航空航天、核能和平利用以及医疗卫生、旅游餐饮、咨询服务等。通过"走出去",我国在境外形成了若干个原油和矿产资源生产基地,获得了国民经济和社会发展所需的油气、矿产资源、木材和渔业。尤其是在能源领域我国已与30多个国家建立资源能源长期合作关系,与俄罗斯、哈萨克斯坦、沙特阿拉伯、苏丹、澳大利亚、印度尼西亚等国的大项目和中长期合作取得突破，在西欧、北非、南美、东南亚、中亚—俄罗斯海外战略区域建立了年产百万吨以上的原油生产基地；铁、铜、铝、铬等矿种均在境外形成了一定的生产能力。另外，我国企业在境外开展森林资源合作开发、渔业合作也取得较好成效。

从地区流向看，我国对外投资、承包工程、劳务合作等业务遍及近200个国家和地区，基本形成"亚洲为主，发展非洲，拓展欧美、拉美和南太"的多元化市场格局。2006年，中国对亚洲的直接投资额占中国对外直接投资额的30%，在亚洲的承包工程营业额占中国对外承包工程营业额的46%。中国在非洲的直接投资额占中国对外直接投资额的比例约为3%，中国在非洲的承包工程营业额占对外承包工程营业额的31%。拉美已取代亚洲成为中国对外投资的第一大目的地，中国在拉美国家的直接投资额占中国对外直接投资额的60%。

二、我国企业发展海外投资的制度性障碍分析

当前，我国企业在发展海外投资时会面临一些宏观管理体制和相关政策上的障碍，这些障碍表现在以下几个方面。

1. "走出去"与"引进来"相比，立法滞后

"走出去"与"引进来"相比，立法滞后，相关法律既不配套，也未成体系。在改革开放的30年里，我国把主要的精力放在"引进来"方面，优先考虑的也主要是尽快制定和完善引进外资的相关法律和政策措施，而对我国企业在海外投资的立法则相对滞后。随着我国经济的快速发展，我国企业跨国经营活动日趋增加，政府也制定了一些法律和政策条文，对我国企业的跨国投资活动进行规范，但历史的欠账太多，还未形成有效的法律和管理体系，境外投资政策没有进入法制化轨道，缺乏透明度，使得企业在实际操作过程中经常无所适从，从而影响了"走出去"战略的实施。

2. 审批制度不合理，存在多头管理现象

境外投资审批制度，其目的是引导和约束投资者的行为。我国对境外投资审批的依据是：有利于扩大出口、技术引进、开发资源和促进其他各项对外贸易业务的开展。但由于政府审批过程缺乏对目标市场投资环境的确切了解，也不懂得投资项目的经济和技术可行性，因而使得审批根据不足。同时，由于政府对境外投资存在多头审批，且缺乏自我约束机制，有

些项目报批耗时过长,贻误了企业的商机。在我国近些年来的职能分工中,原国家计发委(负责一般对外投资项目)、原国家经贸委(负责对外加工贸易项目)和原外经贸部(负责除金融保险外的境外投资项目,包括贸易性项目)三部委表面上均对境外投资负责,各司其职,但审批内容重叠、职能交叉,使问题复杂化。既延长了审批的时间,又加大了审批的成本。例如,我国企业到海外投资,走完所有审批程序的时间,一般要一年甚至更长,而美国企业到国外投资,只要七天就审批完毕;我国政府部门对民营企业的海外投资,也按国有企业的管理办法层层审批,极不利于其开展境外投资合作活动。结果导致一些企业为避免麻烦,索性规避政策审批,或私自在海外投资,或利用海外投资申报数字与实际投资数的差额转移资产,或将国外投资收入截留于境外再投资。

3. 对外投资监管薄弱,国有资产流失严重

长期以来,在对外投资管理上,一直存在着重审批轻监管的问题。各主管部门在批准海外投资项目以后,对项目的执行基本处于放任自流的状态,即使有监管,也是有名无实或者操作性差。这就导致企业海外投资项目,尤其是国有企业的海外投资经营状况差、国有资产流失严重,不同程度地存在着贪污、挪用资金的现象。

4. 金融和信息服务水平低,制约了对外投资的发展

金融服务缺乏是我国企业"走出去"面临的一道严重关卡。由于缺乏金融的支持,许多企业到手的订单却无力承担。许多发达国家为了提高本国的竞争力,采取各种措施支持企业"走出去",最常见的是出口补贴与出口信贷及担保。通过降低利率,延长还款期限,支持和鼓励企业进行海外投资,现在每个发达国家至少有一个专门的出口信贷机构,大多是官方或半官方的组织,其使命是促进企业海外直接投资,提高本国企业的国际竞争力。而我国在这方面还存在较大差距。另外,在信息服务上,企业收集海外目标市场信息的手段有限,政府在利用外交、外经贸部门或者其他专门的服务性机构来为企业提供诸如该市场的法律环境、行政管理以及文化风俗习惯等信息资料方面还做得很不够。

5. 外汇管理体制僵化,资本项目控制太严

我国为了平衡国际收支,防止外部金融风险向国内传递,一直实行严格的资本项目外汇管制。我国限制企业购汇进行境外投资,企业能用于境外投资的自有外汇和筹措贷款的能力十分有限,结果使得许多项目因无法

及时获得外汇资金而丧失有利商机。为保证企业境外投资资产不流失,我国要求境内投资者交纳外汇汇出金额5%的利润汇回保证金。这对企业来说,既占压了大量资金,又妨碍了企业竞争力的提高。

6. 促进海外投资政策不够,缺乏投资保护机制

改革开放以来,我国政府对境外投资的促进政策,主要表现为对符合国家进口政策的大型资源开发项目的政治支持和经济支持以及对部分行业的政策性信贷支持。由于商业银行没有介入对外投资的审批程序,使得银行的支持往往不是建立在对投资项目的预期收益和风险分析的基础之上,而是依据政府部门的缺乏依据的批文,向企业提供信贷支持。这种带有浓厚计划经济色彩的做法不适应当前市场经济运行的需要,影响了企业走出国门的积极性。

企业从事跨国投资经营,往往面临着较大的政治、经济风险和竞争压力,为鼓励企业"走出去",发达国家政府往往提供优惠的政策措施,建立必要的风险保障机制,通过建立和完善境外投资保障体系、建立对外投资保险制度,承担政治风险、为相关银行提供商业风险担保、对外签订双边投资保护协定和避免双重征税协定,保护本国投资者的合法权益,给企业以利益驱动,鼓励和引导企业开展跨国投资与经营。目前,我国政府鼓励企业"走出去"的政策体系还没有建立起来,在诸如境外投资的政治风险担保等制度的建设上还几近空白。尽管对境外加工贸易企业在资金、外汇、出口退税等方面有一些鼓励措施,但在具体实施的过程中又有较大的难度。30年来,我国企业几乎是在没有任何保障的情况下独自承担国际投资的政治和经济风险的。

三、我国企业发展海外投资的劣势分析

1. 缺乏全球化的战略意识和现代化的管理体制与经营机制

我国企业尤其是国有企业长期处于政府所设置的关税和非关税措施的保护之下,缺乏全球化的战略意识和国际竞争意识,满足于国内市场,对投资对象国知之甚少,"走出去"意识淡薄。面对我国加入世贸组织后的挑战,企业缺少开展跨国经营和从事境外投资的紧迫感、危机感和责任感。少数有实力和优势的企业至今尚未把海外投资经营列入企业的战略发展规划。同时,中国企业要在跨国经营中站稳脚跟,取得成功,企业机制必须适应国际贸易和投资的需要,即实现企业制度的国际化。我国的企业

管理制度虽然经过多次改革有了较大进展，但在与国际化接轨的过程中无论从经营理念还是经营方法上都难以适应国际竞争的需要，使得我国企业在与他国竞争时处于劣势。我国国有企业无论从规模，还是人才和技术能力，总体上都优于非国有企业，但实际对外投资实践中，国有企业的对外投资成功率却比民营企业和非国有企业要低得多，主要原因就在于国有企业产权不明、机制不活、管理不善，未能按规范的现代企业制度的要求完善内部治理结构，也就出现了由于制度缺陷造成的损失。例如，有些在海外投资的企业对其海外分支机构的管理存在着两极分化的现象，一方面，由于企业的管理机制尚未改变，不少企业还沿用传统的行政式的管理方法，海外企业缺乏应有的经营自主权，无法对瞬息万变的国际市场做出灵活反应，这种管理体制大大地束缚了海外企业的进一步发展，使它们在同国外企业的竞争中处于被动的地位；另一方面，有些企业对其海外分支机构不闻不问、放任自流，其经营效果、资产损益等情况常常无人考核和监督，出现了很多问题。

2. 海外投资战略不明确，投资领域比较单一，投资规模普遍较小，投资的地区和行业结构不尽合理

经济发展到一定阶段，企业必然会"走出去"进行海外投资，这是企业直接参与国际竞争的有效途径，但我国很多企业缺乏海外投资的长期战略，或是目标很不明确，有的仅仅是为了"走出去"而"走出去"，有的则是一种随机行为，缺乏科学论证，从而造成企业对外投资的损失。主要原因在于我国企业境外投资决策制度不健全，项目可行性研究不科学，对国外合伙人资信程度了解不够或是错误，企业投资决策失误等。据调查，我国企业走出国门重大项目投资的失败，与投资决策失误有直接关系。而且我国企业管理者观念陈旧，不善于利用国际投资方面的法律、会计、资产评估等咨询和顾问服务，增加了境外投资的盲目性，有时省了小钱，亏了大钱。

在我国的跨国投资中，贸易性企业投资比重过多，占我国对外投资总额的60%以上，而生产型境外企业、资源开发性境外企业比重较小，存在着"小、散、乱"的现象。企业跨国投资规模普遍较小，这就使得企业发展后劲不足，竞争能力较弱，而且抵御风险的能力也很差，从而制约了进一步的发展。目前发达国家对外投资单项平均金额约为600万美元；发展中国家约为450万美元，而我国则在200万美元以下。平均投资金额上的

差距反映了我国对外投资企业的现实实力不足。企业"走出去"需要有很强的国际竞争力，但从总体上看，我国企业的国际竞争力比较低下，在海外投资、跨国经营上不具备明显的核心竞争优势和能力，在21世纪国际竞争的主要领域——高科技方面，竞争优势更为薄弱，在企业的管理水平、融资能力等方面优势也不明显。目前，我国企业的海外投资明显地带有跨国经营初期的特点——规模小、行业分布零散、与国内经营关联度不大，而且投资领域大部分集中在附加值不高、技术含量较低的劳动密集型行业。

目前我国的海外投资主要集中在港澳地区和发达国家，在其他国家和地区还很少。这种分布与我国偏重发达国家的出口市场格局密切相关，但过于集中则风险性较大，不符合市场多元化的要求。实际上，广大的亚非拉发展中国家和前苏联及东欧地区的市场是很大的，而且我国与其中的大多数国家也保持着良好的关系，潜力有待发掘。另外，在投资行业结构方面，一般加工型项目所占比重过大，技术水平较低或一般的项目居多，属于国家产业政策鼓励发展的重要战略产业和出口主导性行业的项目较少。

3. 海外投资缺乏资金，缺少高素质的跨国经营管理人才

我国企业开展跨国经营，遇到的一个突出问题就是企业自有资金不足，因国家信贷支持力度不够而无处借贷，其他融资渠道也很闭塞，使得开拓国际市场困难重重。除了一些列入国家投资计划的资源开发项目得到政府资金支持以外，多数项目的资金要靠企业自己解决。有些境外投资企业在境外有着很好的销售市场，产品技术和质量均能达到当地较高的水准，仅仅因为流动资金短缺，不能扩大生产规模，即使是当地有中国银行的分支机构，也难以提供必要的信贷支持。加之我国的金融体系还很不健全，资本市场很不发达，庞大的国有银行体系并未与国际接轨，相当长的时间内仍将被巨额的不良资产问题所困扰。因此在我国企业开展对外直接投资的过程中，金融系统难以发挥有效的作用。资金的缺乏制约了我国企业海外投资的快速发展。同时，企业进行跨国经营需要大批高级金融人才、科技人才、管理人才和法律人才，这些人才必须能熟练地运用外语处理相关国际业务和纠纷。他们必须是通晓国际法和国际商业惯例的复合型经营管理人才。当前，我国这方面的人才还相当缺乏，并且已成为制约企业"走出去"的重要"瓶颈"。

第三节 我国发展海外投资的政策建议

一、我国企业海外发展的机遇与挑战

"十一五"时期是我国加快实施"走出去"战略的重要机遇期，总体上将面临更加有利的外部政治和经济环境。各国与我国的经济关系更加密切，相互依存加深；发展中国家与我国经济互补性强，合作潜力很大。今后一段时期，经济全球化和区域经济一体化将深入发展，贸易自由化和投资便利化进程将不断推进。在经济全球化进程中，企业开展对外投资、走国际化发展道路是一种战略选择。但是中国企业的海外投资起步较晚，面临各种挑战是不争的事实。但我们也应看到，随着"走出去"战略的实施，中国企业可充分利用国际国内两个市场、两种资源，将在更高的起点上实现国际化，在这种情况下，应当说机遇大于挑战。

第一，"十一五"期间我国对外直接投资首先面临着较好的国内环境。目前中国经济总量、对外贸易、吸引外资和外汇储备均居世界前列，经济结构战略调整也在加速，已形成一批在国际市场上具有比较优势的产业和产品，人民币汇率形成机制也稳步推进和完善，支持和鼓励对外投资的政策也将更加完善。

第二，中国虽然是一个发展中国家，但中国外汇储备已超过6000亿美元，累计对外投资1179亿美元，中国正在成为境外投资较多的发展中国家。[①]虽然中国对外投资的规模目前仍然相对有限，但是中国已经进入发展中国家主要投资输出国行列。中国的外汇储备越来越多，说明有足够的资金支持企业走出去。

第三，国际政治局势总体继续保持稳定，世界经济继续保持增长态势，世界贸易保持较快增长，跨国投资继续回升。经济全球化和区域经济一体化深入发展，贸易自由化和投资便利化进程不断推进，全球产业转移和结构调整步伐加快。各国政府为吸收外资，纷纷提供更加优惠的政策和

---

① 数据来源于《中国统计年鉴》(2008) 和 http://www.eeo.com.cn/。

更便利的服务。随着全方位对外开放,我国与周边国家经济关系更加密切,相互依存加深,与发达国家经济技术合作会不断加强。

第四,目前全球投资便利化,经济环境正逐年改善。全球外商直接投资流量止跌回升,接近历史最高水平,国际市场空间巨大。在这种背景下,中国政府鼓励企业走出去,其前景十分广阔,而且能够在更高层面参与国际分工,提高总体竞争力;此外,企业国际化发展也是战略需要,寻求要素资源的需要,促进产业结构调整的需要,保障国家经济安全和能源安全的需要,转变外贸增长方式、开拓国际市场和减少贸易摩擦的需要,缓解本币升值压力的需要。

第五,随着社会主义市场经济体制在中国的建立和逐步完善,中国的企业已初步建立起了现代企业制度,许多企业在从事对外投资、跨国经营业务中已经积累了丰富的国际经营经验,实力逐步增强。

虽然我国海外发展取得了巨大成就,但也面临着一些挑战。

首先,全球石油风险、金融风险和恐怖主义等不确定因素增多,部分国家和地区社会治安状况不良,各类突发事件波及范围扩大。国际上所谓"中国威胁论"有所抬头,少数国家对我国企业跨国并购和资源合作大做文章,采取种种手段加以阻挠。一些国家贸易保护主义趋势增加,部分发展中国家与我国利益矛盾逐步增多。发达国家的技术、品牌、营销垄断,使我国企业在未来国际竞争中面临巨大的挑战。

其次,我国企业"走出去"尚处于初级发展阶段,总体规模不大,国内企业总体实力不足,跨国经营水平有待提高;一些企业经营存在短期行为,境外无序竞争现象时有发生;中介机构服务、行业组织自律和协调功能不完善;对外经济合作法制建设滞后,监管体制不健全。与国际上的跨国公司相比,我国企业内部治理不完善,缺乏科学的投资决策机制,风险意识不强,对国外经营风险识别和控制,以及应对突发事件的能力有待加强。熟悉国际规则和经营管理的复合型人才仍然有限,运用东道国法律和国际通行规则维护自身权益的能力不足。

再次,国际政治和安全隐患增加,企业国际化战略管理与控制能力较差,知识产权保护意识不强等,这些都在很大程度上制约着中国企业"走出去"。在这种情况下,企业应当建立起完善的防范风险体系;建立风险防范预警机制和应对预案;用好政治风险保险;增强使用商业保险的能力,譬如人寿保险、财产保险等。同时要提高企业国际化战略、管理与控制能力，制定明确的国际化战略；协调国际化战略与企业总体发展战略；合理取舍产业链条；确定经营方向；重塑跨国经营的战略控制体系；进行风险控制和战略调整；增强保护知识产权的意识，不侵害他人的知识产权。这其中更要注重保护本企业的知识产权，譬如在东道国申请专利、注册商标等。

总之，随着对外投资规模扩大，我国大企业的国际化经营进程加快，海外投资的运作模式逐步与国际接轨。然而，我国对外投资的历史毕竟较短，现阶段我国企业普遍缺乏对外投资和国际化经营的战略与技术支撑，大多数企业在海外仍主要以低廉的价格塑造竞争力，单纯为了走出去而走出去，随意性较强。近年来，国家出台了一系列鼓励企业走出去的政策措施，但政府对境外投资普遍重审批、轻服务和监管。特别是在宏观层面上，政府的一些做法还缺乏针对性和灵活性。因此，政府要充分利用经济、政治和外交手段为中国企业海外发展营造良好的外部环境，帮助企业预测和扫除国际关系中的不确定因素，全面提升国内企业的竞争力以及我国在国际产业转移中的地位。

二、我国企业海外投资走势分析

我国"十一五"规划纲要中明确指出，"支持有条件的企业对外直接投资和跨国经营。以优势产业为重点，引导企业开展境外加工贸易，促进产品原产地多元化。通过跨国并购、参股、上市、重组联合等方式，培育和发展我国的跨国公司。按照优势互补、平等互利的原则扩大境外资源合作开发。鼓励企业参与境外基础设施建设，提高工程承包水平，稳步发展劳务合作。完善境外投资促进和保障体系，加强对境外投资的统筹协调、风险管理和海外国有资产监管。"这一指导性文件必将进一步推动中国的对外经济合作向前发展。预计未来会出现以下走向：

（1）贸易、制造及自然资源开采运输和加工是中国企业未来对外直接投资欲望最强的三大领域，其中制造业对外投资步伐将进一步加快。中国制造业生产能力很大，国际竞争力较强，但结构性矛盾依然突出，一些行业已产能过剩，对外贸易摩擦增多。今后，出于实现可持续发展和拓展市场的需要，也为了减少对外贸易摩擦，为自身发展营造良好环境，制造业企业将加快对外投资，逐步实现市场、外贸方式和原产地的多元化。

（2）大型企业龙头作用继续增强，民营企业成为生力军。随着非公有制经济平等发展的环境得到法律保障,民营企业境外投资的积极性日益提高,已在国际市场崭露头角,并将以其明晰的产权、灵活的机制,以及快速反应能力成为中国对外直接投资的生力军。中国大型企业国际化经营经验日渐丰富,国际竞争能力和整体实力不断增强,龙头作用将进一步显现,中国跨国公司也将更具规模。随着中国企业对外投资的进一步扩展,有限责任公司和私营企业的比重进一步提高,国有企业的比重有所下降。

（3）发达国家将成为投资的重点地区,非洲成为中国海外企业投资的新热点。由于发达国家和地区市场容量大,现实购买力强,消费水平高,需求多种多样,金融环境优越,物质力量雄厚,科学技术发达,而且工业集群为寻求效率的企业提供了最好的直接环境。在国家政策倾斜下,将有更多的中国企业将目标锁定在非洲的基础设施建设、轻工业、农业、能源开发、资源开发、制造业等领域,进行直接投资或劳务承包等经济合作形式。

（4）跨国并购将成为我国企业对外投资的主要方式。随着国家"走出去"战略的实施,中国企业参与国际竞争的层次不断提高,进入国际市场的方式逐步向跨国并购、股权置换等新方式转变。

三、我国实施"走出去"战略的对策与建议

从以"引进来"为主到"走出去",这标志着我国对外开放战略已发生重大变化。在当前"引进来"取得巨大成就的前提下,如何更多地支持并鼓励国内企业既快又好地"走出去",并使"引进来"与"走出去"相辅相成,相互促进,这是我国更积极地参与经济全球化,促进国内经济持续快速健康发展的重大抉择。为此应采取以下对策和措施。

（一）政府的大力支持

1. 制定科学周密的、切实可行的对外投资总体战略规划

当前的世界是一个经济全球化快速发展以及跨国公司风行于世的时代,面对这样一个新的发展趋势和竞争格局,各国都在制定自己应对经济全球化的发展战略和规划,例如,欧美日等发达国家,早在 20 世纪 60 年代就已先后开始通过境外投资战略的制定和实施,推动国内成熟的产业向国际转移,从而促进国内产业结构的调整和升级,进而提高自己的国际竞争力。为此,我国必须尽早制定出自己的整体战略规划。而制定这一战略

要从我国的实际出发，紧密结合 21 世纪初期世界对外直接投资发展趋势及中国对外直接投资的可行性来进行。要在吸取我国实施"引进来"战略的经验和教训的同时，体现出"走出去"战略的宏观性、可行性、层次性和渐进性，作为指导我国企业"走出去"的纲领性文件。要研究实施"走出去"战略的近期、中期和远期目标以及如何与"引进来"战略相配套的政策措施问题。当前，国家已经为"引进来"与"走出去"相结合战略制定了一系列宏观目标，如转移过剩生产能力、开发海外资源、促进产业结构调整、扩大外部市场、培育大型跨国公司、提高企业素质和增强国际竞争力等。而现阶段的境外投资战略目标应当是开拓国际市场和利用境外资源。

2. 建立和完善吸引外资和开展境外投资的法律法规体系

世界各国为了支持本国企业开拓境外市场、促进和保护外商企业的合法权益，都要通过立法确定境外投资的地位和作用，明确国家保护境外投资的原则立场。例如，美国不仅是世界上最早对境外投资进行法律保护的国家，而且也是法律法规最完备的国家之一。我国目前虽然已同 100 多个国家政府签订了双边贸易协定或条约，同 70 多个国家和地区的政府当局签订了避免双重征税协定和中外投资保护协定，但主要是针对外商对华投资的，至今还没有一个完整的立法是针对我国对外投资的，而已有的法规多是针对企业出国前的审批管理等，没有对出国后的行为进行管理的法规。为此应该在进一步完善我国吸引外资的有关法律的同时，尽快制定一部专门的《对外投资法》，以规范我国境外投资主体的行为、各相关主体的关系以及境外投资市场的竞争秩序。例如，在越南，我国的摩托车企业在当地市场上自己人同自己人开展了疯狂的市场竞争，主要是以降价为手段，导致各企业利润大幅度下降，市场秩序混乱，最终损失的是企业自己。若有一部法律对此种行为进行管理和监督，导致的必将是双赢甚至是多赢的结果。

3. 建立统一而科学的管理机构，健全和完善我国吸引外资和开展境外投资的政策体系

要想把"走出去"战略落到实处，就必须改变我国长期以来对吸引外资和对外投资管理机构不统一、不配套、管理脱节、难以协调、管理混乱的局面。2003 年 3 月商务部的建立，标志着我国宏观经济管理与国际惯例接轨迈出了重要一步。为了鼓励和推进我国企业海外投资的发展，加快

实施"走出去"战略,根据国务院有关部门机构与职能的调整和深化行政审批体制改革的要求,商务部和国家外汇管理局联合发布了《关于深化境外加工贸易项目审批程序和下放权限有关问题的通知》(以下简称《通知》)。主要内容包括:①降低投资门槛。《通知》规定,300万美元以上的境外加工贸易项目由投资主体所在地方主管部门报商务部核准;300万美元(含300万美元)以下的项目只需通过地方主管部门核准;中央企业则要由中央企业总部报经商务部核准。②简化申报程序。《通知》规定,由地方主管部门负责核准的境外加工贸易项目,地方主管部门收到申请后,应在征得我驻外使(领)馆经商处(室)同意后即予核准。地方主管部门核准或上报的项目,应得到地方经贸主管部门于五个工作日内提出会签意见。须经商务部核准的项目,由地方主管部门或中央企业总部征得我驻外使(领)馆经商处(室)同意后还需上报商务部。③放宽外汇管理。涉及境内购汇和汇出外汇的项目在报地方主管部门前,应由所在地外汇分局或外汇管理部门按照有关规定对其外汇来源进行审查。中方投资额在300万美元(含300万美元)以下项目外汇来源审查由投资主体所在地外汇分局或外汇管理部办理。中方投资额在300万美元以上的项目,则经投资主体所在地外汇分局或外汇管理部门初审后上报国家外汇管理局审查。④转移审核重点。各级主管部门在核准境外加工贸易项目时,审核的主要材料包括对境外加工贸易项目基本情况(特别是投资主体资质和劳动产品出口情况)、境外加工贸易企业合同、章程、投资主体营业执照(副本)、外汇管理局关于境外投资外汇资金来源审查的批复等。而不再审批境外加工贸易项目建议书和可行性研究报告。⑤缩短批准证书下发流程。《境外带料加工装配企业批准证书》的取得程序缩短。只需经地方主管部门在核准境外加工贸易项目,填写《境外加工贸易企业登记备案表》,加盖公章,连同核准文件、驻外使(领)馆经商处(室)意见及外汇管理部门的外汇资金来源审查意见,一同报商务部登记备案并领取证书。该通知的颁布对促进我国境外加工贸易的发展,深化我国产业结构的调整,推动我国海外投资和培育我国跨国公司将起到重要促进作用。

4. 给予境外投资和跨国经营企业政策上的优惠

我国政府应按照政策工具多元化、政策水平弹性化、政策服务多渠道化的原则,通过建立健全相关的政策支持体系,给实施"走出去"战略的企业在财政、税收、金融、外汇、保险等政策上提供便利和鼓励,引导和

第八章 "走出去"战略与我国企业海外投资的政策选择

帮助企业"走出去"。具体体现在：①减免税收。对投资海外的企业实行一定年限的税收减免是国际上通行的做法。发达国家税收减免年限一般在5~10年，我国可以根据自己的实际情况来确定；同时，进一步完善国际税收制度，与东道国签订避免双重征税的投资协议，以维护投资者的利益。②提供优惠贷款。借鉴国外经验，国家可以对投资海外不同产业的企业提供一定比例（如80%左右）的优惠贷款，这笔资金可来自于银行或者是国家设立的涉外基金。③建立对外投资基金。这是在商业优惠贷款的基础上由政府设立的专门促进本国企业对外投资的专项基金，在美日等发达国家都有类似的多种境外投资基金。这种基金也可以由不同的基金成员单位注入一笔原始资金，并由基金成员单位委派专业人员组成基金运转机构进行操作。④建立境外投资保险制度和境外投资准备金制度。前者是由政府对本国企业海外投资的政治风险进行承保，通常是由投资者向政府指定的专门机构提出保险申请，得到受理批准后，一旦承保的政治风险发生，则由承保机构对遭受损失的投资者给予补偿。而后者则是一种境外投资亏损准备金制度，是由投资国政府考虑到本国企业到境外投资初期的各种风险可能导致企业亏损，因而允许投资者在投资之前将投资总额的一部分或全部划为准备金，将准备金的数额在应税所得中分期扣减，使境外投资者在投资之初可暂不纳税或减少纳税的一种优惠制度。

5. 建立、健全和完善外商对华投资企业和我国境外投资企业的促进服务体系

我国加入WTO后，随着我国对外开放程度的不断扩大，要求投资促进工作的范围和领域相应拓展，投资渠道相应拓宽；政府职能进一步转变，要求投资工作更加体现对企业的服务；各地投资促进活动的广泛展开，需要投资促进工作的有机协调和系统运作。投资促进工作在我国对外开放工作中变得越来越重要。为此，商务部成立了投资事务促进局。该局在政府的宏观政策指导下，主要负责投资促进工作的协调与具体实施。通过与世界投资机构、协会、境外投资促进机构及有关商会等组织的联系和交流，开展投资促进的国际合作；开展境内外宣传活动，展示中国的投资政策与环境；承办中国投资贸易洽谈会等大型投资促进活动，从事有关业务咨询、信息服务、市场调研、资信调查和投资促进策划服务；协助外商投资企业办理有关法律手续，受理有关外商投资的投诉。

随着我国"走出去"战略的确立和实施，我国应在商务部成立专门的

境外投资促进中心，为促进我国企业境外投资提供综合服务。这些服务主要包括：①信息服务。可以为境外投资企业专门收集和提供对外投资所需的各种信息，例如国别市场、投资项目信息；咨询服务、介绍对外投资的投融资制度及审批程序，指导制定投资计划及投资合同，协助对东道国投资合作者的信用调查等。②投资协助。一是提供企业所需的服务；二是加强对境外投资企业的管理；三是签订双边投资保护协定。③人才培训。现在国际竞争越来越激烈，而人才的竞争是其中的关键之一。很多国家专门提供经费、设施和其他条件为本国企业培训相关的管理、技术和其他人才，我国也应将此项服务纳入计划，以便更好地为我国企业走出国门提供服务。

(二) 企业的自身开拓

企业既是实施"引进来"战略的主体，又是实施"走出去"战略的主体，在政府提供全方位的支持及外部投资环境良好的前提下，企业自身的素质高低和开拓能力的强弱就成了能否引得进来和走得出去、能否提高投资效率的关键。为此，企业应该做到：

1. 进一步深化改革，建立和健全现代企业管理制度与跨国经营管理体系

企业要走出国门，参加全球范围的竞争，没有一套现代化的经营管理体制是不行的。企业必须加大改革力度，健全和完善自身的制度建设，加强内部结构治理，提高反应速度和运转效率，节省运营成本。同时总公司要加大对境外分支机构的管理和监督，重视境外企业的生产和经营效益。企业要学习和借鉴发达国家企业尤其是跨国公司的管理经验，建立产权明晰化、管理科学化、投资主体多元化、激励与约束机制对等化的公司制度，同时加强内部审计监督，规范企业的跨国投资经营行为，避免国有资产的流失和企业利益受损，从而建立起自己的跨国经营管理体系。这是我国企业"走出去"的前提。

2. 培养"走出去"的战略意识，精心培育名牌产品

企业要深刻地认识到实施"走出去"战略的必要性和紧迫性，尤其是在我国加入 WTO 的今天，内外环境已发生巨大变化，我国经济逐步与世界接轨，外商投资企业大量涌入我国，我国企业大步走向世界、参与国际竞争已成为不可回避的现实，所以我国企业要有强烈的国际竞争意识，紧紧抓住国家推行"走出去"战略的契机，转换观念、调整思维、改革内部

机构、加大技术创新、管理创新和制度创新。企业要充分发挥自身的比较优势，采取多种方式，实行跨地区、跨部门、跨国别的合作与联合，建立战略投资联盟，千方百计提高企业的核心竞争实力，增强企业开展跨国经营的信心。

3. 确立适合自身优势和特点、符合国际惯例的海外投资发展战略

企业海外投资发展战略决定着企业海外投资的方向。由于不同的企业，其产业领域、投资领域、公司结构等都可能有很大的不同，在海外投资发展战略上，必须以我国的有关法规、政策和规划为指导，认真研究国际商务惯例和海外投资环境，紧密结合企业自身的优势和实际需要，做好股权、行业、区位等方面的战略选择。在股权战略的选择上，我们应采取灵活多样的进入战略或股权战略。从目前我国企业的现状和条件来说，我国企业适宜采用的进入战略是：①合资经营。同东道国举办合资合营企业，可以利用东道国企业的地理优势带来的财力、物力、人力支持，通过资源本土化策略，减少经营风险。②非股权安排。企业凭借自己在技术、工艺、产品、劳务等方面的优势，通过特许权协议、经营合同、销售合同、提供管理性劳务等参与东道国企业的生产经营活动。③建立独资企业。可以是信托，也可以通过兼并收购原有企业进行，该方式虽然管理要求高、风险较大，但却是目前世界上比较流行的一种方式，我国企业可根据自身的实力决定是否采用。在投资地区和行业战略的选择上，企业要实行投资区域和产业多元化战略。我国的海外投资集中在港、澳、美、日、加等发达国家和地区，这几年虽然对拉美、非洲等发展中国家的投资也在逐年增加，但总体上仍然偏少。一方面，作为发展中国家，我国应把对发展中国家的直接投资放在我国跨国经营的重要位置上。因为同为发展中国家，我们能为这些国家提供适销对路的产品和服务。我国的一些具有比较优势的行业，如纺织、轻工、化工、机电等，在国内已形成买方市场，加上重复建设，其产品积压严重、生产能力过剩，今后只有向外发展，寻求国外转移。而对于拉美、非洲国家来说，我们的这些行业还具有相对优势，通过对这些国家的产业转移，最好是实物形式的投资，不仅可以扩大出口，而且也有利于国内产业结构调整。另一方面，科技开发型的企业则可以在发达国家高新技术密集地带投资兴办高科技企业，以便及时获取外国最先进的技术和管理，再把这些技术和管理回流国内，促进国内产业升级，推动国内经济的发展，实现投资行业多元化。过去的投资主要集中在

餐馆、承包工程、金融保险及咨询服务等服务行业，这几年延伸到资源开发与加工业，今后还可以进一步扩展到高科技领域，如航天科技、核能、生物工程等领域。

4. 加大企业人才战略的实施力度

当今世界的竞争，是综合国力的竞争，但综合国力的竞争归根结底还是人才的竞争。企业要实施跨国经营，需要大批高素质的各方面的人才，这些人才能熟练运用外语处理相关国际业务和纠纷。与世界著名跨国公司相比，我国跨国企业中员工的素质和水平总体而言差距较大。要改变这种状况必须加强人才的积累与培训。我国企业可以通过多种方式进行人力资本积蓄。①通过培训。企业既可以利用自身的力量或是国家的帮助进行员工的培训，也可以送出去进行专门培训。②招揽人才，通过市场化运作，以"拿来主义"的方式，在世界范围吸引高级人才。这种方式具有成本低、见效快的特点。在当前全球人才市场竞争激烈的形势下，企业要有切实的吸引人才的措施和环境。

（三）合力营造企业"走出去"的市场环境

实施"走出去"战略，除了政府的大力支持和企业自身的努力开拓外，还需要对外投资的各个方面共同努力，合力营造一个良好的国内国际市场投资环境。

1. 完善国内市场环境

要实施"走出去"战略，在营造市场环境上首先是建立和健全统一开放、竞争有序的国内市场体系。这除了上面所提到的法制建设、政府政策以及提供服务外，建立一个符合国际规范的市场经济体系是十分必要的。一个运行良好的市场经济体制和环境不仅能够为企业的投资提供便利和安全，还能鼓励和促进有条件的企业尽快地"走出去"。另外，对法律法规和政策的执行也是其中重要的一环，政府执法部门应该坚决打击各种违法违规现象，例如对假冒伪劣产品的查处等，以保护企业正常的经营和投资活动，加快企业投资的步伐。

2. 创造良好的国际投资环境

应当为企业"走出去"营造更好的多边和双边国际环境。国际市场风云变幻，许多因素都将影响企业的经营活动，政府部门应积极为企业营造良好的外部条件。尤其是在我国加入世贸组织以后，我国政府应在新一轮谈判中发挥积极的作用，为中国企业"走出去"创造更加有利的外部环境。同时，政府应从经济的长远发展规划和现实利益出发，积极参与多边和双边谈判，提出有利的规则，比如在投资问题上，应根据中国产业的比较优势（如纺织服装、轻工、电子、家电等）和有竞争力的贸易方式（如对外工程承包、劳务合作和海运服务等）提出并争取有利于中国企业的游戏规则。具体而言，应做到：①加强多边和双边经贸谈判，消除各种投资壁垒。目前国际间贸易和投资壁垒仍然很多，这常常成为我国企业"走出去"的障碍。因此，我国政府应加大工作力度，利用各种多边和双边机制，特别是利用我国已经成为世界贸易组织正式成员的身份，加强多边和双边谈判，消除各种贸易和投资壁垒，从而维护企业利益。②与外国签订投资保护协定和避免双重征税协定，降低企业的海外经营风险和经营成本。签订投资保护协定的目的在于保护我国对外投资者，使其免受战乱、政府干预、汇兑限制等方面风险带来的损失；避免双重纳税则是为了减轻我国"走出去"企业的税收负担，减少可能出现的税收摩擦和歧视，降低我国"走出去"企业的经营成本。③强化对知识产权的保护，学会应用品牌战略。我国企业的经营管理者保护知识产权方面的知识和意识比较薄弱，需要予以加强。这体现在两个方面：一是从内部着手，采取措施培育和奖励员工的创新精神，创造有利于技术发明的氛围和环境；二是从外部获取。在企业与国际社会进行交流与合作的时候，努力争取国际社会的技术援助与支持。此外，我国企业要重视品牌的重要性。品牌是产品的灵魂，跨国竞争从某种程度上讲也就是品牌竞争，所以我们应该努力塑造和培育出一大批高技术含量、高附加值的世界级的驰名品牌。④为企业创造安全的对外投资环境。无论是外交还是其他各种对外、驻外机构都应该为我国"走出去"的企业在当地创造一个相对安全的市场环境。⑤坚持市场多元化。这里的"市场"是指包括各种资源流动的外部市场，"走出去"战略的各个领域都要贯彻多元化的方针。应该充分了解国外的各种市场环境，利用自身的优势，发挥自身的特点，尽可能广泛地开拓和扩大国际市场，避免对外投资过于集中在少数国家，减少投资的风险。

参考文献

1. [美] W.阿瑟·刘易斯著:《经济增长理论》,上海人民出版社 1995 年版。
2. [美] H.钱纳里、S.鲁宾逊、M.赛尔奎因著:《工业化和经济增长的比较研究》,上海人民出版社 1995 年版。
3. [美] 罗伯特·M.索洛著:《经济增长因素分析》,商务印书馆 1999 年版。
4. [英] 罗伊·哈罗德著:《动态经济学》,商务印书馆 1999 年版。
5. [美] D.W.乔根森著:《生产率第 1 卷:战后美国经济增长》,中国发展出版社 2001 年版。
6. [美] D.W.乔根森著:《生产率第 2 卷:经济增长的国际比较》,中国发展出版社 2001 年版。
7. [美] 西蒙·库兹涅茨著:《各国的经济增长》,商务印书馆 1999 年版。
8. [美] 杰弗里·萨克斯、费利普·拉雷恩著:《全球视角的宏观经济学》,上海人民出版社 1997 年版。
9. [美] G.M.格罗斯曼、E.赫尔普曼著:《全球经济中的创新与增长》,中国人民大学出版社 2003 年版。
10. [美] W.W.罗斯托著:《经济增长的阶段》,中国社会科学出版社 2001 年版。
11. 王志乐:《著名跨国公司在中国的投资》,经济科学出版社 2001 年版。
12. 申长友编著:《中国加入 WTO 法律文件解读》,中国物资出版社 2003 年版。
13. 王志乐主编:《2002~2003 跨国公司在中国投资报告》,中国经济出版社 2003 年版。
14. 王巾英、崔新健著:《中国利用外资——理论效益管理》,北京大学出版社 2002 年版。

15. 陈继勇著：《国际直接投资的新发展与外商对华直接投资研究》，人民出版社 2004 年版。

16. 崔新健著：《外商对华直接投资的决定因素》，中国发展出版社 2001 年版。

17. 王雪标、王志强著：《财政政策、金融政策与协整分析》，东北财经大学出版社 2001 年版。

18. 王小鲁、樊纲主编：《中国经济增长的可持续性——跨世纪的回顾与展望》，经济科学出版社 2000 年版。

19. 汪明编著：《国际投资中国运作实务》，中国海关出版社 2002 年版。

20. 卢晓勇著：《国际直接投资理论与发达国家对华直接投资》，科学出版社 2004 年版。

21. 郭熙保主编：《发展经济学经典论著选》，中国经济出版社 1998 年版。

22. 舒元、谢适予、孔爱国、李翔编著：《现代经济增长模型》，复旦大学出版社 1998 年版。

23. 联合国跨国公司与投资司：《2001 年世界投资报告》，中国财政经济出版社 2002 年版。

24. 苏东水主编：《产业经济学》，高等教育出版社 2001 年版。

25. 汪斌著：《国际区域产业结构分析导论》，上海人民出版社 2001 年版。

26. 联合国跨国公司与投资司：《1992 年世界投资报告》，对外贸易教育出版社 1993 年版。

27. 朱勇著：《新增长理论》，商务印书馆 1999 年版。

28. 联合国跨国公司与投资司：《2002 世界投资报告》，中国财政经济出版社 2003 年版。

29. 杨先明、赵果庆、张锦、潘小春著：《国际直接投资、技术转移与中国技术发展》，科学出版社 2004 年版。

30. 李安方著：《跨国公司 R&D 全球化——理论、效应与中国的对策研究》，人民出版社 2004 年版。

31. 江小涓著：《中国的外资经济》，中国人民大学出版社 2002 年版。

32. 李平：《技术扩散理论及实证研究》，山西经济出版社 1999 年版。

33. 联合国跨国公司与投资司：《1999 年世界投资报告》，中国财政经济出版社 2000 年版。

34. 商德文主编：《海外国际性投资模式比较》，经济日报出版社 1994 年版。

35. 李东阳：《国际直接投资与经济发展》，经济科学出版社 2002 年版。

36. 王洛林：《2002 中国外商投资报告》，经济科学出版社 2002 年版。

37. 唐宜红：《外资进入行为研究——兼析外资政策及其引资效果》，人民出版社 2003 年版。

38. 陈涛涛：《外商直接投资行业内溢出效应》，经济科学出版社 2004 年版。

39. 赵晋平等：《从制度着手：新时期我国利用外资的战略调整》，《国际贸易》2001 年第 2 期。

40. 萧政、沈艳：《外国直接投资与经济增长的关系及影响》，《经济理论与经济管理》2002 年第 1 期。

41. 魏后凯：《FDI 对中国区域经济增长的影响》，《经济研究》2002 年第 4 期。

42. 武剑：《外国直接投资的区域分布及其经济增长效应》，《经济研究》2002 年第 4 期。

43. 沈坤荣：《外国直接投资与中国经济增长》，《管理世界》1999 年第 1 期。

44. 何洁：《外国直接投资对中国工业部门外溢效应的进一步精确量化》，《世界经济》2000 年第 12 期。

45. 沈坤荣、耿强：《外国直接投资、技术外溢与内生经济增长——中国数据的计量检验与实证分析》，《中国社会科学》2001 年第 5 期。

46. 潘文卿：《外商投资对中国工业部门的外溢效应：基于面板数据的分析》，《世界经济》2003 年第 6 期。

47. 张海洋、刘海云：《外资溢出效应与竞争效应对中国工业部门的影响》，《国际贸易问题》2004 年第 3 期。

48. 钟昌标：《外资与区域经济增长关系的理论与实证》，《数量经济技术经济研究》2000 年第 1 期。

49. 王子君等：《外国直接投资、技术许可与技术创新》，《经济研究》2002 年第 3 期。

50. 任永菊：《外国直接投资与中国经济增长之间关系的实证分析》，《经济科学》2003 年第 5 期。

51. 孟夏：《内生技术经济增长的一个理论体系》，《南开经济研究》2000年第3期。

52. 胡乃武、龙向东：《半个多世纪以来西方经济增长理论的发展》，《经济学动态》2001年第10期。

53. 徐涛：《引进FDI与中国技术进步》，《世界经济》2003年第10期。

54. 赖明勇、包群：《关于技术外溢与吸收能力的研究综述——FDI理论研究进展》，《经济学动态》2003年第8期。

55. 邱立成、于李娜：《跨国公司进入中国市场模式及影响因素分析》，《南开经济研究》2003年第4期。

56. 葛顺奇：《中国利用外资的业绩与潜力评析》，《世界经济》2003年第6期。

57. 陈涛涛：《影响中国FDI溢出效应的行业特征》，《中国社会科学》2003年第4期。

58. 李永军：《中国FDI行业分布的决定因素》，《世界经济》2003年第7期。

59. 张帆、郑京平：《跨国公司对中国经济结构和效率的影响》，《经济研究》1999年第1期。

60. 江小涓：《利用外资对产业发展的促进作用——以发展中国家为背景的理论分析》，《中国工业经济》1999年第2期。

61. 刘小玄：《中国工业企业的所有制结构对效率差异的影响——1995年全国工业企业普查数据的实证分析》，《经济研究》2000年第2期。

62. 谢建国：《FDI与中国的出口竞争力——一个中国的经验研究》，《世界经济研究》2003年第7期。

63. 湛柏明：《跨国公司在华研发投资的效应分析》，《世界经济研究》2003年第10期。

64. 廖春：《论跨国公司研发的国际化趋势》，《国际贸易问题》2003年第11期。

65. 李杰：《中国人力资本投资的内生增长研究》，《世界经济》2001年第4期。

66. 卢荻：《外资与中国经济发展——产业和区域分析证据》，《经济研究》2003年第9期。

67. 鲁明泓：《制度因素与国际直接投资区位分布：一项实证研究》，

《经济研究》1999 年第 7 期。

68. 刘伟、李绍荣：《所有制变化与经济增长和要素效率提升》，《经济研究》2001 年第 1 期。

69. 黄国祥等：《从内生增长模型看我国利用 FDI》，《国际贸易问题》2003 年第 7 期。

70. 徐龙炳：《宏观经济计量模型的最新发展》，《经济学动态》2000 年第 8 期。

71. 赵晋平：《确立中长期目标——我国外资政策调整的影响分析》，《国际贸易》2003 年第 5 期。

72. 黄毅、王瀛：《外商对华直接投资的影响及对策》，《国际贸易问题》2003 年第 7 期。

73. 牛勇平：《国际直接投资与我国就业量之间的关系》，《经济学动态》2001 年第 11 期。

74. 胡国珠：《跨国公司 R&D 投资的行业特征及影响因素的比较与分析》，《经济纵横》2003 年第 9 期。

75. 梁志成：《中国 FDI 的最优规模与内生增长研究》，《世界经济》2000 年第 7 期。

76. 孙文博：《90 年代我国服务业利用 FDI 的投资环境因子分析》，《世界经济研究》2003 年第 10 期。

77. 付朝阳：《外国直接投资对我国出口增长和出口商品结构的影响》，《国际贸易问题》2003 年第 11 期。

78. 林毅夫、刘培林：《经济发展战略对劳均资本积累和技术进步的影响——基于中国经验的实证研究》，《中国社会科学》2003 年第 4 期。

79. 李蕊：《跨国并购的技术寻求动因解析》，《世界经济》2003 年第 2 期。

80. 戴金平、冯蕾：《外国直接投资与中国的出口竞争力——地区差异的实证研究》，《南开经济研究》2003 年第 5 期。

81. 程进等：《我国技术引进与外商投资的实证分析》，《国际贸易问题》2003 年第 10 期。

82. 胡立法：《"索洛剩余"与外资对中国经济增长的技术贡献率实证分析》，《世界经济研究》2003 年第 10 期。

83. 冼国明等：《中国出口与外商在华直接投资——1983~2000 年数据

的计量研究》,《南开经济研究》2003 年第 1 期。

84. 江小涓:《利用外资领域的理论研究》,《经济学动态》2001 年第 3 期。

85. 沈克华:《FDI 与我国出口总量及结构、基础设施投入的相关关系分析》,《国际贸易问题》2003 年第 7 期。

86. 刘晓鹏:《协整分析与误差修正模型——我国对外贸易与经济增长的实证研究》,《南开经济研究》2001 年第 5 期。

87. 薛求知、关涛:《跨国公司 R&D 国际化演变的生命周期——对总部与海外 R&D 机构关系协调的动态分析》,《世界经济研究》2003 年第 9 期。

88. 程惠芳:《国际直接投资与开放型内生经济增长》,《经济研究》2002 年第 10 期。

89. 江小涓:《向重化工业领域延伸——2003—2004 年外商在华投资新特点及新趋势》,《国际贸易》2004 年第 4 期。

90. 李萍:《进一步提高我国利用外资实效性的思考——注重发挥外国直接投资的技术效应》,《国际贸易问题》2004 年第 12 期。

91. 孙文博、陈郎、范志刚:《我国服务业的引资环境评价》,《国际贸易问题》2004 年第 2 期。

92. 巴曙松、华中炜:《寻求良好合作的竞争——外资进入中国金融业的途径及应关注的问题》,《国际贸易》2004 年第 4 期。

93. 姚利民:《世界大型跨国公司竞争性投资的技术进步效果分析》,《国际贸易问题》2004 年第 5 期。

94. 林辉、何建敏、余珊萍:《外资并购的热点行业、并购方式及其对我国产业结构的影响分析》,《国际贸易问题》2004 年第 3 期。

95. 来有为:《趋向日益加快——服务业国际转移发展动向与我国引资新特点》,《国际贸易》2004 年第 4 期。

96. 庄宗明等:《我国的适度外商投资规模及其控制》,《财贸经济》1998 年第 5 期。

97. 李朝晖、靳向兰:《外商投资对中国经济建设的影响》,《数量经济技术经济研究》1998 年第 5 期。

98. 国家统计局:《中国统计年鉴》(1984~2008)。

99. 国家统计局:《中国工业经济统计年鉴》(1996~2008)。

100. 国家统计局:《中国外资统计》(2004)。

101. Hymer, S.H., The International Operations of National Firms: A

Study of Direct Foreign Investment, The MIT Press, 1960.

102. Johnson, H.G., The Efficiency and Welfare Implications of the International Corporation, in C.P. Kindleberger, ed., The International Corporation, The MIT Press, 1970.

103. Rugman, A.M., Inside the Multinationals: the Economics of Internal Markets, Croom Helm, 1973.

104. Knickerbocker, F.T., Oligopolistic Reaction and the Multinational Enterprise, Harvard Graduate School of Business Administration, 1973.

105. Buckley, P.J., and Casson, M., The Future of the Multinational Enterprise, Macmillan, 1976.

106. Vernon, R., International Investment and International Trade in the Product Cycle, Quarterly Journal of Economics, 1966.

107. Kojima, K., Direct Foreign Investment: a Japanese Model of Multinational Business Operations, Croom Helm, 1978.

108. Dunning, J.H., Trade, Location of Economic Activity and the MNE: a Search for an Eclectic Approach, in B.Ohlin, ed., The International Allocation of Economic Activity, Holmes and Meier, 1977.

109. Rosenstein-Rodan, P.N., International Aid for Underdeveloped Countries, *Review of Economics and Statistics*, Vol.43, 1961.

110. Mckinnon, R.I., Foreign Exchange Constraints in Economic Development and Efficient Aid Allocation, *Economic Journal*, Vol.74, 1964.

111. MacDougall, G.D.A., The Benefits and Costs of Private Investment from Abroads: A Theoretical Approach, Economic Record, 1960.

112. Caves, R.E., International Corporation: the Industrial Economics of Foreign Investment, *Economica*, Vol.141, 1971.

113. Findlay, R., Relative Backwardness, Direct Foreign Investment, and the Transfer of Technology: A Simple Dynamic Model, *Quarterly Journal of Economics*, 92, 1978, 1-16.

114. Koizumi, T. and K.J.Kopecky, Foreign Direct Investment, Technology Transfer and Long Growth, Journal of International Economics, 1977.

115. Das S., Externalities and Technology Transfer Through Multinational

Cooperations, Journal of International Economics, 1987, 1142-1165.

116. Wang, J.Y. and M.Blomstrom, Growth, Technology Transfer and Longrun Theory of International Capital Movements, *Journal of International Economics*, Vol.29, 1990.

117. Kokko, A., Foreign Direct Investment, Host County Characteristics and Spillovers, The Economic Research Institute, Stockholm, 1992.

118. Parente.Stephen L., Technology Adoption, Learning-by-Doing and Economic Growth, Journal of Economic Theory, 1994.

119. Colombo, Massimo G.and Rocco Mosconi, Complementarity and Cumulative Learning in the Early Diffusion of Multiple Technologies, The *Journal of Industrial Economics*, No.1, 1995.

120. Caves, R. E., Multinational Firms, Competition and Productivity in Host Country Markets, Economico, 1974.

121. Kokko, A., Technology, Market Characteristics and Spillovers, Journal of Development Economics, 43, 1994.

122. Lall, S., Vertical Inter-firm Linkages in LDCs: an Empirical Study, Oxford Bulletin of Economics and Statistics, 1980.

123. Brian J.Aiken and Ann E.Harrison, Do Domestic Firms Benefit from Direct Foreign Investment? Evidence from Venezuela, *The American Economic Review*, Vol.89, 1999.

124. Sjoholm F., Technology Gap, Competition and Spillovers from Direct Foreign Investment: Evidence from Establishment Data, The Journal of Development Studies, 1999, 53-73.

125. Blomstrom, M., R. E. Lipsey, and M.Zejan, What Explains the Growth of Developing Countries, in: W. Baumol, R. Nelson and E. Wolff, ed., Convergence of Productivity: Cross-National Studies and Historical Evidence. Oxford University Press, 243-259.

126. Balasubramanyam V., Salisu, M. and Sapsford, D., Foreign Direct Investment and Growth in Developed and Developing Countries, *The Economic Journal*, 106, 1996, 92-105.

127. Blomstrom, M., A.Kokko and M. Zejan, Host Country Competition and Technology Transfer by Multinationals, Weltwirtschafliches Archiv,

130, 1999, 521-533.

128. Blomstrom, M. and H. Persson, Foreign Investment and Spillover Efficiency in an Underdeveloped Economy: Evidence from the Mexican Manufacturing Industry, *World Development*, 11, 1998, 493-501.

129. Lucas, Robert E.Jr., On the Mechanics of Economic Development, *Journal of Monetary Economics*, 22, 1988, 3-42.

130. Romer, Paul M., Endogenous Technological Change, *Journal of Political Economy*, 98, 1990, 71-102.

131. Grossman, Gene M. and Helpman, Elhanan., Quality Ladders in the Theory of Growth, *Review of Economic Studies*, 58, 1991a, 43-61.

132. Grossman, Gene M. and Helpman, Elhanan., Quality Ladders and Product Cycles, *Quarterly Journal of Economics*, 106, 1991b, 557-586.

133. Aghion, Philippe and Peter Howitt, A Model of Growth Through Creative Destruction, *Econometrica*, 60, 1992, 323-351.

134. Arrow, Kenneth J., The Economic Implications of Learning by Doing, *Review of Economic Studies*, 29, 1962b, 155-173.

135. Uzawa Hirofumi, Optimal Technical Change in an Aggregative Model of Economic Growth, *International Economic Review*, 1965, 18-31.

136. Romer, Paul M., The Origins of Endogenous Growth, *Journal of Economic Perspectives*, Vol.8, 1994, 3-22.

137. Barro, Robert J., Government Spending in a Simple Model of Endogenous Growth, *Journal of Political Economy*, 98, 1990, 103-125.

138. Bernstein, Jeffrey I., and Nadiri, M.Ishaq., Interindustry R&D Spillovers, Rates of Return, and Production in High-Technology Industries, *American Economic Review*, 78, 1988, 429-434.

139. Dixit, Avinash, and Stiglitz, Joseph E., Monopolistic Competition and Optimum Product Diversity, *American Economic Review*, 67, 1977, 297-308.

140. Findlay, Ronald, and Kierzkowski, Henryk., Internationa Trade and Human Capital: A Simple General Equilibrium Model, *Journal of Political Economy*, 91, 1983, 957-978.

141. Grossman, Gene M., Explaining Japan's Innovation and Growth: A

Model of Quality Competition and Dynamic Comparative Advantage, *Bank of Japan Monetary and Economic Studies*, 8, 1990, 75-100.

142. Grossman, Gene M. and Helpman, Elhanan., Trade, Knowledge Spillovers, and Growth, *European Economic Review*, 35, 1991c.

143. Krugman, Paul R., A Model of Innovation, Technology Transfer, and the World Distribution of Income, *Journal of Political Economy*, 87, 1979, 253-266.

144. Krugman, Paul R., Intraindustry Specialization and the Gains from Trade, *Journal of Political Economy*, 89, 1981, 959-973.

145. Mansfield, Edwin., How Rapidly Does New Industrial Technology Leak Out, *Journal of Industrial Economics*, 34, 1985, 217-223.

146. Scherer, F.M., Interindustry Technology Flows and Productivity Growth, *Review of Economics and Statistics*, 64, 1982, 627-634.

147. Barrel, R.and D.Holland, Foreign Direct Investment and Enterprise Restructuring in Central Europe, *Economics of Transition*, 8, 2000, 477-504.

148. Bosco, M.G., Does FDI Contribute to Technological Spillovers and Growth? A Panel Data Analyses of Hungarian Firms, *Transnational Corporations*, 10, 2001, 43-68.

149. Smarzynska, B.K., Does Foreign Direct Investment Increase the Productivity of Domestic Firms? In Search of Spillovers Through Backward Linkages, 2003, William Davidson Working Paper, No.548.

150. Bernstein, J.I. and P.Mohnen, International R&D Spillovers Between U.S. and Japanese R&D Intensive Sectors, *Journal of International Economics*, 44, 1998, 315-338.

151. Coe, D.T. and E.Helpman, International R&D Spillovers, *European Economic Review*, 39, 1995, 859-887.

152. Haddad M. and A.Harrison, Are There Positive Spillovers from Direct Foreign Investment? Evidence from Panel Data for Morocco, *Journal of Development Economics*, 42, 1993, 51-74.

153. Jones, I. Charles., Time Series Tests of Endogenous Growth Models, *Quarterly Journal of Economics*, 1995, 495-525.

154. Helpman, Elhanan., and Krugman, Paul R., Market Structure and

Foreign Trade, Cambridge, The MIT Press, 1985.

155. Peretto, P. and Smulders, S., Technological Distance, Growth and Scale Effects, *The Economic Journal*, 112, 2002, 603-624.

156. Tilton, J.E., The International Diffusion of Technology: The Case of Semiconductors, Brookings Institution, 1971, 204.

157. Lake, A.W., Technology Creation and Technology Transfer By Multinational Firms, In R.G.Hawkins ed., Research in International Business and Finance, JPA Press, 1979, 249.

158. Riedel, J., The Nature and Determinants of Export-Oriented Direct Foreign Investment in a Developing Country: A Case Study of Hongkong, Weltwirtschaftliches Archiv, Band 111, 1975, 505.

159. Mansfield, E. and A.Romeo, Technology Transfer to Overseas Subsidiaries by U.S.-based Firms, *Quarterly Journal of Economics*, Vol. 95, 1980, 737.

160. Langdon, S., Multinational Corporations in the Political Economy of Kenya, Macmillan, 1981, 427.

161. Borensztein, E., De Gregorio, J. and Lee, J.-W., How Dose FDI Affect Growth? *Journal of International Economics*, No.7, 1998, 123.

162. Solow, Robert M., A Contribution to the Theory of Economic Growth, *Quarterly Journal of Economics*, 1956, 70, 86-94.

163. Romer, Paul M., Increasing Returns and Long-Run Growth, *Journal of Political Economy*, 94, 1986, 1002-1037.

后 记

本书是在我的博士学位论文的基础上进行修改和扩充而成的。回想从最初的选题到设计提纲一直到最后文稿敲定的几年时间里，我所付出的心血和汗水，其间的酸甜苦辣，真是感慨万千。

首先我要感谢我的授业恩师——辽东学院院长李华教授，在他的悉心指导和无私帮助下，我的这本专著才得以顺利完成。李教授严谨的治学态度、敏锐的洞察力、实事求是的作风和渊博的学识，不仅鞭策我不断向科学高峰攀登、顺利完成本书的写作，而且是我今后做人、处事、从业、修身的榜样。对恩师四年来的谆谆教诲和辛勤培养，在此表示深深的敬意和衷心的感谢！

在本书的写作过程中，长春税务学院院长宋冬林教授、中国人民大学黄泰岩教授、辽宁大学副校长穆怀中教授、辽宁大学经济学院院长林木西教授、辽宁大学经济学院统计系系主任马树才教授、辽宁大学经济学院黄险峰教授都在百忙中抽出时间，给予了许多无私的指导和帮助，使我受益匪浅，在此表示深深的敬意和谢意！

我还要感谢我曾经工作过的辽宁大学经济学院统计系的各位老师和同事，在我写作本书的过程中，他们在工作和生活上给予了我诸多的指导与帮助，在此表示衷心的谢意。

本书的出版还要感谢我现在的工作单位辽宁大学新华国际商学院的院长、博士生导师刘力钢教授，从我读本科起刘老师渊博的学识就深深地影响了我，他多年来对我的教诲和鞭策是我不断向上的动力与源泉。

多年来的学习和本书的写作，占用了回家乡看望父母的时间，使父母饱受了思女之苦。我的爱人也与我同时攻读博士学位，他的理解和鼓励是我奋进的精神动力，我的五岁的女儿那可爱的笑脸常常激励我更加发奋！

最后，谨以此书献给所有关心和鼓励我的师长、同事、朋友和家人！

孙雅娜
2009年2月于辽大则行楼